열국지
인문학

列國志
人文學

경희대학교 동아시아 서지문헌연구소ㅣ서지문헌연구총서 10

人文學 列國志 인문학 열국지

민관동 지음

영웅의 길, 리더의 길

différance

인문학이란 무엇인가?

인문학이라 함은 인간에 대한 폭넓은 이해를 통해 삶의 목표와 가치를 성찰하고 동시에 인간과 사회 전체를 조망하여 새로운 인문학적 가치를 창출하는 학문을 의미한다. 그러기에 인문학이란 그저 단순한 지식의 탐구에 그치는 "학문적 인문학"이 아니라 우리의 실생활에 응용되고 활용되는 "실용 인문학" 또는 "응용 인문학"이 되어야 한다. 즉 학문이 학문으로 그치는 것이 아니라, 학문과 지식이 우리의 실생활에 녹아들어 실용적으로 활용되어야 하며 또 미래의 비전까지도 제시할 수 있는 학문이 되어야 한다는 의미이다.

◈ ― 왜 우리는 인문학을 해야 하는가?

철학은 우리에게 사유하고 분석할 수 있는 사고력을 키워 주고, 역사는 우리에게 옳고 그름을 판단할 수 있는 판단력을 키워 주며, 문학은 우리에게 상상을 통한 창의와 창조력을 배양시켜 주기 때문에 인문학을 중시하고 또 인문학을 꼭 배워야 하는 이유가 여기에 있다.

여기에 상상력과 판단력 그리고 사고력 등을 배양하기에 적합한 텍스트가 바로 소설 『삼국지』·『초한지』·『열국지』이다. 이 소설들에는 우리가 살아가는 이 시대에 배워야 할 삶의 지혜와 처세술, 그리고 재미있는 고사성어와 명언 명구가 수없이 많이 담겨 있기 때문이다. 그러기에 이 시대를 살아가는 현대인에게 꼭 한 번은 읽어야 할 필독서라 할 수 있다.

◉ ― 왜 『열국지 인문학』인가?

『열국지』는 중국 춘추전국시대(약 550여 년)에 살았던 수많은 영웅들의 생사고락과 부귀영화 및 삶과 죽음 등 다양한 인생 철학이 녹아 있는 소설이다. 그러기에 이 책은 삶과 지혜를 가르치는 인간학의 교과서라고 평가할 수 있다. 특히 삶에 대한 수많은 교훈과 지혜가 배어 있으며, 또 세상을 바라보는 넓은 시야와 처세술 및 통솔력 그리고 인간관계 및 경영관리 등이 함축되어 녹아 있다. 또 이 책에서는 풍부한 문화 상식과 논리력 그리고 200여 개의 고사성어가 유래되어 교양과 상식을 배양하는 데 가장 적합한 책이다.

『열국지 인문학』의 구성은 『열국지』에 대한 전반적 개황을 소개하고, 주로 『열국지』 내용의 전개 순서에 따라 제1회부터 제108회까지 스토리텔링의 방식으로 진행하며, 스토리의 핵심 테마를 끄집어내어 집중적인 분석과 설명을 하였다.

『열국지』: 1. 프롤로그, 2. 서주시대에서 동주시대로, 3. 제나라와 환공, 4. 진나라와 문공, 5. 초나라와 장왕, 6. 미완의 패자와 현상의 시대, 7. 오왕 합려와 부차, 8. 월왕 구천의 와신상담, 9. 춘추시대에서 전국시대로, 10. 귀곡자의 4제자와 꿈꾸는 영웅들, 11. 진시황의 천하통일, 12. 에필로그 편으로 나누어 소개하였다.

여기에 역사적 지식 및 문화적 교양 그리고 다양한 고사성어들을 파트별로 분석하여 소개하고, 또 인문학적 차원에서 인간의 사회생활에 나타나는 본질적 문제와 그 방안을 중점적으로 분석하고 소개하였다.

필자는 2018년『삼국지 인문학』을 학고방에서 출간한 후, 2021년에는 "삼국지 인문학"이라는 테마로 K-MOOC에 선정되어 촬영하면서 인문학 강좌에 대한 확장의 필요성을 절실하게 느끼게 되었다. 이러한 취지에서 또다시 준비한 것이 바로『초한지 인문학』이다. 그리고 이번에는 완결편으로『열국지 인문학』을 출간하게 되었다. 이렇게 시리즈로 출간하게 된 이유는 인문학의 중요성을 다시 한번 강조하기 위함이다. 즉 인문학은 무엇이며, 또 인문학이 왜 중요한지, 그리고 인문학을 왜 해야 하는지를 중국 고전소설을 동하여 강변하고 싶었다.

마지막으로 출판을 흔쾌히 받아 준 다반 노승현 대표님과 민이언 편집장 및 임직원 일동에게 감사를 드린다. 그리고 꼼꼼하게 교정을 봐 준 제자 옥주 양과 양바름 군 및 곽형진 군에게도 감사의 뜻을 전한다.

2024년 12월
민관동

차례

제12강

❖

**준비된 자가
천하를 경영한다**

제1강

프롤로그

꿈꾸는 영웅들

— key word —

열국지(列國志) · 초한지(楚漢志) · 삼국지(三國志) · 3대 연의류 소설
춘추전국시대(春秋戰國時代) · 문학성과 예술성 · 유입과 수용 · 중국의 역사

❀ 꿈꾸는 자가 천하를 경영한다

주나라는 크게 서주(西周)시대와 동주(東周)시대로 구분된다. 서주시대 말기 암군(暗君) 유왕(幽王)의 출현으로 나라가 급격히 기울기 시작하였는데, 특히 미녀 포사(褒姒)의 출현은 서주의 몰락을 재촉하는 계기가 되었다. 급기야 외적 견융의 침략으로 황급히 수도를 동쪽으로 천도하면서 서주시대에서 동주시대가 열리게 되었는데, 동주시대는 일명 춘추전국시대라고도 한다.

또 춘추전국시대는 크게 춘추시대와 전국시대로 양분되는데, 춘추시대는 대략 BC 770~BC 477년까지, 전국시대는 대략 BC 476~BC 221년까지로 시대를 구분한다. 사실 "춘추전국시대"라는 용어는 후대에 한나라 역사가 사마천이 역사의 공백을 메우기 위해 명명(命名)한 것에서 기인한다. 사마천의 『사기(史記)』에 의하면 '춘추(春秋)'라는 용어는 공자(孔子)의 저서 『춘추(春秋)』에서 따왔고, '전국(戰國)'이라는 용어는 유향(劉向)의 『전국책(戰國策)』에서 따왔다고 한다.

춘추시대는 수많은 인재들이 출현한 현인(賢人)의 시대이다. 특히 철학사상 분야에서 괄목할 만한 인재가 출현하였는데 이것이 곧 제자백가(諸子百家) 출현의 계기가 되었다. 제자백가는 크게 유가(儒家) · **도가**(道家) · **음양가**(陰陽家) · **법가**(法家) · **명가**(名家) · **묵가**(墨

家)·종횡가(縱橫家)·잡가(雜家)·농가(農家) 등으로 분류된다. 이들은 당대의 학술문화를 주도하며 일가(一家)를 이루었던 세력으로 특히 유가와 도가가 시대를 주도하였다.

그러나 얼마 후 정치와 사회의 기강이 무너지면서 유가와 도가의 도덕적 근간은 크게 약화되었고, 오히려 강력한 권력 통치에 필요한 법가사상, 단기간에 부국강병의 승패를 도모하려는 종횡가, 그리고 목전의 전쟁위기를 극복하려는 손자병법과 오자병법 같은 병법서들이 각광을 받는 사회로 전환되었다. 이 시대가 곧 전국시대인 것이다.

이러한 약육강식(弱肉强食)과 적자생존(適者生存)의 시대적 요구는 유능한 인재의 출현과 새로운 스타의 등장을 만들어 주는 각축장이 되었다. 즉 천하경영을 꿈꾸는 영웅들이 대거 등장하면서 본격적인 영웅시대가 펼쳐지게 되었다.

열국지의 출현 배경과 판본

1. 열국지의 출현과 배경

『열국지』를 이해하려면 우선 춘추전국시대의 시대적 배경에 대한 이해가 필요하다. 주나라는 크게 서주시대와 동주시대로 분류한다. 그리고 동주시대는 다시 춘추시대(春秋時代)와 전국시대(戰國時代)로 양분된다.

춘추시대는 철학사상 분야에서 크게 주목받던 시기로 특히 제자백가(諸子百家)가 출현하기 시작하여 백화제방(百花齊放) 백가쟁명(百家爭鳴)을 다투던 시기이다. 특히 공맹(孔孟)의 유가(儒家)와 노장(老莊)의 도가(道家)를 필두로 하여 후대에 묵가(墨家)·법가(法家)·명가(名家)·음양가(陰陽家)·종횡가(縱橫家)·농가(農家)·잡가(雜家)·소설가(小説家) 등으로 이어지는 학술의 황금시대를 이루었다. 또 정치적으로는 크게 춘추오패(春秋五霸)가 있었는데, 이는 제 환공과 진 문공 그리고 초 장왕, 그 외 오 부차와 월 구천이 한 시대의 패자로 세력을 크게 떨쳤던 시기였다.

그리고 그다음의 시기가 바로 전국시대이다. 전국시대에는 당대를 주도했던 7웅(雄)이 있었는데, 위나라(魏)·제나라(齊)·진나라(秦)·한나라(韓)·조나라(趙)·연나라(燕)·초나라(楚) 등이 있었다. 그중에서 진나라와 제나라 및 초나라가 초강대국이었으며 특히 야심많은 진나라의 행동에 따라 소진의 합종설(合從説)과 장의의 연횡설(連橫説)이 크게 주목받던 종횡가의 시대를 이루기도 하였다. 또한, 전국이 온통 약육강식과 적자생존의 전쟁으로 점철되면서 손자병법과 오자병법 같은 병법서들이 주목을 받던 시기이기도 하다.

또 시가 문학에 있어서, 북방에 『시경(詩經)』이 있다면 남방에서는 초사(楚辭)가 대표적 문학이다. 초나라의 문인으로 합종설을 주장하다 귀양 간 굴원(屈原)에 의하여 출현한 것이 바로 초사이다. 굴원의 대표작으로 「이소(離騷)」가 있으며 단오절(端午節) 또한 굴원의 고사에서 유래된 민속 절기이다.

❀ ― 열국지의 출현과 시대적 배경

『열국지(列國志)』는 일명 『동주열국지』라 하는데 춘추전국시대를 배경으로 만든 연의류 소설이고, 『초한지(楚漢志)』는 일명 『서한연의』라 하는데 주로 진나라의 흥망성쇠와 한나라의 건국과정을 묘사한 연의소설이다.(한나라 초기까지만 기술. 후속편으로 『동한연의』가 있음.) 그리고 『삼국지(三國志)』는 일명 『삼국지연의』라고 하며, 후한 말기와 위나라·촉나라·오나라의 삼국시대를 거쳐 진(晉)나라로 재통일되는 과정을 묘사한 연의소설이다.

三皇五帝 ··· 夏 ··· 殷(商) ··· 周(西周 ··· 東周[春秋+戰國]) ···
                                    (열국지)
秦 ··· 漢(西漢 ··· 新 ··· 東漢) ··· 魏晉南北朝 ··· 隋 ··· 唐 ···
      (초한지)   (삼국지)
五代十國 ··· 宋(北宋 ··· 南宋) ··· 元 ··· 明 ··· 清 ··· 中國

이상 중국의 역사 연대표를 근거로 역사적 배경을 살펴보면, 동주의 춘추전국시대는 유가와 도가를 포함한 제자백가의 출현으로 철학(哲學)이 크게 주목을 받던 시대이고, 한나라 때에는 사마천의 『사기(史記)』와 반고의 『한서(漢書)』 등이 출현하면서 사학(史學)이 크게 주목받던 시대였으며, 위진남북조시대는 유협의 『문심조룡(文心雕龍)』이 출현하면서 문학(文學)이 토대를 구축하였던 시기이다. 이 시기는 중국의 철학과 사학 및 문학이 뿌리를 내린 시기이기에 중국 고대 학술문화의 토대가 형성되었던 시기였다.

이러한 시기에 『열국지』·『초한지』·『삼국지』와 같은 흥미로운 역사 연의류 소설은 중국의 역사는 물론 다양한 학술문화와 지식의 습득이 가능하였기에, 중국은 물론 조선의 문인들에게도 애호되는 필독서가 되었다. 특히 조선의 개국 이래 문인들 사이에서는 중국에 대한 신지식과 학문적 욕구가 강했기에 『열국지』·『초한지』·『삼국지』 등과 같은 연의류 소설에 크게 열광하였다.

『열국지』는 대략 550여 년간의 춘추전국시대를 배경으로 만든 역사 연의소설이다. 역사 연의소설이란 역사소설과 연의소설이 결합한 합성어로, 어떤 역사적 사실에 근거하여 그 사실을 쉽고 흥미롭게 부연설명 한다는 의미이다. 일반적으로 연의소설에는 크게 왕조의 흥망성쇠를 중심으로 '역사적 사건'을 위주로 서술하는 유형과 '역사적 인물'을 위주로 묘사하는 두 가지 유형이 있다. 즉 『초한지』와 『열국지』 그리고 『삼국지』는 역사적 사건에 충실한 연의소설이고, 『설가장연의』와 『포공연의』 등은 역사적 인물을 위주로 묘사된 연의소설이라 할 수 있다.

2. 열국지의 판본과 국내 유입

조선시대 이래 국내에서 가장 환영을 받은 3대 연의소설이라 하면 『열국지』와 『초한지』, 그리고 『삼국지』를 꼽을 수 있다.

그중 『열국지』는 원래 송원대에 유행하던 『7국춘추평화(七國春秋平話)』와 『진병6국평화(秦幷六國平話)』 등의 화본소설을 토대로 시작되었다. 그 후 명대의 여소어(余邵魚)는 이 책들과 『춘추좌전(春秋左傳)』 등의 역사자료를 토대로 『춘추열국지(春秋列國志)』라는 장편 연의소설을 편찬하였다. 이 책은 주나라 무왕(武王)이 은나라 주왕(紂王)을 정벌하는 이야기부터 시작하여 진나라가 6국을 병합하고 천하통일하는 시기까지 무려 800여 년의 장구한 역사를 기술하고 있다. 그러나 명말 풍몽룡(馮夢龍)이 『신열국지(新列國志)』라는 서명으로 재편하면서 서주의 건국과 흥망 시기를 모두 삭제하고, 동주의 시기, 즉 선왕(宣王) 39년(기원전 789년)부터 진시황이 천하를 통일하는 기원전 221년까지 약 568년의 역사로 축약하면서 새로운 틀을 구축하였다.

그 후 청나라에 들어와서 채원방(蔡元放)은 풍몽룡의 『신열국지』(108

〈청대 후기에 출간된 채원방의『동주열국지』판본〉

回本)의 골격은 그대로 유지한 채 지엽적인 부분만 수정 보완 및 평점을 가하여『동주열국지(東周列國志)』(1700년대 중기)라는 이름으로 새 단장을 하였다. 그리하여『동주열국지』는 청대 이후의 가장 보편적인 통행본으로 사용되었다. 지금 우리가 볼 수 있는『동주열국지』는 대부분이 채원방에 의하여 일단락된 판본으로 지금까지 광범위하게 애독되고 있다.

『열국지』의 출간연도를 살펴보면, 여소어(余邵魚)의『춘추열국지』는 8권본『新刊京本春秋五霸七雄全像列國志(신간경본춘추오패칠웅전상열국지)』가 1606년(萬曆34 丙午年)에 출간되었고, 12권본『新鐫陳眉公先生批評春秋列國志(신전진미공선생비평춘추열국지)』는 1615년(萬曆43 乙卯年)에 출간되었다. 그리고 풍몽룡의『신열국지』출간연도는 대략 명대 숭정(崇禎) 16年(1643)에 출간되었으며, 채원방의『동주열국지』

는 청대 1736년(乾隆 元年) · 1752년(乾隆 17년) · 1767년(乾隆 丁亥 32年) 등 여러 차례 출간되었다.

『열국지』의 국내 유입은 여소어의 『춘추열국지』부터 유입된 것으로 확인된다. 근거는 국내 12권본 『신전진미공선생비평춘추열국지』가 일찍이 번역되었기 때문이다. 현존하는 『열국지』의 가장 이른 판본이 명대 만력(萬曆) 34년(1606) 중간본(重刊本)인 점을 감안하면, 비교적 이른 시기인 1600년대 초기나 늦어도 중기에는 국내에 유입된 것으로 추정된다.

조선시대 『열국지』에 대한 유입기록은 약 10종의 문헌에서 찾아볼 수 있는데, 그중 가장 빠른 기록으로는 황중윤(黃中允)의 『동명선조유고(東溟先祖遺稿)』 8, 「일사목록해(逸史目錄解)」와 권이생(權以生)이 쓴 『사요취선(史要聚選)』 서문에 언급되어 있다.

어떤 이가 나에게 "『천군기』를 왜 지었는가?"라고 묻기에, 나는 "나의 반생이 목표를 상실한 채 길을 잃으매 고삐를 돌려 길을 돌아오고자 하는 말이라."라고 대답하였다. 또 그가 묻기를 "그렇다면 그것을 '逸史'라고, 각각 나누어 제목을 정했음은 왜 그러한가?" 하고 물으니, 나는 "이것은 사가의 연의의 방법을 본뜬 것이다. 『열국지연의』 · 『초한연의』 · 『동한연의』 · 『삼국지연의』 · 『당서연의』 · 『송사연의』 · 『황명영렬전연의』 등을 보면 다 목록을 만들어 제목을 구별하였는데, 그 뜻은 대개 눈으로 보기가 쉽고 다른 사람이 즐겁도록 힘썼고, 또 보는 이로 하여금 싫증나지 않도록 하고자 함이다."라고 대답하였다.

(或問於余曰: "天君記何爲而作也?" 曰: "慨余之半生迷亂失途, 而欲返轡復路之辭也." 曰: "然則謂之逸史, 而各分爲題目者何也?" 曰: "此效史家衍義之法也. 嘗

考諸 列國志衍義, 楚漢衍義,及 東漢演義, 三國志演義, 唐書衍義, 及 宋史衍義, 皇
明英烈傳衍義 等諸史, 則皆爲目錄, 意盖欲易於引目, 務於悅人, 而使觀者不厭.")

　　황중윤의 생졸연대가 1577~1648년인 것으로 보아 적어도 1648
년 이전에는『열국지』가 국내에 유입된 것이 확실하며, 그리고 권이
생이 쓴『사요취선』은 1679년에 출판된 역사서의 일종이다. 이 책은
『제사상록(諸史詳錄)』과『역대회령(歷代會靈)』을 주로 참고하고, 그 외
『열국지(列國志)』·『국어(國語)』·『명신록(名臣錄)』 등을 보충하여 권이생
이 편집하고 전이채(田以采)와 박치유(朴致維)가 출판한 책으로 전해지
고 있다.
　　이상 두 인용문에 근거하면 1648년 이전에『열국지』가 국내에 유
입된 것이 확실하며, 또『사요취선』이 출판될 당시 이미『열국지』가
널리 유통되고 있었음을 추측할 수 있다. 아울러 권이생의『사요취선』
을 편찬할 때『열국지』·『국어』·『명신록』 등을 함께 참고서적으로 이
용하였다고 하였는데, 이는『열국지』가 소설적 가치보다는 역사서로
서의 가치를 더 인정받은 것이라 할 수 있다.

　　⊛ ─ **열국지의 번역**
　　이상의 분석에서『열국지』는 늦어도 1600년대 중기쯤에는 국내에
유입되었을 것으로 확인된다. 그리고 유입되어 바로 번역된 것으로 추
정된다. 그렇다면『열국지』의 번역 시기를 어디까지 소급시켜야 할까?
　　결론부터 말하자면『열국지』의 번역시기는 1600년대 중후기쯤으
로 추정된다. 그 이유는 이미 여소어의『춘추열국지』가 번역필사본으
로 전해지기 때문이다.『춘추열국지』의 번역본은 12권본『신전진미

공선생비평춘추열국지』의 각기 다른 판본을 가지고 번역한 것인데, 필사본으로 국립중앙도서관(츈츄열국지: 총 17권 17책, 197칙(則), 표제는 列國誌)에 소장되어 있다. 그 외에도 다량의『열국지』번역필사본이 존재한다. 특히 채원방의『동주열국지』를 번역한 필사본이 주류를 이룬다.

일각에서는 1600년대 중후기쯤에 번역된『츈츄열국지』의 필사본을 두고 아주 후대에 번역된 것이라는 설도 있으나,『동주열국지』가 세상에 나와 유행하던 시기에 구태여 옛날 판본『열국지』를 저본으로 삼아 번역하였을 리는 없다고 사료된다. 즉 내용과 체제가 구본보다 완숙한 풍몽룡의『신열국지』나 채원방의『동주열국지』를 두고 구태여『춘추열국지』를 번역해야 할 이유가 없기 때문이다. 또 번역에 사용된 고어(古語)의 활용상태를 보면 매우 이른 시기에 번역되었음을 추정할 수 있다. 그러기에『열국지』의 국내 최초 번역은 1600년대 중후기쯤이었을 것이고, 늦어도 1700년대 초기를 넘지는 않았을 것으로 추정한다.

광복 이후 다량의『열국지』번역본이 출간되었다. 그러나 완전번역본은 드문 편이다. 대부분 원문을 참고로 한 재편집 출간본이 대부분이다. 그나마 김구용의『동주열국지』번역본은 비록 목차 부분은 역자임의대로 요약하여 개편하였으나, 내용에 들어가서는 발어사(發語詞)와 결미어(結尾語)를 제외하고는 삽입시(揷入詩)를 포함하여 거의 모든 문장을 번역해 내려고 노력한 흔적이 뚜렷하게 드러난다. 또한 비교적 원문에 가깝게 번역되었다.

중국의 역사와 열국지 미학

1. 삼황오제(三皇五帝)에서 상(商)나라까지

『열국지』를 이해하기 위해서는 『열국지』 이전의 중국 역사를 살펴보아야 한다. 중국의 역사는 삼황오제부터 시작된다. 삼황오제는 중국 고대의 전설적 제왕을 말하는데, 3황은 일반적으로 복희씨(伏羲氏)·신농씨(神農氏)·여와씨(女媧氏)를 말하지만, 삼황 가운데 여신인 여와씨 대신 수인씨(燧人氏)와 축융씨(祝融氏)라고 주장하는 기록도 있다. 복희씨는 사람들에게 물고기 잡는 법을 전수해 주었고, 신농씨는 농사법을 전해주었으며, 여와씨는 인간을 창조하였다고 전해진다.

그리고 오제는 황제헌원(黃帝軒轅)·전욱고양(顓頊高陽)·제곡고신(帝嚳高辛)·제요방훈(帝堯放勳:陶唐氏)·제순중화(帝舜重華:有虞氏)를 말한다. 중국에서 가장 태평성대를 이루었다고 전하는 요순시대가 바로 제요와 제순의 시대를 의미한다. 원래 이 시대는 다양한 신화와 전설이 혼합된 것이기에 그 기원이 애매하여 일명 선사시대로 분류한다.

삼황오제 다음의 시대가 하(夏)나라이다. 하나라의 시조인 우(禹)는 성군으로 이름이 높은 요(堯)임금과 순(舜)임금의 뒤를 이어 왕위를 계승하였다. 특히 그는 황하의 범람을 잘 치수(治水)하여 공이 컸기 때문에 순임금에게 제위를 선양받았다. 우임금은 말년에 제위를 다시 현자에게 선양하려 하였으나, 제후들이 우의 아들 계(啓)를 추대하면서 세습의 전통이 만들어지게 되었다.

이때부터 선양제(禪讓制)가 없어지고 세습제(世襲制)에 의한 왕조가 출현하는 계기가 되었다. 그 후 하나라는 우왕(禹王)에서 걸왕(桀王)까지 17대 472년 동안(기원전 1600년 무렵까지) 자식에게 세습되다가, 걸왕(桀王)에 이르러 상(商)나라 탕왕(湯王)에 의하여 멸망하였다.

상(商)나라는 크게 전후기로 분류하는데, 전기는 기원전 1600년부터 기원전 1300년까지이고, 상나라 후기는 도읍을 은허(殷墟)로 천도한 기원전 1300년부터 기원전 1046년까지이다. 이러한 연유에서 상나라를 일명 은나라라고 부르기도 하였다. 하지만 은(殷)이라는 명칭은 상나라의 마지막 수도의 이름일 뿐이며, 사실 은(殷)나라라는 명칭은 상나라가 멸망한 뒤 주(周)나라에서 상나라 백성들을 하대하던 호칭에서 비롯된 것이다. 그러기에 정확한 명칭은 상(商)나라가 옳다.

상나라의 도읍지 터인 은허(殷墟)는 기원전 1046년, 주나라 무왕(武王)이 상나라를 멸망시키는 바람에 폐허(廢墟)로 변해버린 지역을 은허라고 부르는 것에서 유래되었다. 또한, 후대에 이곳에서 대량의 갑골문(甲骨文)이 출토되며 널리 알려지게 되었다. 은허는 기원전 1300년경 상나라의 20대 제왕인 반경(盤庚)이 당시 수도였던 산동성 곡부(曲阜)에서 안양현 소둔촌(小屯: 殷)으로 옮긴 이후, 12명의 왕이 재임하며 약 255년간 수도로 사용하였다. 그리그 이후 은허는 2006년 유네스코 세계문화유산으로 등록되었다.

2. 상나라 말기에서 서주시대까지

여소어의 『춘추열국지』는 상나라 말기부터 기술하고 있기에 이 부분에 대한 역사적 배경을 간단하게 설명하고자 한다.

상나라 말기 주왕(紂王)에 이르러 상나라는 급속도로 붕괴의 조짐이 나타나기 시작한다. 이와 관련하여 하걸은주(夏桀殷紂)라는 고사성어가 있다. 이는 "하나라는 걸왕이, 상나라는 주왕이 나라를 망쳤다는 말"로, 폭군을 상징하는 의미로 사용된다. 특히 걸왕은 말희(妺喜)에게, 주왕은 달기(妲己)라는 미인에게 빠져 나라를 기울게 한 폭군의 대명사로 사용되고 있다.

사마천의 『사기』에 의하면, 걸주(桀紂)의 음란무도한 생활을 표현한 고사성어가 바로 주지육림(酒池肉林)이다. 상나라 주왕은 특히 달기라는 여자를 사랑해서 사구(沙丘)에 호화로운 별궁을 짓고 "술로 못을 만들고 고기를 달아 숲을 만든(以酒爲池懸肉爲林) 다음 남녀가 벌거벗고 그 사이에서 서로 쫓고 쫓기는 상축(相逐)놀이를 하며 밤낮없이 즐겼다."라는 기록이 있다.

이처럼 약 600년을 내려온 상나라가 28대 왕인 주왕의 주지육림(酒池肉林)과 가혹한 포락지형(炮烙之刑)으로 인하여 나라가 기울어 갈 때, 충신 서백(西伯: 후에 주나라 문왕이 됨)이 주왕에게 간언한 말이 바로 은감불원(殷鑑不遠)이다. 즉 은나라가 거울로 삼아야 하는 일은 멀리 있지 않다. 그러기에 전대의 하(夏)나라 걸왕을 거울로 삼아 경계하여야 한다는 의미에서 유래하였다.

결국, 상나라 주왕의 폭정으로 나라가 도탄지고(塗炭之苦)에 빠지자 견디지 못한 서백의 아들 무왕(武王)이 상나라를 멸망시키고 새로운 왕조를 건국하였는데 이것이 바로 주(周)나라이다. 주나라는 호경(鎬京)을 수도로 삼았는데 지금의 서안(西安)이다. 주나라는 기원전 1046년~기원전 256년까지 790여 년을 이어갔던 나라로 중국 역사에서 가장 오래 존속한 나라이기도 하다. 주나라의 정치체계는 봉건제도의 기반 위에 혈연적 특색을 가미한 종법제도로 국가 질서를 확립하였던 사회였다.

그러나 약 200여 년의 시간이 흐름에 따라 주나라 왕실과 제후국들 사이의 혈연관계도 멀어지게 되었다. 지방의 제후들은 각자 세력을 키워가며 약육강식과 적자생존의 길로 나서기 시작하였다. 이렇게 혈연에 기반을 둔 전통적인 봉건 체제는 무너지기 시작하였다.

기원전 8세기경에 이르자 주나라는 권력을 잃었고, 대신 주나라의 힘을 능가하는 제후들이 출현하면서 주나라는 위기에 봉착하였다. 결국, 주나라는 점차 세력을 잃고 유력한 제후들이 번갈아 패자(覇者)의 지위에 오르며 권력의 주도권을 차지하게 되었다. 이것이 바로 『동주 열국지』의 배경이 된 춘추전국시대의 서막이었다.

3. 열국지의 내용 개략

『열국지』를 읽다 보면 당혹스러운 경우가 종종 발생한다. 즉 서로 다른 버전은 물론, 또 번역가마다 원문에 충실하지 않고 내용을 마구 첨삭하거나 심지어 자신의 창작까지 가미하여 어떤 것이 원전인지 창작인지 구별하기 어려울 때가 종종 발생하기 때문이다. 필자는 일반적으로 공통된 내용을 근거로 하여 총 10개의 파트로 분류하여 그 내용을 약술하였다.

(1) 유왕(幽王)과 포사(褒姒)[춘추시대의 서막]: 선왕시기의 배경과 유왕의 폭정 그리고 미인 포사로 인한 견융의 침략으로 이어진 사건을 기술하고 있다. 결국 유왕으로 죽음으로 평왕(平王)이 대를 잇고, 낙양으로 천도하면서 본격적인 동주시대를 열었다. 그러나 무너진 왕권에 제후국들의 도전이 이어지며 정나라 장공(莊公)의 득세와 황천견모(黃泉見母)의 이야기 등이 소개된다.

(2) 제(齊)나라와 환공(桓公): 제나라 희공(僖公)의 두 딸인 선강과 문강의 불륜 파문과 이로 인한 복잡한 국제관계, 특히 제 양공(襄公)과 문강 남매의 불륜 문제로 제 양공은 죽음에 이르게 된다. 그다음 대를 이은 제 환공(桓公)과 관포지교의 고사성어가 만들어진 관중과 포숙아의 이야기가 전개된다. 특히 최고의 재상 관중은 환공을 춘추오패(春秋五霸) 중 하나로 만들며 제나라를 반석 위에 올려놓았다. 그러나 환공은 말년에 간신들과 가까이하며 비참한 죽음을 맞이한다.

(3) 진(晉)나라와 문공(文公): 제 환공 다음의 패자로 등장한 것이 진나라 문공이다. 문공의 아버지 헌공(獻公)은 적자 태생인 신생(申生)과 이복 태생인 중이(重耳) 및 이오(夷吾) 등의 아들이 있었다. 그러나 형제

간의 피비린내 나는 권력다툼, 그리고 총 19년간의 망명 생활을 통하여 고난과 역경을 이겨낸 최후의 승자 문공의 이야기와 한식의 기원이 된 개자추의 고사 등이 소개된다.

(4) 초(楚)나라와 장왕(莊王): 초 장왕은 남방의 맹주였던 성왕의 손자이며 목왕의 아들이다. 장왕은 정나라를 공격하여 함락시키고, 진(晉)나라와 대적하여 필지전투의 승리를 거두며 일약 춘추시대의 패자로 등극하였다. 특히 절영지회(絕纓之會)와 삼년불비우불명(三年不飛又不鳴)의 고사로 유명하다.

(5) 미완의 패자와 현상의 시대: 미완의 패자는 송(宋) 양공(襄公)과 진(秦) 목공(穆公)을 말한다. 송 양공은 다른 패자들과는 달리 진정한 패업을 이루지는 못하고 잠시 회맹의 맹주를 맡았을 뿐이며, 진 목공은 백리해와 건숙 등을 기용하여 패권을 차지하였으나 진정한 패자로 보기는 부족해 보인다.
그리고 그 시대에는 유능한 재상인 정나라 자산, 제나라 안영, 진나라 숙향, 오나라 계찰 등이 등장하였다.

(6) 오(吳)나라의 합려(闔閭)와 부차(夫差): 오자서는 부형을 잃고 오나라로 망명하여 오나라 합려를 도와 초나라를 공격하여 원수를 갚는 부관참시(剖棺斬屍)의 이야기의 주인공이다. 또 오자서는 합려의 아들 부차(夫差)를 도와 월나라 구천과의 끈질긴 전쟁을 승리로 이끌며 부차를 패자의 반열에 올려놓은 장본인이다. 오자서와 함께 수많은 공로로 높은 관직에 이른 손무는, 성공한 후에 물러나지 않으면 화를 자초

하게 된다며 관직을 버리고 은퇴하였지만, 혼자 남은 오자서는 결국 부차에게 자결을 요구받아 죽었다.

(7) 월(越)나라의 구천(句踐): 오왕 부차와 함께 와신상담(臥薪嘗膽)의 주인공이다. 구천은 오왕 부차가 복수를 준비하고 있다는 소문을 듣고 오나라를 선공하였으나 크게 패하여 항복하였다. 이때 오자서가 구천을 죽이자고 간언하였으나 범려의 로비로 목숨을 구하였다. 구천은 회계산으로 들어가 절치부심하며 복수를 준비하였다. 서시(西施)를 미인계로 부차에게 보내어 방심하게 한 다음 각종 전략 전술을 사용하여 오나라를 정복하고 마침내 패자에 오른다.

(8) 춘추시대에서 전국시대로: 진(晉)나라가 내분으로 한(韓)나라 · 위(魏)나라 · 조(趙)나라 3국으로 분열된 시기를 기점으로 전국시대(戰國時代)의 서막이 오른다. 전국 7국의 정치정세를 소개하고 제자백가의 유가 사상에서 나온 부작용(예양 · 악양 · 염수 · 오기)에 대하여 중점적으로 기술하였다.

(9) 귀곡자의 4제자와 꿈꾸는 영웅들: 특히 이 시기에는 귀곡 선생의 4제자가 유명하다. 귀곡자에게 동문수학한 손빈(孫臏)과 방연(龐涓)이 원수로 변하여 펼치는 처절한 복수극, 그리고 합종설과 연횡설을 제시하며 시대를 풍미하였던 소진과 장의의 이야기가 이어진다. 그 외굴원의 이소와 단오 이야기, 인상여와 염파장군의 문경지교, 범수의누란지위와 원교근공의 이야기가 소개된다.

(10) 진시황의 천하통일: 전국시대 말기에 등장한 4군자는 제나라의 맹상군(孟嘗君)·조나라의 평원군(平原君)·위나라의 신릉군(信陵君)·초나라의 춘신군(春信君)을 말한다. 그 외 킹 메이커 여불위의 활약이 종횡무진 그려지고 있다.

진나라 천하통일의 원동력은 장의의 연횡설(連橫說)과 범수의 원교근공(遠交近攻)이 외교정책의 근간이었지만, 또한 상앙과 이사의 강력한 법치주의도 큰 몫을 하였다. 이러한 배경으로 진시황이 천하통일의 꿈을 이룬 뒤 봉건제도를 폐지하고 강력한 중앙집권제인 군현제도를 도입하면서 『열국지』가 마무리된다.

4. 열국지의 문학성과 예술성

◉─ 열국지의 문학성

『열국지』는 문학적 구성과 예술적 미학이 뛰어난 작품이다. 특히 소설에 등장하는 수많은 주인공의 선명하고 뚜렷한 인물형상과 등장인물들의 다양한 캐릭터 및 갈등구조 등을 매우 성공적으로 그려내어, 문학성은 물론 예술성까지 크게 제고시켰다. 먼저 문학적 특징을 살펴보면 다음과 같다.

첫째, 『열국지』는 550여 년이라는 춘추 전국시대의 이야기를 다루다 보니 『초한지』나 『삼국지』처럼 특정의 주인공이 따로 존재하지 않는다는 특징을 가지고 있다. 그러기에 시대별로 수시로 주인공이 등장했다가 사라지는 옴니버스(omnibus)의 형식을 따르고 있다. 즉, 각자 독립되는 역사 이야기를 하나로 일관성 있게 묶어 묘사하는 기법을 취하고 있으며, 또 다양한 나라가 등장하다 보니 중요한 사건을 위주로 시공간을 넘나들며 기술하는 방식으로 기술하였다. 이러다 보니 소설의 가독성이 떨어지기에 상당한 집중력을 필요로 한다.

둘째, 『열국지』의 기원은 송원대에 유행하던 『무왕벌주평화(武王伐紂平話)』와 『악의도제7국춘추평화(樂毅圖齊七國春秋平話)』, 그리고 『진병6국평화(秦幷六國平話)』 등의 화본소설을 토대로 하며, 역사서로는 『춘추좌전』·『사기』·『전국책』·『오월춘추』·『자치통감』 등을 참고로 하여 만들어진 역사소설이다. 3할 정도가 허구라는 『삼국지』나 일부분이기는 하지만 부분적 허구를 가미한 『초한지』에 비하면, 『열국지』는 9할 이상이 역사적 사실에 근거를 두고 역사에 충실하게 묘사한 역사소설이다.

셋째, 『열국지』는 선왕 39년(기원전 789년)에서 시작하여 진시황의 천하통일(기원전 221년)까지의 총 568년의 역사를 기술하고 있다. 문학적 구성을 살펴보면 제1회에서 제2회까지는 선왕과 유왕 및 포사 이야기로 시작한다. 본격적인 이야기로는 평왕이 낙양으로 천도하여 춘추시대를 연 제3회부터 동주시대의 역사가 시작된다. 제3회부터 제83회까지는 춘추시대의 역사를 다루고 있으며, 제84회부터 제108회까지는 전국시대를 다루고 있다. 전국시대보다는 춘추시대의 역사에 집중하여 기술하였다고 볼 수 있다.

넷째, 『열국지』의 편찬자로는 여소어와 풍몽룡 및 채원방을 꼽을 수 있다. 여소어는 명대 가정년간(嘉靖年間)의 문인이지만 잘 알려지지 않았다. 오히려 풍몽룡이 유명하다. 그는 자유(子猶)나 묵감재(墨憨齋)로 알려져 있으며 소주(蘇州) 출신이다. 문학에 다재다능하여 다량의 저술·편찬·교정 등이 있으며, 특히 통속소설 삼언(三言)인 『유세명언(喻

世明言)』·『경세통언(警世通言)』·『성세항언(醒世恒言)』이 가장 유명하다. 또『평요전(平妖傳)』이나『열국지』의 개작이 대표작이다. 그리고『동주 열국지』를 편찬한 채원방은 남경사람으로 문학에 독특한 재능이 있었 던 사람이다. 그는 풍몽룡의『신열국지』108회를 골격은 그대로 유지 한 채 오탈자는 물론 문맥에 부자연스러운 80여 수의 삽입시 등 상당 부분을 첨삭하였다. 그리고 서문과 열국지독법에 자신의 비평까지 첨 가하는 등 독자들의 구미에 맞도록 심혈을 기울였다. 그러한 결과 후 대에는 채원방의『동주열국지』가 통행본으로 자리매김을 하였다.

❀ ─ 열국지의 예술성

『열국지』는 약 550년의 역사를 그려내고 있기에 주인공이 계속하 여 바뀐다는 특징이 있다. 이처럼 내용의 산만함으로 인하여 잘못하 면 흥미를 잃을 수 있는 위험성도 존재한다. 그러나『열국지』는 단순 한 흥미 위주의 소설이 아니라 다양한 예술성을 내포하고 있다. 특히 문장의 묘사기법과 빼어난 문장체, 그리고 다양한 예술적 표현을 꼽 을 수 있다. 즉,『열국지』에는 수많은 고사성어와 명언 명구들이 출현 한다.

고사성어로는 주지육림(酒池肉林)·관포지교(管鮑之交)·송양지인(宋襄 之仁)·절영지회(絶纓之會)·와신상담(臥薪嘗膽)·오월동주(吳越同舟)·계 명구도(鷄鳴狗盜)·낭중지추(囊中之錐)·일자천금(一字千金) 등 약 200여 개가 유래되었다. 이러한 고사성어는 인문학 교양을 풍부하게 해 줌은 물론, 다양한 스토리텔링을 통한 문화콘텐츠의 활용을 통하여 인문 교 양의 재창출을 만들어 주었다.

또 명언 명구와 속담으로는 백화제방 백가쟁명(百花齊放, 百家爭鳴)·

삼년불비우불명(三年不飛又不鳴)·가도멸괵(假道滅虢)·풍마우불상급(風馬牛不相及) 등 수많은 명언 명구와 속담들을 등장시켜 독자들에게 지적 호기심과 흥미를 불러일으키는 동기를 부여하고 있다. 그 외에도 이이제이(以夷制夷)·원교근공(遠交近攻)·합종연횡(合從連橫) 등 다양한 병법들이 등장한다.

동주시대는 매우 혼란스러운 시대임에도 불구하고, 중국 철학의 황금기로 평가받는다. 통치자들은 부국강병을 위하여 철학 등과 같은 관련 학술을 크게 장려하였다. 특히 제자백가의 출현으로 걸출한 인재들이 등장하는 등 중국 역사상 유례없는 학술의 황금시대를 이루었다. 『열국지』는 이러한 역사 내용에 충실하여 폭넓은 역사적 지식과 상식을 담아냈고, 또 수많은 역사적 인물들을 통하여 교훈과 삶의 지혜를 배울 수 있도록 꾸며져 있다.

『열국지』는 문학적 구성은 물론 예술적 미학도 빼어난 작품이다. 주인공들의 선명한 인물묘사와 심리적 갈등구조 등을 교묘하게 설정하여 흥미를 배가시키고 있다. 예를 들면, 유왕과 포사, 제 환공과 관중 및 포숙, 진(晉) 문공과 개자추, 진(秦) 목공과 백리해, 초 장왕과 손숙오, 제 경공과 안영, 오 부차와 오자서 및 손무, 월 구천과 범려, 지백과 예양, 손빈과 방연, 소진과 장의, 진 소왕과 범수, 전국 4군자, 초 회왕과 굴원, 진시황과 여불위 등이 등장하여 다양한 갈등구조를 만들었다. 즉 폭군과 요녀, 명군과 명신, 폭군과 간신, 충신과 간신, 명군과 폭군, 암군과 충신 등 다양한 대립구조를 통하여 흥미는 물론, 구성의 예술성까지 부각되었다.

『열국지』는 이러한 다양한 인물묘사를 통하여 그들의 처세술과 리더십 및 통치술 등을 배울 수 있는 인생의 교과서 역할을 하기도 한다.

그러기에 『열국지』는 인문학(人文學)은 물론 인간학(人間學)의 보고(寶庫)라고 해도 과언이 아니다. 이러한 연유에서 예전부터 지금까지 천하를 경영하고자 하는 수많은 영웅들의 필독서가 되기도 하였다.

❈ 故事成語와 名言名句

⊙ **하걸은주**(夏桀殷紂)

하나라의 폭군인 걸왕과 상나라 주왕을 묶어 하걸은주라 부른다. 혹은 걸주(桀紂)라고 약칭하기도 한다. 이 고사성어는 주로 하나라 걸왕은 말희라는 미인으로 인하여, 상나라 주왕은 달기라는 미인으로 인하여 나라를 망친 폭군의 대명사로 일컬을 때 쓰인다.

⊙ **도탄지고**(塗炭之苦)

도탄지고(塗炭之苦)는 진구렁에 빠지고 숯불에 타는 것 같은 고통을 가리키는 말이다. 하나라의 걸왕이 폭정과 방탕으로 도탄에 빠지자 탕왕이 하나라를 정벌하여 상나라를 세운 역사에서 기인한다. 탕왕이 무력으로 걸왕을 축출하고 스스로 패왕이 되었으나 후세에 자신이 어떻게 평가될 것인지를 두려워할 때, 신하인 중훼(仲虺)가 탕왕의 마음을 위로한 일화에서 나온 고사성어이다.

⊙ **포락지형**(炮烙之刑)

포락지형은 상(商)나라 주왕(紂王) 때의 잔인한 사형 방법을 이르는 말이다. 즉, 불에 달군 쇠로 단근질하는 형벌의 일종이다. 기원은 상나라 주왕이 숯불로 달군 구리 기둥 위로 죄인을 맨발로 건너가게 하는 형벌에서 유래되었다. 사마천의 『사기(史記)』에 나온다.

⊙ 은감불원(殷鑑不遠)

은감불원은 은나라가 거울로 삼아야 하는 일은 멀리 있지 않음을 의미한다. 이는 하나라 걸왕이 어질지 못해 나라를 말아먹은 일을 상기시키며 은나라 주왕이 이를 거울로 삼아 경계해야 한 데서 유래되었다. 은나라가 곧 상나라이기에 상감불원(商鑑不遠)이라고도 한다.

⊙ 주지육림(酒池肉林)

주지육림은 은나라 주왕이 술로 연못을 이루고 고기로 숲을 이룬다는 뜻으로, 호사스러운 술잔치를 이르는 고사성어이다. 폭군 주왕이 미녀 달기에 매혹되어 정사를 돌보지 않고 장야지음(長夜之飮) 잔치를 즐겼던 일에서 유래하였다.

중국의 역사 연대표

나라	연대	건국자
삼황오제 (三皇五帝)	삼황: 복희씨(伏羲氏)·신농씨(神農氏)·여와씨(女媧氏) [혹 여와씨 대신 수인씨(燧人氏) 및 축융씨(祝融氏)] 오제: 황제(黃帝)·전욱(顓頊)·제곡(帝嚳)·제요(帝堯)·제순(帝舜)	
하(夏)나라	BC 2070년 – BC 1600년	우왕이 건립
상(商)나라	BC 1600년 – BC 1046년	一名: 은(殷)나라. 탕왕이 건립
주(周)나라	서주(西周)시대: 　　BC 1046년 - BC 771년	문왕이 건립
	동주(東周)시대: 춘추(春秋)시대 BC 770년 - BC 477년 전국(戰國)시대 BC 476년 - BC 221년 ＊ 전국시대 시작: BC 476년, BC 453년, BC 403년 등 다양한 학설이 존 　재한다.	
진(秦)나라	BC 221년 - BC 206년	진시황 건립
한(漢)나라	서한(西漢): BC 206년 - 서기 23년	유방 건립. 일명 전한(前漢)
	신(新)나라: 서기 8년 - 서기 23년	왕망 건립
	동한(東漢): 서기 25년 - 서기 220년	광무제 재건. 일명 후한(後漢)
위진남북조 (魏晉南北朝) 시대	위진남북조(魏晉南北朝)시대: 221년 – 589년 ※ 삼국시대 위(魏)나라: 220년 - 265년. 조조 건립 　　　　　　촉(蜀)나라: 221년 - 263년. 유비 건립 　　　　　　오(吳)나라: 222년 - 280년. 손권 건립	
	※ 진(晉)나라: 서진(西晉): 265년 - 316년. 사마염 건립 　　　　　　동진(東晉): 317년 - 420년.	
	※ 남북조(南北朝) 　남조(南朝) 　송(宋) 420년 - 479년 　제(濟) 479년 - 502년 　양(梁) 502년 – 557년 　진(陳) 557년 - 589년	북조(北朝) 북위(北魏) 386년 - 534년 동위(東魏) 534년 - 550년 북제(北齊) 550년 - 577년 서위(西魏) 535년 - 556년 북주(北周) 557년 – 581년

위진남북조 (魏晉南北 朝) 시대	※ 오호십육국(五胡十六國) 시대: 4세기부터 5세기 초. 흉노(匈奴)·갈(羯)·저(氐)·강(羌)·선비(鮮卑)의 오호(五胡)가 세운 13왕조 와 한족(漢族)이 세운 3왕조: 전조(前趙)·후조(後趙)·전연(前燕)·후연(後 燕)·남연(南燕)·북연(北燕)·전진(前秦)·후진(後秦)·서진(西秦)·하(夏)·성 한(成漢)·전량(前涼)·후량(後涼)·북량(北涼)·남량(南涼)·서량(西涼)	
수(隋)나라	581년 - 618년	문제가 건립
당(唐)나라	618년 - 907년	고조 이연이 건립
오대십국 (五代十國) 시대	오대십국(五代十國) 시대: 907년 – 960년 ※ 오대: 후량·후당·후진·후한·후주 ※ 십국: 오월·민·형남·초·오·남당·남한·북한·전촉·후촉	
송(宋)나라	북송(北宋)시대 960년 - 1127년	조광윤이 건립
	남송(南宋)시대 1127년 - 1279년	고종 재건
원(元)나라	1271년 - 1368년	징기스칸이 건립
명(明)나라	1368년 - 1644년	주원장이 건립
청(淸)나라	1644년 - 1911년	누르하치가 건립
중국 (中國)	중화민국(中華民國): 1912년 건국	손문이 건립 (장개석 국민정부 대만천도)
	중국인민공화국(中國人民共和國): 1949년 10월 1일 성립	모택동이 건립 (모택동 공산정부)

제2강

서주시대에서
춘추전국시대로

— key word —

춘추전국시대(春秋戰國時代) · 천금매소(千金買笑) · 정(鄭) 장공(莊公) · 황천견모(黃泉見母)

만전지계(萬全之計) · 존왕양이(尊王攘夷) · 대의멸친(大義滅親) · 부자양력(不自量力)

❖ 무너지는 존왕양이(尊王攘夷)와 계절존망(繼絶存亡)

『열국지』의 시작은 주 선왕 시기의 불길한 예언과 함께 포사(褒姒)가 등장하며 시작된다. 웃음을 잃은 포사와 웃음을 찾아주려는 폭군 유왕(幽王)의 노력은 결국 거짓으로 봉화를 올리는 사건으로 발전하였고, 이러한 사건은 견융의 침략으로 이어지며 최후에는 유왕과 포사의 죽음으로 서주의 종말을 고한다.

무정부 상태에 빠진 주나라를 구하기 위해 위나라·진나라·정나라 등 제후국들이 황급히 달려와 견융을 몰아내고 주 평왕(平王)을 후계로 세운다. 그러나 주 평왕은 잦은 오랑캐의 침략을 견디지 못하고 낙양으로 천도하며 동주시대를 연다.

동주시대로 접어들면서 주나라 왕실의 권위는 급격하게 떨어지고, 반면 지방의 유력한 제후들이 천하의 세력을 다투게 되었는데 그 대표적 인물이 바로 정 장공(莊公)이다. 오생이라고 알려진 정 장공은 어머니가 동생 단을 감싸며 자신을 몰아내려는 음모를 알아차리고, 함정을 파서 동생을 제거하고 어머니를 유폐시킨 인물이다. 후에 영고숙이 정 장공에게 모자 상봉의 명분을 만들어 주면서 황천견모(黃泉見母)라는 고사성어가 만들어졌다.

정 장공이 주 왕실의 명을 무시하고, 오직 정나라의 이익만 추구하자 급기야 주 환왕은 격노하여 제후들을 모아 정나라를 정벌한다.

그러나 주 환왕은 정 장공의 부하가 쏜 화살을 맞고 부상을 당하여 도망치는 바람에 주나라의 권위는 크게 실추된다. 이처럼 정 장공은 주나라 천자를 보호한다는 명분을 이용해 다른 제후들과의 회맹을 주재하며 천하의 패권을 차지하였지만 번번이 주나라와 왕실과는 대립되었다. 그러기에 그는 춘추오패(春秋五霸)에 꼽히지는 못하고 간웅으로 기록되고 있다.

그 외에도 위(衛)나라 공자 주우(州吁)가 임금 위 환공을 죽이고 스스로 임금 자리에 오르자, 대의를 위해서는 부모 형제의 정도 돌보지 않는다는 대의멸친(大義滅親) 고사를 만들어 낸 충신 석작(石碏)의 고사, 또 반대로 신하가 주군을 살해한 남궁장만 이야기도 있다. 즉, 송 민공 때 장군 남궁장만이 노(魯)나라와의 전투에서 패배해 포로로 잡혔다가 겨우 풀려났는데, 그 일을 가지고 송 민공이 남궁장만에게 모욕을 주자, 화가 난 남궁장만은 주군을 살해하였다. 이처럼 동주시대는 혼란의 시대로 이어지며 사회는 약육강식과 적자생존의 시대로 급변하였다. 이러한 혼돈의 시대는 유능한 인재의 출현과 새로운 영웅의 등장을 요구하였다.

유왕(幽王)과 포사(褒姒)의
천금매소(千金買笑)

⊛ ─ 포사와 천금매소(千金買笑)

봉건제도의 기반 위에 탄탄한 종법 제도로 이어지던 주나라는 건국 후 약 200여 년의 세월이 흐르자, 왕실과 제후국들 사이의 혈연관계와 봉건제도의 결속력이 급격하게 떨어지게 된다. 기원전 8세기경에 이르자 주나라 왕실의 권위는 점차 떨어지고 오히려 왕실의 권위에 도전하는 제후들이 출현하면서 주나라는 새로운 위기에 봉착하게 되었다.

『열국지』의 제1회와 제2회에서는 주나라 선왕과 유왕, 그리고 포사의 출현에 대해 묘사하고 있고, 제3회는 평왕의 즉위와 동천(東遷)으로 인한 본격적 동주시대를 예고하고 있다.

포사의 유래는 다음과 같다. 하(夏)나라 폭군 걸왕 때에 궁중에 갑자기 두 마리 용이 나타나 타액을 흘리고 사라졌는데, 심상치 않은 일이라 생각하여 이것을 나무상자에 보관하였다. 그 후 수백 년이 지나 주

〈주 선왕과 주 유왕 그리고 주 평왕의 모습〉

나라 여왕(厲王)에 이르러 문득 상자를 열게 되었는데, 용의 타액이 흘러나와 돌연 도마뱀으로 변하였다. 이에 놀란 어린 궁녀가 이것을 잡으려 덮치는 순간 도마뱀은 사라지고 그 어린 궁녀는 임신하게 되었다. 그러나 궁녀는 바로 해산하지 않고 40년이 지나 해산하니, 궁중에서는 불길하다고 생각하여 아이를 물가에 내다 버렸다.

지나가던 포나라 사람이 이를 주워다가 키웠는데 그 아이가 바로 포사(褒姒)였다. 포사는 점점 자라며 천하의 일색으로 성장하여 주변에 명성이 자자하였다. 이때 포향의 집안에서 미모의 포사를 유왕에게 바치어 비로소 궁중에 입성하였다.

여기까지가 포사에 대한 탄생 설화인데 일반적인 탄생 신화와는 다른 양상을 보이기에 탄생 '설화'라고 하였다. 즉 포사의 유래가 하나라 말기 폭군인 걸왕 때 갑자기 용 2마리가 나타났다는 설정은 악(惡)의

축이 이렇게 전승된다는 것을 미리 제시하는 것이고, 용의 침이나 도
마뱀은 남성의 정액이나 성기를 의미한다고 볼 수 있다. 또 궁녀가 40
년이나 지나서 해산하였다는 점과 절세가인으로 성장하였지만 웃음
을 잃은 포사의 궁중 입성은 또 다른 불길함을 예시하고 있다.

유왕은 포사를 끔찍하게 총애하였지만, 포사의 웃는 모습을 볼 수
없었다. 그러던 중 우연히 비단을 찢는 소리를 듣고 포사가 살포시 미
소를 보이자, 그 모습이 어찌나 예뻤던지 유왕은 궁중의 비단을 모두
가져다 찢었지만, 그것도 잠시뿐 다시 웃음을 잃었다.

그러던 어느 날, 봉화대에 봉화가 잘못 전달되어 허둥대는 군졸들의
모습을 보고 포사가 깔깔대며 웃자, 유왕은 수시로 비상을 걸어 포사
를 즐겁게 해 주었다. 그리고 이러한 묘책을 제안한 괵석보에게 천금
의 상을 하사하였다. 여기에서 유래된 고사성어가 천금으로 웃음을 산

〈유왕의 부인 신후 그리고 포사와 포사의 아들 백복〉

다는 천금매소(千金買笑)이다.

포사의 웃음을 보려는 유왕의 지나친 행동은 결국 화근이 되어, 정작 진짜 견융이 쳐들어왔을 때는 봉화를 올렸지만 아무도 이를 믿지 않았다. 결국, 지원군이 오지 않아 주 유왕은 멸망의 길로 가게 되었다.

✸ ― 서주에서 동주시대로

그러나 실제의 내용은 좀 다르다. 포사는 아이를 낳자 욕심이 생기기 시작하였다. 즉 자신의 아이로 대통을 잇고자, 당시 왕후였던 신씨와 세자를 모함하기 시작하였다. 결국, 세자가 외가(外家)인 신나라로 추방되면서 왕비 신씨는 점점 더 고립되었다. 포사에 홀린 유왕은 급기야 정비를 몰아내고 포사를 왕비로 삼았다.

이러한 사실에 분노한 신씨 왕후의 아버지 신후는 몰래 오랑캐 견융(犬戎)과 내통하여 이들을 끌어들인다. 신후의 사주를 받은 북방 오랑캐 견융은 서슴없이 주나라를 침략하였다. 그러나 어떠한 제후들도 달려와 도와주지 않으니, 주나라 도읍은 순식간에 아수라장이 되었다. 이에 놀란 유왕은 황급히 탈출하였으나, 결국 유왕도 포사도 여기에서 죽음을 맞이하였다.

오랑캐 융족의 약탈로 인하여 주나라가 극심한 혼란에 빠져 급기야 무정부 상태가 되어버리자, 신후는 황급히 다른 제후국에 도움을 청하였다. 이때 달려온 나라로 위나라·진나라·정나라 등이 있었는데, 그중에서 단연 두각을 드러낸 제후가 정나라의 굴돌(屈突)이다.

굴돌은 용감하게 달려와 오랑캐를 제압하고, 또 주나라를 재정비하였다. 즉, 유왕은 이미 죽었기 때문에, 포사의 모함으로 신나라에 피신해 있던 세자를 다시 주나라의 왕으로 옹립하였는데, 그가 바로 주 평

〈주 선왕과 주 유왕 그리고 주 평왕의 모습〉

왕이다. 새로운 왕으로 추대된 평왕은 이미 폐허가 된 호경을 버리고
수도를 낙읍(지금의 낙양)으로 옮겼는데, 이리하여 동주시대가 시작되었
다. 기원전 771년 이전의 주를 서주(西周)라 하고, 기원전 770년 낙양
으로 천도한 시기를 동주(東周)라고 부른다.

정(鄭) 장공(莊公)과
황천견모(黃泉見母)

강씨 부인과 오생

견융의 침범 당시 유왕을 탈출시키느라 정나라 백우(정나라 백작으로 이름은 우라고 알려져 있다)는 그 전투에서 목숨을 잃었다. 또 그의 아들 굴돌 역시 대를 이어 주나라 재건에 충성을 다하였다. 정 백우가 죽은 후 굴돌이 그 대권을 승계하여 정 무공이 되었다. 대를 이은 충성으로 정국의 기득권을 가진 정 무공은 이 틈을 이용하여 동괵과 회 땅을 손아귀에 넣는 등 일약 대국으로 도약하였다.

정 무공에게는 두 아들이 있었는데, 맏아들은 오생(寤生)이고 둘째 아들은 단(段)이었다. 맏아들 오생을 낳을 때, 정 무공의 부인은 낮잠을 자고 있다가 깨어보니 아이를 출산하였다고 하여 오생이라 이름을 지었다.(혹 어떤 기록에는 아이를 거꾸로 낳았다는 기록도 있다.) 이러한 연유에서 심기가 불편해진 부인 강씨는 오생보다는 똑똑한 둘째 아들 단을 더 편애하기 시작하였다.

정 무공이 죽자, 정 무공의 유언에 따라 오생이 왕권을 계승하였는데 그가 바로 정 장공이다.(정 장공에 대한 내용은 『열국지』 제4회에서 제10회까지에 걸쳐 나온다.) 그러나 정 장공의 어머니 강씨는 둘째 아들 단에 대한 집착을 버리지 못하고 단에게 헛된 바람을 불어 넣었다. 어머니로부터 헛된 사주를 받은 단은 사병을 키우며 기회를 엿보고 있었다. 그러나 정 장공은 첩자를 통하여 이들의 음모를 따로 보고받고 있었다.

어느 날 정 장공이 주나라 천자께 조공을 바치기 위해 낙양에 들어가게 되었다. 이 소식을 전해 들은 어머니 강씨는 급히 단에게 이러한 사실을 알리고 거사를 준비하라고 서신을 보냈다. 둘째 아들 단 역시 빠르게 회신을 보내며 호응하였다. 그러나 이러한 서신은 곧바로 정 장공의 손으로 전달되었다. 사실 교활한 정 장공은 이미 함정을 파놓고 기다리고 있었던 것이다.

드디어 단이 거사를 시행하자 정 장공은 단숨에 이들을 제압하였다. 거사에 실패한 단은 스스로 부끄럽다며 자결을 하였다. 그리고 정 장공은 이러한 증거를 가지고 사건을 키운 어머니 강씨를 압박하였다. 결국, 어머니 강씨를 지방에 유폐시키고 황천(黃泉)에 이르기 전에는 다시는 만나지 않겠다고 선언을 하였다.

❀ ― 정 장공과 황천견모(黃泉見母)

정나라에는 충신 영고숙(穎考叔)이란 관리가 있었는데, 그는 부모에게 효도와 형제간의 우애로 유명한 사람이다. 어느 날 영고숙이 올빼미를 구하여 정 장공에게 바치며 말하길, "올빼미는 낮에는 태산도 보지 못하지만, 밤에는 추호(秋毫)까지도 구별한다고 합니다. 즉 조그만 것은 볼 줄 알지만, 큰 것은 못 봅니다. 또 올빼미는 장성하면 그 어미를 쪼아 먹기 때문에 불효의 새라고 하여, 사람들은 이 새를 마구 잡아 먹는답니다."라고 하자 정 장공은 묵묵부답이었다.

얼마 후 맛난 식사가 나오자, 영고숙은 늙은 어머니 생각이 난다며 맛난 부분을 먹지 않고 싸서 소매에 넣었다. 이 모습을 본 정 장공은 "나는 어머니가 있어도 황천이 아니면 만나지 않겠다고 맹세를 하였기에 효도를 하고 싶어도 어찌할 수가 없구나."라며 탄식하였다. 그러자 영고숙은 묘안을 제시하였다. "땅을 파서 샘물이 나면 그곳에 지하실을 만드십시오. 그리고 어머니 강씨를 그곳으로 모신 다음 만나게 되면, 황천에서 만나겠다는 약속을 지키는 셈입니다."라는 묘안을 알려주었다.

마침내 영고숙은 우비산 아래 땅을 파고 지하실을 만들어 황천(黃泉)의 모습으로 꾸미고 모자가 상봉할 수 있도록 만들어 주었다. 정 장공은 사다리를 밟고 지하로 내려가 모자 상봉을 하며 극적인 화해를 하였다. 백성들은 정 장공이 친히 모친을 모시고 궁궐로 돌아오는 모습을 보고 효자라며 찬사를 보냈다고 한다.

정 장공은 모자 상봉의 명분을 만들어 준 영고숙의 공로를 치하하며 그에게 대부라는 벼슬을 하사하였다. 이것이 후대 유명한 황천견모(黃泉見母) 혹은 황천재회(黃泉再會)라는 고사성어의 유래이다.

정 장공의 과욕과
무너지는 존왕양이(尊王攘夷)

⊛ ─ 존왕양이(尊王攘夷)

주나라 봉건제도의 취지는 천자인 주왕을 존경하고 보필하면서 변방의 오랑캐를 물리치며 중원의 평화와 질서를 수호하는 것이다. 이것이 바로 존왕양이(尊王攘夷)의 의미이기도 하다. 그러나 동주시대로 들어오자 주나라 왕실의 권위가 땅에 떨어지고, 대신 지방의 유력한 제후들이 등장하여 천하를 다투는 시대로 급변하였다. 그 대표적 인물이 바로 정 장공이었다. 정 장공은 주 왕실의 명을 무시하고 자신의 영토 넓히기에 급급하였다. 이에 주 환왕은 격노하여 정나라를 정벌하였으나, 오히려 정 장공의 부하가 쏜 화살을 맞고 황급히 도망치는 사건이 벌어지면서 주나라의 권위는 크게 실추되었다.

물론 후대에 제 환공이나 진 문공 등 춘추오패(春秋五霸)가 등장하여 미약해진 주왕을 대신해 분쟁을 조정하고 회맹 등을 활용하여 국제 질서를 유지시켰지만 정 장공은 그 반대의 방향으로 가며 오히려 존왕양이를 파괴하였다. 정 장공이 춘추오패가 될 수 없는 이유이기도 하다. 또 이러한 연유로 정 장공을 『삼국지』의 조조에 비유하기도 한다. 즉, 죽을 때까지 간웅이라는 이미지를 벗지 못하고 죽었기 때문이다.

⑧ — 춘추오패가 될 수 없는 정 장공

정 장공의 패자 행보와 간웅 행보를 살펴보면 다음과 같다. 주 평왕은 주나라가 점점 쇠약해지는 반면, 오히려 점점 강대해지는 정나라에 위기감을 느끼게 된다. 주 평왕은 신하 괵공 기보(忌父)에게 정 장공의 권한을 양분하여 견제를 시켰다. 그러나 이러한 사실을 안 정 장공은 매우 불쾌함을 노골적으로 드러냈다. 이에 당황한 주 평왕은 무너진 신뢰 관계를 회복하고자 왕자 호(狐)와 정 장공의 아들 홀(忽)을 인질로 교환하였다.

얼마 후 주 평왕이 죽자, 뒤를 이어 장손인 주 환왕(桓王)이 천자로 즉위하였다. 정 장공에게 불만이 있던 주 환왕은 또다시 정 장공의 권력을 견제하였다. 이에 화가 난 정 장공은 병사들을 보내 주나라의 곡식을 도둑질하며 실력 행사를 하였다. 즉, 신하가 주군의 재물을 훔치는 죄악으로 관계는 더욱 악화되었다. 이렇게 주 환왕과 정 장공 사이에는 기득권을 차지하려는 자와 견제하려는 자의 알력이 끊임없이 발생하였다.

정 장공은 때로는 천자 주 환왕의 명을 받들어 무도한 제후국을 정벌하기도 하였지만, 그로 인하여 주 환왕과의 갈등은 더 심해지기도 하였다. 주 환왕은 정 장공이 자신의 신하인 주제에 다른 제후들을 포섭해 영향력을 확대해 가는 그의 행보를 참을 수 없었다. 결국, 위태롭

〈정 무공과 아들 정 장공 그리고 충신 영고숙〉

게 유지되던 군신 간의 신의는 완전히 무너졌다.

기원전 707년 마침내, 정 장공을 용납할 수 없었던 주 환왕은 채(蔡)나라 · 위(衛)나라 · 진(陳)나라 등을 연합하여 정(鄭)나라와 전면전을 벌였다. 그러나 정 장공은 이를 막아내었고 심지어 정나라 장군 축담이 쏜 화살에 주 환왕이 부상당하는 대형사고가 발생하였다. 이처럼 정 장공의 전술에 휘말린 주 환왕의 군대는 결국 패하여 퇴각하였다. 정 장공은 주나라 진영에 사자를 보내어 사죄하고 주 환왕에게 상처를 입힌 축담을 파면하면서 사건을 마무리하였다. 주 환왕은 어쩔 수 없이 정 장공의 사과를 받아들였지만, 실추된 천자의 위신을 영영 회복되지 못하고 죽음을 맞이하였다. 정 장공 또한, 천자를 상해한 간웅이라는 오명에서 벗어나지 못하였다.

이처럼 정 장공은 단지 자신의 나라인 정나라만 잘 다스렸을 뿐, 오히려 주나라 천자를 대신한다는 명분을 이용해 제후의 회맹을 주재하며 천하의 패권을 차지하기도 하였다. 그러기에 정 장공은 존왕양이로 활약한 시간보다는 사사건건 주나라 천자와 부딪치며 세력다툼으로 일관하였기에 춘추오패(春秋五霸)에 꼽히지는 못하였다. 그러나 춘추시대 5패의 출현에 서막을 연 것과 패자들의 처신에 방향타 역할을 했다는 평가는 받고 있다.

⊛ ― 정 장공의 만전지계(萬全之計)

정 장공에게는 걸출한 신하가 있었는데 바로 영고숙과 제족이다. 영고숙은 정 장공의 황천에서 모자 상봉이라는 묘책을 만들어 낸 신하로 유명하다. 제족은 정 장공의 뛰어난 책사로, 정나라가 위기에 처할 때마다 묘책을 들고나와 정 장공으로부터 만전지계(萬全之計)란 극찬을 받았던 인물이다. 이는 그가 제후국의 세력 판도와 천하대세의 흐름을 간파하는 데 비상한 능력이 있었기에 만들어진 고사성어이다. 그러나 제족은 정 장공 사후, 공자들의 대권 싸움에 개입하여 많은 혼란과 문제를 야기하였다.

정 장공은 죽기 전에 충신 제족에게 후계 문제에 대하여 당부하였다. 그리하여 태자인 홀이 정 소공으로 순조롭게 즉위하였으나 1년 만에 공자 돌이 찬탈하여 정 여공이라는 이름으로 즉위하였다. 그러나 정 여공은 불과 2년 만에 제족에게 쫓겨나고, 다시 공자 미가 제후에 올랐지만 제 양공의 개입으로 패사하고, 다시 공자 의가 대를 이었으나 정 여공(공자 돌)에게 찬탈당하였다. 이처럼 정 장공 사후에 후계

다툼으로 인한 혼란이 거듭되면서 정나라는 급격하게 쇠락의 길로 접어들었다.

석작의
대의멸친(大義滅親)

　대의멸친(大義滅親)이란, 큰 뜻을 이루기 위해 자기 친족도 죽인다는 뜻으로, 국가와 사회를 위하는 공적인 일이라면 부모 형제라도 엄정하게 처리한다는 의미이다. 정 장공 25년(기원전 719년), 위(衛)나라 선대 군주였던 위 장공(莊公)의 서자 주우(州吁)가 당시 위나라에 망명해 있던 공숙 단과 결탁하여 형인 위 환공(桓公)을 죽이고 군위를 찬탈하였다. 위 환공과 주우는 이복형제 사이로, 주우는 첩의 소생이었다. 주우는 어릴 때부터 성질이 거칠고 행동이 방자했는데 아버지 위 장공은 그를 총애하여 멋대로 하게 내버려 두었다. 그러나 이를 우려한 대신들이 위 장공에게 주우를 태자로 세워서는 절대 안 된다고 극구 말렸다.

　동 시대에 위나라에 석작(石碏)이라는 충신이 있었다. 그는 위 환공(桓公)의 시대에 은퇴한 고위층 관리였다. 석작은 위 환공의 배다른 아우 주우(州吁)가 역심을 품고 있음을 잘 알고 있었던 터라, 자신의 아들 석후(石厚)에게 주우와 교제하지 말라고 신신당부를 하였다. 그러나 석후는 아버지의 충고를 무시하고 급기야 주우와 역적모의까지 하였다.

주우는 결국 위 환공을 시해하고 제위에 올랐지만, 귀족들과 백성들의 반응은 여전히 냉담하였다. 이 문제를 고민하던 주우와 참모였던 석후는 아버지 석작의 지혜를 빌리기로 작정하고 어찌할지 고견을 물었다.

그러자 석작은 "주나라 천자를 배알하여 직접 책봉(冊封)을 받는 것이 가장 좋은 방법이나, 바로 천자를 접견하기는 어려우니 먼저 주 왕실과 사이가 좋은 진(陳)나라를 찾아가서 협조를 구하는 것이 가장 좋을 것이다."라고 말하였다. 이윽고 주우와 석후가 진나라로 출발하자, 석작은 재빨리 진나라에 밀사를 보내어 "주우와 석후 두 사람은 위 환공을 시해한 반역자들이니 붙잡아 처형해 주십시오."라고 말하였다.

진(陳)나라에서는 석작의 부탁대로 두 사람을 체포하여 즉석에서 처형하였다. 여기에서 나온 고사성어가 바로 대의멸친(大義滅親)이다. 대의멸친이란 이처럼 올바름과 대의를 위해서는 자신의 자식까지도 희생시킨다는 말이다. 유사한 고사성어로 대공무사(大公無私)가 있다.

그 외 『좌전(左傳)』에 이르길 "석작은 충성된 신하이다. 주우를 미워하여 자기 자식인 석후까지 죽였으니, 대의를 위해 육친의 정을 버린다는 것은 바로 이를 두고 한 말일 것이다."라고 최고의 찬사를 보내고 있다. 석작의 대의멸친에 대한 고사는 『열국지』 제5회에서 제6회까지 나온다.

그 외의 고사성어로 부자양력(不自量力)이 있다. 정나라와 식나라 사이에 분쟁이 생겼는데, 분노를 참지 못한 식나라가 먼저 정나라에 쳐들어갔으나 대패하였다. 국력과 군사방면에서 빈약했던 식나라가 당시 강국인 정나라를 친다는 것은 무모한 도발이었기 때문이다. 즉, 자신과 상대방의 힘을 제대로 살펴보지도 않고 덤빈 당연한 결과였다. 이 사건으로 자기 역량을 알지도 못하고 함부로 행동한다는 뜻의 고사성어인 부자양력(不自量力)이 나왔다고 한다.

❈ 故事成語와 名言名句

◉ 천금매소(千金買笑)
유왕은 사랑하는 여인 포사의 웃는 모습이 보고 싶어, 모든 노력을 하였지만 별 효과가 없자, "포사를 웃게 하는 자는 천금을 주겠다."라고 공언하였다. 괵석보의 견의에 따라 거짓 봉화를 올려 포사의 웃음을 찾았지만, 정작 견융(犬戎)이 침입하였을 때는 제후들이 호응이 없었기 때문에 유왕은 죽임을 당하고 서주는 망하는 결과를 초래하였다.

◉ 황천견모(黃泉見母)
정 장공이 모친인 무강(武姜)과 동생이 자신을 죽이려 하자, 동생을 제거하고 어머니를 지방에 유폐시키고는 "황천(黃泉)에 이르기 전에는 만나지 않겠다."라고 선언을 하였다. 그러나 충신 영고숙이 지혜를 발휘하여 정 장공은 다시 어머니를 만나게 되었다는 유명한 이야기가 황천견모(黃泉見母)이다. 혹은 황천재회(黃泉再會)라고도 한다.

◉ 만전지계(萬全之計)
정 장공의 신하 가운데 제족이라는 걸출한 책사가 있었다. 제족은 제후국의 세력 판도와 천하대세의 흐름을 간파하는 데 비상한 능력이 있었기에 중용되었다. 그가 정나라가 위기에 처할 때마다 기묘한 계책을 제시하여 정 장공으로부터 "그의 계책은 만전지계(萬全之計)"란 극찬을 받은 데서 유래된 고사성어이다.

⊙ 존왕양이(尊王攘夷)

존왕양이는 춘추시대 주 왕실의 천자를 받들고 오랑캐들을 물리친다는 중화사상(中華思想)의 일종이다. 제 환공 등 강력한 춘추오패들이 미약해진 주나라 천자를 대신하여 자신의 입지를 정당화시키기 위해 내세운 대의명분이다. 당시 패자(霸者)들이 사용한 용어를 일본의 학자들이 재활용한 용어이기도 하다.

⊙ 계절존망(繼絶存亡)

계절존망은 대통이 끊어진 나라의 종묘사직을 이어주고 멸망한 소국들을 구원하여 복원시켜줌을 일컫는 말이다. 제 환공과 진 문공 등의 패자는 이에 충실하였으나 전국시대로 오면서 계절존망의 원리는 퇴색되었다.

⊙ 대의멸친(大義滅親)

대의를 실행하기 위해서는 부모 형제의 친함도 저버린다는 뜻으로, 사사로운 정은 끊어야 함을 의미하는 말이다. 이 고사성어는 춘추시대 위나라 대부 석작이 권좌를 찬탈한 역적 주우를 처벌하면서, 주우와 공모했던 자신의 아들 석후도 함께 처단한 사건에서 유래한 말이다.

⊙ 부자양력(不自量力)

자기의 분수도 모르고 경거망동하는 행위를 이르는 말로 유래는 다음과 같다. 춘추시대에 국토가 아주 작은 제후국 식(息)나라가 정나라와 분쟁이 생겼다. 식나라는 국력과 군사력도 정나라보다 훨씬 작았음에도 아무런 대책도 없이 전쟁을 일으켰다. 결과는 식나라의 패배로 끝났고, 이로 인해 식나라의 국력은 더욱 쇠약해졌다.

춘추오패(春秋五霸)와 전국칠웅(戰國七雄)

　춘추오패란 춘추시대 5인의 패자(霸者)를 일컫는 말이다. 춘추오패의 선정 기준은 제국간(諸國間) 혹은 제후간(諸侯間)에 맺어지는 회합이나 맹약을 회맹(會盟)이라 하였는데, 여기에서 회맹의 맹주(盟主)를 바로 패자라고 하였다.

　일반적으로 춘추오패는 제(齊)나라의 환공(桓公), 진(晉)나라의 문공(文公), 초(楚)나라의 장왕(莊王), 오(吳)나라의 합려(闔閭), 월(越)나라의 구천(勾踐)을 가리키는데, 한편 송(宋)나라의 양공(襄公), 진(秦)나라의 목공(穆公) 혹은 부차(夫差) 등을 꼽기도 한다. 순자(荀子)는 오패(五霸)를 제 환공(齊桓公), 진 문공(晉文公), 초 장왕(楚莊王), 오왕(吳王) 합려(闔閭), 월왕(越王) 구천(勾踐)으로 지목하였다.

〈춘추시대의 나라별 경계와 춘추오패(doopedia.co.kr 참고)〉

이들이 활약한 전성기를 살펴보면 다음과 같다.

◈ 제 환공 齊 桓公 (기원전 672 – 기원전 643년)

◈ 송 양공 宋 襄公 (기원전 643 – 기원전 637년)

◈ 진 문공 晉 文公 (기원전 636 – 기원전 628년)

◈ 진 목공 秦 穆公 (기원전 628 – 기원전 621년)

◈ 초 장왕 楚 莊王 (기원전 611 – 기원전 591년)

◈ 오왕 합려 吳王 闔閭 (기원전 514 – 기원전 496년)

◈ 오왕 부차 吳王 夫差 (기원전 495 – 기원전 473년)

◈ 월왕 구천 越王 勾踐 (기원전 473 – 기원전 465년)

이 가운데 시대상 앞선 다섯 인물, 제 환공·송 양공·진 문공·진 목공·초 장왕을
가리키기도 하고, 다른 한편으로는 제 환공·진 문공·초 장왕·오왕 합려·월왕 구
천을 꼽기도 하는 등 여러 가지 이견이 있다.

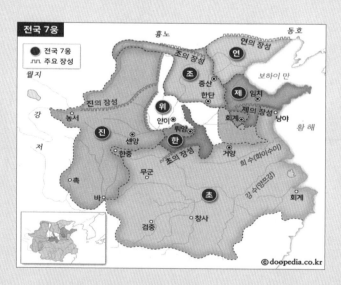

〈전국시대 가장 강대국인 전국 7웅(doopedia.co.kr 참고)〉

전국칠웅이란? 전국시대에 중국의 패권을 놓고 다툰 7대 강국을 말한다. 7대 강국은 제(齊)나라·초(楚)나라·진(秦)나라·연(燕)나라, 그리고 진(晉)나라에서 독립한 위(魏)나라·한(韓)나라·조(趙)나라 등이 이에 해당한다. 이 중 진(秦)나라의 진시황은 상앙(商鞅)의 변법으로 국력을 신장시켜 기원전 221년에 천하를 통일하는 데 성공하였다.

원수를 포용하여
천하를 얻은 제 환공

— key word —

강태공과 복수불반분(覆水不返盆) · 춘추오패(春秋五霸) · 제(齊) 환공(桓公) · 선강(宣姜)과 문강(文姜)

굉연과 남궁장만 · 제 희공과 양공 · 당랑거철(螳螂拒轍) · 관포지교(管鮑之交)

생아자부모, 지아자포숙야(生我者父母 知我者鮑叔也) · 풍마우불상급(風馬牛不相及)

부복납간(剖腹納肝)

❊ 최초의 춘추오패(春秋五霸) 제 환공(桓公)

⊙ 소설 배경(제9회-제32회)

주나라 개국공신으로 제나라 제후에 봉해진 강태공 여상의 후손들은 제 장공과 제 희공에 이르러 국태민안을 도모하며 제나라의 국력을 크게 증강시켰다. 그러나 제 희공의 딸들과 아들 제 양공은 불륜과 성 문제로 춘추시대 초기에 세상을 뒤흔들었다. 제 희공의 큰딸 선강은 위(衛) 선공(宣公)에게 시집을 가서 위나라 정국을 요동시켰고, 둘째 딸 문강은 노 환공(桓公)에게 시집갔으나 배다른 오빠 제 양공과의 불륜행각으로 파문을 일으켰다.

그즈음 관중과 포숙아는 제나라에서 각기 다른 왕자를 섬기며 먼저 성공하는 사람이 서로를 돌보아 주기로 약속을 하였다. 그러던 중 제 양공이 공손 무지에게 죽임을 당하였다. 이후 공손 무지가 즉위했으나 얼마 뒤에 그 역시 살해당하였다. 혼란한 정국을 틈타 포숙아가 섬기던 강소백이 즉위하였는데 그가 바로 제 환공이다.

제 환공은 포숙아를 재상으로 임명하고자 하였으나 포숙아는 제후들의 우두머리가 되고자 한다면 관중을 재상으로 삼아야 한다며 관중을 강력하게 천거하였다. 결국 제 환공은 포숙아의 뜻을 받아들여 관중을 재상으로 삼았다.

제 환공은 관중의 개혁정책을 적극적으로 받아들여 수용한 결과 북방의 오랑캐는 물론 남방 장강 유역의 초나라까지 공격하며 천하에 제 환공의 위세를 떨쳤다. 그 결과 제 환공은 춘추오패의 첫 번째 패자로 등극하였다.

그러나 관중이 죽자, 제 환공은 급격히 무너졌다. 즉 제 환공은 관중의 충언을 따르지 않고 역아와 수조, 그리고 개방과 같은 간신들을 중용하면서 정국의 파탄을 초래하였다. 관중의 예측대로 제 환공이 병으로 쓰러졌을 때, 역아·수조·개방은 급기야 제 환공을 밀실에 감금해 버리면서 승계 다툼을 하였다. 이렇게 천하의 패자 제 환공은 비참하게 죽어갔다.

천하를 낚은
강태공과 제나라

제나라의 시조는 강태공(姜太公)이다. 기록에 의하면 그는 기원전 11
세기 상나라를 멸망시킨 인물 중 한 명이며 염제 신농씨(炎帝 神農氏)의
후손이다. 그의 성(姓)은 강(姜), 씨(氏)는 여(呂), 이름은 상(尚) 또는 망
(望), 자는 자아(子牙)이며, 호는 비웅(飛熊)이다. 흔히 강태공으로 알려
진 그는 주나라의 개국공신이며 그 선조가 우(禹)임금을 도와 치수에
서 큰 공을 세워 여(呂)라는 땅에 책봉되었기 때문에 여상(呂尚)이라 부
르게 되었다. 또 일명 태공망(太公望)이라고 부르기도 한다.

어느 날 주나라의 문왕(文王)이 사냥을 나갔다가 위수(渭水)에서 낚시
하는 한 노인을 만나게 된다. 그가 노인이 낚시 바늘에 미끼도 없이 낚
시하는 모습이 기이하여 연유를 물어보니, 고기를 낚는 것이 아니라
천하를 낚는다고 하였다. 주 문왕은 이 노인이야말로 주나라를 일으켜
세울 큰 인물이라고 여겨 스승이 되어 달라고 청하였다. 이 노인이 바
로 여상 태공망이었다.

여상은 주 문왕의 청을 받아들여 문왕의 스승이 되었다가 건국 후에는 제(齊)나라의 제후에 봉해졌다. 사실 여상은 날마다 집에서 책이나 읽으며 세월을 보내는 가난한 선비로, 집안 살림에는 아무런 관심이 없었다. 그러기에 결혼 초부터 여상의 부인 마씨는 생활고에 시달리다가 결국 참지 못하고 친정으로 도망가 버렸다.

이후 마씨 부인은 여상이 제나라의 제후에 봉해졌다는 소식을 듣고 돌아와 재결합을 원하였다. 그러자 여상은 부인에게 물 한 그릇을 떠오라고 하더니 그것을 땅에 엎었다. 그리고 지금 바닥의 물을 다시 담는다면 아내로 받아들이겠다고 하였다. 여상은 "한 번 엎지른 물은 다시 그릇에 담을 수 없고(覆水不返盆), 한 번 떠난 아내는 돌아올 수 없는 것이오."라고 하였다.

여상은 군주를 가장 효과적으로 보좌한 유능한 정치가이자 군사 전략가로 알려진 인물이다. 그는 개국공신으로 제나라의 제후에 봉해졌기에 죽은 후에는 제나라 2대 군주의 지위를 큰아들 강급(姜及)에게 물려주었는데, 그가 곧 제 정공(齊 丁公)이다. 여상으로부터 시작된 제나라는 15대 제후인 제 환공 시기로 춘추오패의 패자가 되어 전성기를 누렸다.

여상 강태공(姜太公)은 제나라 제후에 봉해져 오대에 이르기까지 제나라에 살았으나 장례는 주나라에 와서 치렀다고 한다. 이를 두고 군자(君子)가 말하기를 "예절은 그 근본을 잊어서는 안 된다. 옛사람의 말에 여우가 죽을 때 머리를 자기가 살던 굴 쪽으로 향하는 것이 바로 인이다.(狐死正丘首仁也)"라고 한 데서 수구초심(首丘初心)이라는 고사성어가 유래하였다.

그 외 중국 고전소설 『봉신연의(封神演義)』에서는 강자아라는 이름으로 그의 일대기가 소개되고 있다.『봉신연의』는 명나라 때 허중림이 지은 신마소설(神魔小説)로 100회로 구성된 소설인데, 소설에서 강태공(강자아)이 주인공으로 등장하여 은나라 주왕과 그를 돕는 사악한 귀신들을 신비한 도술로 물리친다는 판타지 소설이다.

제 희공(僖公)의 아들과 딸들

✸ ― 제(齊) 장공(莊公)과 당랑거철(螳螂拒轍)

태공망 여상이 개국공신으로 제나라의 제후에 봉해진 이래 제 장공 (莊公)과 제 희공을 거쳐 제 환공에 이르게 된다. 급기야 제15대 제후 인 제 환공에 이르러서는 춘추오패의 패자가 되어 전성기를 누렸다. 특히 제 장공과 그의 아들 제 희공은 국태민안을 도모하며 제나라의 국력을 크게 증강시켰다. 이러한 기반이 토대가 되어 제 환공 때에는 제나라가 춘추시대의 첫 번째 패자로 군림할 수 있었다.

제 장공(莊公)은 제나라의 12대 군주로 고사성어 당랑거철(螳螂拒轍) 의 주인공이기도 하다. 제 장공이 수레를 타고 가던 중, 사마귀 한 마 리가 제 장공이 타고 있는 수레 앞에 나타나 앞발을 수레바퀴를 향해 치켜들고 있었다. 제 장공이 신기하여 수레를 멈추고 이를 살펴보았 다. 그리고 측근에게 물으니 "저것은 사마귀라 하는 놈인데, 무엇이든 앞에 있으면 저 날카로운 도끼 발을 들고 공격합니다. 융통이 없어 도

무지 도망치는 적이 없는 놈입니다."라고 하였다. 그러자 제 장공은 만일 사마귀가 아니라 사람으로 태어났다면 무서운 용사가 되었을 것이라며 경의를 표하고, 사마귀를 피해 수레를 몰도록 하였다고 한 데서 유래하였다. 또 일명 당랑지부(螳螂之斧)라고도 한다.

⊛ ― 제 희공의 딸 – 선강과 문강

제 장공의 아들로 제13대 군주가 제 희공이다. 제 희공의 딸들과 아들은 춘추시대 초기에 세상을 뒤흔든 엄청난 사건의 주인공이기도 하다. 제 희공에게는 두 딸이 있었는데 큰딸은 선강(宣姜)이고 둘째는 문강(文姜)으로 절세가인들이다. 선강은 위(衛) 선공(宣公)에게 시집을 갔고, 문강은 노(魯) 환공(桓公)에게 시집을 갔다.

선강은 본래 위 선공의 아들인 급자(急子)와 결혼하기로 되었으나, 위 선공은 선강의 미모에 반해 아들 급자를 잠시 송나라 사절로 보내고 선강을 자신의 신부로 맞이하였다. 사실 위 선공이 아버지 장공의 애첩인 이강(夷姜)과 사통하여 낳은 자식이 바로 급자였다. 이처럼 위 선공은 즉위 전부터 문란한 주군이었다.

위 선공에게 시집간 선강은 후에 수(壽)와 삭(朔)이라는 아들 둘을 낳았다. 아들이 장성하자 그녀는 자신의 아들을 후계자로 삼으려고 흉계를 꾸몄다. 그런데 묘하게도 급자와 수는 이복형제임에도 남다른 우애가 있었고 오히려 막내 삭은 두 형을 미워하였다. 선강은 막내아들 삭과 은밀히 두 형제의 암살을 기도하였다.

선강은 급자를 사신으로 파견한 다음 자객을 보내 죽이려 하였으나, 이러한 사실을 안 공자 수는 급자를 따라가 함께 술을 마시고 자신이 급자로 위장하여 죽음을 대신하였다. 뒤늦게 술이 깬 급자가 달려와

〈제 희공이 공주 문강을 노 환공에게 시집 보내다〉

이를 저지하려고 하였으나, 이미 공자 수는 자객의 손에 죽어 있었다. 사건의 정황을 판단한 급자도 이를 비관하여 죽음의 길을 택하였다. 결국, 선강과 공자 삭의 계략이 성공하여 공자 삭이 후계를 이었다.

◉─ 제 양공과 문강

제 희공의 둘째 딸 문강의 이야기는 상상을 초월하는 엽기적 이야 기이다. 제 희공의 아들 중에는 제아(諸兒)라는 아들이 있었는데 문강 과는 이복 남매 사이이다. 그런데 서로가 좋아하여 은밀히 근친상간을 저지르고 있었다. 이 사실을 모르는 제 희공은 문강을 노나라 환공에 게 시집을 보냈다.

얼마 후 제 희공이 죽고 제아가 양공(襄公)으로 즉위하였다. 시집가 서도 오빠 제아를 잊지 못한 문강은 노 환공이 제나라를 방문할 때, 함께 따라와서 오빠와 재회를 하였다. 두 사람은 만나자마자 다시 불륜에 빠져들었다. 얼마 후 노 환공이 두 사람이 밀회하는 것을 눈치채고 크게 격노하여 노나라로 귀국을 서둘렀다. 이에 겁을 먹은 제 양공은 노 환공에게 술을 잔뜩 먹이고는 장사 팽생을 시켜 노 환공을 죽여버렸다.

이렇게 노 환공이 죽고 세자가 후계를 이었는데 그가 바로 노 장공(莊公)이다. 어머니 문강은 차마 노나라로 돌아가지 못하고 제나라와 노나라 국경에서 조용히 머물러 지냈다. 한편 제 양공은 그동안 주나라 공주 왕희(王姬)와 결혼을 하였으나 왕희가 요절하자 국경에 머물고 있던 문강과 다시 불륜에 빠진다.

제 양공은 대부 연칭(連稱)과 관지보(管至父)를 국경 지대인 규구(葵丘)에 파견하였는데, 1년이 다 지나도록 교체를 안 해 주자 분노한 연칭과 관지보는 공손 무지를 꼬드겨서 반란을 도모하였다. 이렇게 하여 제 양공은 사촌인 공손 무지에게 죽임을 당하였다. 이후 공손 무지가 즉위했으나 얼마 뒤에 그 역시 살해당하였다. 혼란한 정국을 틈타 포숙아가 주군으로 모시던 강소백이 즉위하였는데 그가 바로 제 환공이다.

이렇게 제 희공의 아들과 딸들은 춘추시대 초기에 제나라는 물론 위나라와 노나라까지 추문과 추태로 정국을 뒤흔들어 놓았다.

관중과 포숙아의
관포지교(管鮑之交)

❀ ─ 관포지교(管鮑之交)

관중과 포숙아는 어릴 적부터 우정을 쌓아온 절친한 친구였다. 포숙아는 관중의 집이 가난하다는 것을 알고 물심양면으로 도와주었다. 한번은 관중과 포숙아가 동업하여 장사를 하는데, 관중은 항상 자기 몫보다 더 많이 떼어 가져갔다. 이를 본 하인이 포숙아에게 사실을 일러바치자, 포숙아는 "관중은 나보다 가난하고 부양가족이 많으니 많이 가져가는 것이 당연하다."라며 문제 삼지 않았다.

또 포숙아는 관중이 혼자 장사를 하다가 망했을 때도 관중이 무능해서가 아니라 운이 없는 것이라며 위로해 주었고, 관중이 관리가 되었다가 3번이나 쫓겨날 때에도 "자네는 운이 없는 것이지 능력이 없는 것이 아니다."라며 관중을 위로하였다고 한다.

한번은 관중이 군인이 되어 전쟁터에 나갔다가 도망친 사건이 발생하였다. 사람들이 관중을 비난하여 그는 궁지에 몰리게 되었다. 그러

〈춘추오패가 된 제 환공, 그리고 관포지교의 관중과 포숙아〉

나 포숙아는 "관중에게는 늙으신 어머니가 있다. 만일 관중이 전쟁터에서 죽으면 노모를 누가 돌보란 말인가?"라며 감싸주었다.

　그 외에도 "공자 규(糾)가 패하였을 때, 소홀(召忽)은 거기에서 죽었지만 나는 사로잡혀 유폐되는 치욕을 당한 적이 있었다. 그때 포숙아는 나에게 부끄러움을 모르는 사람이라고 하지 않고, 큰일을 하여 천하에 이름을 떨칠 수 있게 해 주었다. 나를 낳아주신 분은 부모님이지만, 나를 알아주는 사람은 오직 포숙아로다!"(生我者父母 知我者鮑叔也)라고 하는 명언을 남겼다. 여기에서 유래된 고사성어가 바로 관포지교(管鮑之交)이다. 관중과 포숙아의 이야기는 『열국지』 제15회부터 제32회까지에 걸쳐 나온다.

❀ ─ 포숙아의 추천으로 재상이 된 관중

관중과 포숙아는 제나라에서 각기 다른 주군을 모시며 먼저 성공하는 사람이 서로 돌보아 주기로 약속하였다. 제나라의 공자인 규는 관중이 모셨고, 소백은 포숙아가 모시고 있었는데 이들은 제 양공의 폭정에 잠시 외국에 피신해 있었다.

어느 날 제 양공이 관지보와 연칭에게 시해당하여 제나라의 군주 자리가 공석이 되었다는 소식을 접하자, 관중과 포숙아는 각기 공자 규(糾)와 공자 소백을 모시고 제나라로 향하였다. 이때 형인 규는 노나라에, 소백은 거(莒)나라에 있었는데, 거나라가 제나라에 더 가까웠기 때문에 소백이 상당히 유리한 상황이었다.

이때 규의 스승인 관중은 지름길로 소백의 진영에 도착하여 화살로 소백을 저격하였다. 하지만 천운으로 화살이 허리띠에 있는 쇠고리에 맞는 바람에 소백은 목숨을 구할 수 있었다. 이처럼 천신만고 끝에 소백이 먼저 제나라에 들어와 고혜와 국씨의 도움으로 제후에 오르니 그가 바로 제 환공이다.

제 환공은 노나라로 망명했던 공자 규를 죽이고 관중을 소환하였다. 노나라로 도망친 관중은 목숨이 위태로워졌으나 포숙아의 도움으로 목숨을 건질 수 있었다. 또 포숙아의 천거로 그는 목숨은 물론 하루아침에 제나라의 재상 자리에 오르게 되었다.

사실 제 환공은 공신 포숙아를 재상에 임명하려고 하였다. 하지만 포숙아는 제 환공에게 "작은 나라로 만족하시면 저를 재상으로 삼아도 충분하지만, 제후들의 우두머리가 되고자 한다면 관중을 재상으로 삼아야 한다."라고 관중을 강력하게 천거하였다. 이에 제 환공은 포숙아의 큰 뜻을 받아들여 관중을 재상으로 삼았다.

❀ ─ 포숙아의 품격

포숙아의 위대한 점은 관중의 벼슬이 자신보다 높아도 개의치 않았다는 점이다. 그는 오로지 대공무사 정신으로 자신의 나라와 주군을 위해 충성을 다하였다. 하지만 제 환공은 포숙아를 생명의 은인처럼 여겨, 어떻게든 포숙아에게 높은 벼슬을 하사하려 하였지만, 관중은 오히려 "포숙아와 주공의 관계가 두텁다는 것은 천하가 다 아는 사실이기에, 굳이 포숙아에게 높은 벼슬자리와 실권을 주지 않아도 모든 관리들이 포숙아의 눈치를 볼 것입니다. 그러기에 포숙아는 주공 곁에서 관리들을 감찰하게 하는 직무를 주면 적합합니다."라며 제 환공에게 직언하였다. 그러자 포숙아도 자리에 연연하지 않고 흔쾌히 관중의 의견에 찬동하였다고 할 정도로 그릇이 큰 인물이었다.

그래도 높은 벼슬을 주지 못해 못내 아쉬웠던 제 환공은 전쟁에서 공이라도 세우라고 여러 번 포숙아를 총사령관으로 출전시켰으나, 신통한 결과를 만들어내지 못한 것으로 보아, 포숙아는 용병(用兵)방면에는 딱히 재능이 없었던 것으로 보인다. 이처럼 포숙아는 친구인 관중의 출중한 재능에 가려서 잘 드러나지는 않았지만 사실 다른 행정분야에 있어서는 뛰어난 인재였다. 결국 제나라는 관중과 포숙아 같은 인재의 뒷받침으로 열국의 패자로 발돋움하는 계기가 마련되었다.

또 다른 일화로 관중이 늙어 세상을 떠나기 직전 제 환공이 관중에게 후임 재상감을 물었다. 이때 관중은 포숙아가 성품이 지나치게 곧기에 부적합하다며 추천하지 않았을 뿐만 아니라 재상감이 아니라며 험담에 가까운 말을 했다고 한다. 그리고 관중은 습붕을 재상감으로 추천하였다. 즉, 관중의 생각은 정치의 중심에 서는 재상은 필요에 따라 융통성도 발휘해야 하고, 또는 자신과 생각이 부합하지 않는 사람이라도 적절히 포용할 줄 알아야 하는데, 지나치게 강직하고 악을 미워하는 포숙아에게는 재상 자리가 적합하지 않다고 보았기 때문이다. 포숙아는 오히려 이 말을 듣고 몹시 기뻐하였다고 한다.

그런데 관중 사후에 추천되었던 재상 습붕이 먼저 사망해 버리는 바람에 결국은 포숙아가 재상이 되었다. 포숙아는 재상에 오르는 조건으로 제 환공에게 수초·역아·개방 등의 간신배를 내치라는 조건을 달았다. 제 환공은 포숙아의 의견을 따라 그들을 내쳤으나, 얼마 되지 않아 다시 그들을 가까이하기 시작하였다. 강직한 포숙아는 간신배들을 내쫓으라며 여러 차례 간언하다가, 제 환공이 계속 따르지 않자 관중의 예언대로 홧병으로 사망하였다. 후대의 사람들이 "관중의 현명함은 몰라도 포숙아의 지혜는 안다."라고 칭송한 것을 보면, 포숙아는 죽은 후에도 많은 사람들에게 존경의 대상이 되었음을 알 수 있다.

제 환공과
춘추오패(春秋五霸)

❀ ― 첫 번째 춘추오패 제 환공

제 환공(桓公, 재위: 기원전 685년 ~ 기원전 643년)은 중국 춘추시대 제(齊)나라의 제16대 임금으로 성은 강(姜), 씨는 여(呂), 휘는 소백(小白)으로 강태공의 12세손이며, 시호는 환공(桓公)이다. 그는 40여 년이나 재위하였던 춘추시대 최초 패자이다. 제 환공은 고혜와 포숙아의 활약과 도움으로 공자 규와의 군위 계승 분쟁에서 승리하며 제나라의 군주가 되었다. 그는 화살로 자신을 저격한 원수 관중을 포용하여 재상으로 삼는 대범한 통치력으로 제나라를 강대국으로 만들었으며, 실권을 잃어버린 주나라 왕실을 대신해 회맹을 주도하며 존왕양이를 실천한 제후로 명성을 천하에 떨쳤다.

사실 제 환공이 패자가 된 데는 제 환공 본인의 능력보다는 관중의 힘이 컸던 사실은 부정할 수 없는 사실이지만, 원수 관중을 다시 기용한 제 환공 또한 범상치 않은 인물임은 틀림이 없다. 그는 재상 관중의 개혁정책을 적극적으로 받아들여 국력·군사력·문화방면을 일신하였다. 관중의 개혁 드라이브를 적극적으로 받아들여 수용한 결과, 제 환공의 권위는 제나라는 물론 주변 국가로 전해지면서 위세가 크게 확장되었다. 나아가 북방의 오랑캐는 물론 남방 장강 유역의 초나라까지 공격하여 위세를 떨쳤다.

물론 여기에는 관중의 조력도 상당했다. 예를 들어 기원전 681년 노나라와의 전쟁 과정에서 노나라의 장수 조말이 단도로 제 환공을 위협하는 사건이 벌어졌다. 조말은 제나라에서 가져간 노나라 영토를 돌려달라고 했고, 위협에 못 이긴 제 환공은 약속은 했지만 내심 영토를 돌려주지 않고 조말을 암살하려 하였다. 그러나 관중은 제 환공에게 "군주가 한 번 한 약속을 지키지 않으면 어떤 제후도 제나라를 믿고 따르지 않을 것"이라며 노나라의 영토를 되돌려 주었다. 이 사건으로 인해 제 환공의 명성은 중원을 진동하였다.

그 후 제 환공은 위(衛)의 견(甄)에서 회맹을 열고 패자의 지위에 오르게 되었다. 이처럼 관중의 정치력에 힘입어 제나라는 강국이 되었고 제 환공은 춘추시대 첫 번째 패자(覇者)로 등극하였다. 제 환공에 관한 이야기는 『열국지』제15회부터 제33회까지에 나온다.

⊛ ─ 패자 제 환공의 행보 ─풍마우불상급(風馬牛不相及)

한번은 연(燕)나라가 산융족의 침략을 받고 제 환공에게 도움을 요청하였다. 그는 바로 연나라를 구원하려고 직접 군대를 이끌고 참전하여 산융족을 물리쳤다. 이에 감사한 연나라 군주 연 장공이 제 환공을 배웅하다가 그만 제나라 국경을 넘고 말았다. 이때 제 환공이 "연나라 군주는 연나라 국경선까지만 배웅해야 한다."며 연 장공이 밟은 제나라 땅을 모두 연나라에 주었다는 일화도 전해진다.

그 외에도 제 환공은 노나라에서 후계자 계승 분쟁이 발생하자 노희공을 계승자로 세워 나라를 안정시켰으며, 위나라가 북적(北狄)에게 침략받고 위기에 몰리자, 그들을 초구에 정착하도록 도와주기도 하였다. 이러한 제 환공의 파격적인 행보 뒤에는 늘 관중이 있었다. 그러기에 욕심을 버리고 관중의 의견에 따른 제 환공 역시 대단한 위인으로 평가된다.

재위 29년에는 제 환공답지 않은 희한한 일이 벌어졌다. 제 환공은 부인인 채희(蔡姬)와 뱃놀이를 하였는데 채희가 장난으로 배를 잡고 흔들었다. 겁이 난 환공이 그만 멈추라고 하였는데도 채희는 계속 흔들어 댔다. 이에 화가 난 제 환공은 채희를 친정인 채나라로 돌려보냈다. 이러한 처사에 화가 난 채나라 군주도 한술 더 떠 채희를 다른 나라로 시집보냈다. 그러자 대노한 제 환공이 채나라를 공격하여 화풀이하는 쪼잔한 일이 벌어졌다.

이때 관중은 채나라 공격은 대외명분이 부족하다며 내친김에 옆 나라인 초나라도 치라고 하였다. 그리하여 제 환공은 "초나라가 주나라에 조공을 바치지 않는다."는 명분을 내걸고 초나라를 공격하려고 하였다. 즉 관중은 중원 진출을 노리고 있던 초(楚)나라를 잠재움으로써 패자의 지위를 확고히 하자는 복선이 깔려 있었다. 이에 놀란 초나라 성왕(成王)은 사신을 파견하여 제 환공의 본심을 알아보려고 하였다. "임금은 북해에 있고 과인은 남해에 있으니, 바람난 말이나 소라 할지라도 서로 미치지 못한다.(君處北海, 寡人處南海, 唯是風馬牛不相及也) 임금께서 내 땅으로 건너리라고는 생각지도 않았는데 무슨 까닭인가?"라고 물었다. 여기에서 유래된 속담이 바로 풍마우불상급(風馬牛不相及)

이다. '風馬牛(풍마우)'는 바람난 말이나 소란 뜻인데, 아무리 발정기의 말이나 소라 할지라도 서로 이룰 수 없다는 의미이다. 즉, 서로 멀리 떨어져 있어서 상관없음을 간접적으로 암시한 말이다.

그러자 관중은 제 환공을 대신해서, 천자에게 조공을 바치지 않는 까닭을 묻기 위해 왔다고 대답하였다. 결국, 불리함을 감지한 초 성왕은 굴완(屈完)을 특사로 보내 천자께 조공을 바친다는 약속과 함께 화평조약을 맺어 충돌을 피하였다. 이렇게 하여 제 환공은 대륙의 북방에서 남방까지 권위를 인정받는 명실상부한 패자(覇者)가 되었다.

제 환공의
최후

⊛— 후계자 쟁탈전

영웅호색이라는 말대로 제 환공에게는 수많은 여인이 있었다. 그러나 적자는 없고 서자로 장위희의 아들 무궤·소위희의 아들 원(혜공)·정희의 아들 소(효공)·갈영의 아들 반(소공)·밀희의 아들 상인(의공)·송화자의 아들 옹 등이 있었다. 제 환공은 관중과 함께 정희의 소생 소를 후계로 삼으려 하였으나, 장위희와 한 편인 옹무와 수초의 로비로 무궤가 옹립되었다.

제 환공 사후에 역아와 수초가 반대파 관리들을 제거하고 무궤를 군위에 앉히자 공자 소는 송나라로 망명하였다. 이후 다섯 공자 간의 군위 분쟁이 심해지면서 제나라는 패권국의 지위를 순식간에 잃었다. 이러한 군위 싸움을 한 여섯 공자 중 다섯 공자가 임금에 올랐으니, 얼마나 혼란이 심각했는지 짐작할 수 있다.

제 환공 재위 41년(기원전 645년)에 관중이 병으로 위독해지자 제 환

〈관중이 위독해지자 제 환공은 차기 재상감을 논하다〉

공이 재상감을 물은 적이 있다. "다음 재상을 시킬 만한 인물은 누구인가?" 관중이 말하길 "임금보다 더 신하를 잘 알 사람은 없습니다."라고 하였다.

이에 제 환공은 "역아(易牙)는 어떤가?"라고 물으니, 관중은 "역아는 제 자식을 죽여 임금에 영합했으니 인정에 어긋나기에 불가합니다."라고 하였다. 역아는 요리사 출신인데 주군이 식욕이 없다고 하자 그는 자식을 삶아 요리를 만들어 바친 인물이다.

다시 제 환공이 "개방(開方)은 어떤가?" 하니, 관중은 " 개방은 부모를 배반하고 임금에게 영합했으니 가까이 두기 어렵습니다."라고 하였다. 개방은 제 환공과 15년간 동고동락한 사이로 자신의 부친상 때에도 부모 죽음을 돌보지 않은 불효자이다.

또 제 환공이 다시 "수조(竪刁)는 어떤가?" 하니, 관중은 "수조는 제 생식기를 잘라 임금에게 영합했으니 친애하기 어렵습니다."라고 절대

불가의 의사를 밝혔다. 수조(혹 수초라고도 함)는 스스로 거세를 하고 입궁하여 환관이 된 인물이다.

관중은 이들을 모두 비이성적인 인간으로 보았다. 즉 당장은 출세를 위해 충성하는 듯 보이지만, 이해가 상반되면 바로 배신을 하는 간신배로 보았기에 극구 반대를 한 것이다. 그러나 관중이 죽고 제 환공이 관중의 충언을 따르지 않고 이들을 중용하면서 결국에는 정국의 파탄을 초래하였다. 관중이 죽자, 제 환공은 급격히 추락하여 더 이상 명석한 군주가 아니었다. 특히 제나라는 5명의 공자가 군주 계승권을 놓고 암투를 벌이면서 급격히 붕괴되었다.

❀― 제 환공의 최후

관중의 예측대로 제 환공이 병들어 쓰러졌을 때, 역아와 수조 그리고 개방 세 사람은 권력다툼을 하면서 급기야 제 환공을 밀실에 감금해 버렸다. 중병에 걸린 제 환공을 외부와 차단하여 결국 제 환공은 제대로 된 치료도 받지 못하고 죽었다. 그 후 67일 동안이나 골육상쟁의 권력다툼이 이어졌고, 최종적으로 공자 소가 승리하면서 일단락되었다. 공위에 오른 제 환공의 아들 제 효공이 제 환공의 시신을 수습할 때는 시신에서 구더기가 들끓었다고 한다. 제 효공 원년(기원전 642년) 가을 8월에서야 제 환공을 우수산(牛首山)에 장사지냈다. 이렇게 하여 춘추시대의 패권은 제나라에서 진(晉)나라, 그리고 다시 초(楚)나라로 옮겨졌다.

한편 제 환공 시기에 진(陳)나라에서 완(完)이라는 공자가 제나라로 망명하였는데 제 환공은 그가 범상치 않은 인물임을 느끼고 중용하였다. 그 후 진완이 많은 공적을 세웠기에 제 환공은 전(田)이라는 땅을 영지로 하사하였다. 이에 진완은 스스로 성을 전씨라 바꾸어 전완(田完)이라고 개명하였다. 전완이라는 인물은 바로 훗날 강태공 여상이 세운 강씨 제나라를 무너뜨리고, 전씨 제나라를 세운 제 태공의 선조이다.

❖ 故事成語와 名言名句

⊙ 복수불반분(覆水不返盆)

복수불반분은 어떤 일이든 한번 저지른 후에는 다시 원상복구 할 수 없다는 의미로 쓰인다. 태공망의 아내 마씨는 가난한 살림살이에 지쳐 그의 곁을 떠났다. 이후 태공망이 주 문왕을 도와 재상이 되어 돌아오자 마씨 부인이 다시 그를 찾아온다. 그러나 태공망이 그릇에 담긴 물을 엎지른 후 "이 물을 주워 담을 수 있으면 그대를 다시 받아들이겠소."라고 말한 데서 유래하였다.

⊙ 수구초심(首丘初心)

강태공은 상나라를 멸망시키고 주나라를 건국하는 데 큰 공을 세워, 그 공로로 제(齊)나라 제후로 봉해졌다가 그곳에서 죽었다. 하지만 그를 포함해 5대손에 이르기까지 모두 고향인 주나라에서 장례를 지냈다. 이를 두고 "예절은 그 근본을 잊어서는 안 된다. 옛사람의 말에 여우가 죽을 때 머리를 자기가 살던 굴 쪽으로 향하는 것이 인이다.(狐死正丘首仁也)"라고 한 데서 수구초심(首丘初心)이 유래하였다.

⊙ 당랑거철(螳螂拒轍)

당랑거철은 사마귀가 수레에 맞선다는 뜻으로, 제 분수도 모르고 아무에게나 덤벼드는 무모한 행동을 비유한 말이다. 제나라 장공

(莊公)이 행차하는데 사마귀가 앞발을 들어 수레바퀴를 멈추려 했다는 데서 유래되었다. 원래는 당랑거철(螳螂車轍)이었으나 수레 거(車) 대신에 막을 거(拒)로 바꾸어 사용한다. 유사어로 당랑지부(螳螂之斧)가 있다.

⊙ 관포지교(管鮑之交)

관포지교는 관중과 포숙아의 사귐이란 뜻으로, 우정이 돈독한 친구 관계를 이르는 말이다. 유사한 고사성어로 지란지교(芝蘭之交)·죽마고우(竹馬故友)·수어지교(水魚之交)·막역지우(莫逆之友)·백아절현(伯牙絶絃)·문경지교(刎頸之交)·포의지교(布衣之交)·단금지교(斷金之交)·금란지교(金蘭之交)·지기지우(知己之友)·교칠지교(膠漆之交)·간담상조(肝膽相照) 등이 있다.

⊙ 생아자부모, 지아자포숙야(生我者父母 知我者鮑叔也)

이 명언의 유래는 제나라 관중이 친구 포숙아가 여러 차례 자신을 배려해주고 또 어려운 상황을 이해해 준 우정에 감동하여 한 말이다. "나를 낳아주신 분은 부모이지만, 나를 알아주는 사람은 오직 포숙아 뿐이로다!(生我者父母, 知我者鮑叔也.)"라는 의미로 관포지교의 유래가 되었다.

⊙ 풍마우불상급(風馬牛不相及)

풍마우불상급이라는 말은 중국의 속담으로 비록 바람난 말과 소라 할지라도 서로 미치지 못한다는 뜻으로, 서로 멀리 떨어져 있기에 전혀 관계가 없음을 비유하는 말이다. 제 환공이 초나라를 침략하자 이에 놀란 초나라 성왕(成王)이 사신을 보내 제나라 환공의 의도를 물어본 데서 유래되었다.

⊙ 부복납간(剖腹納肝)

위 의공이 전쟁터에서 시신조차 남기지 못할 정도로 죽었는데 굉연(宏演)이 주군의 시신을 수습하려 하였으나 온전한 것은 간(肝) 밖에 없었다. 굉연이 스스로 할복하고 자신의 몸을 관으로 삼아, 주군의 간을 담고 순절한 고사에서 나온 고사성어가 바로 부복납간(剖腹納肝)이다.

⊙ 의공희학(懿公喜鶴)

춘추시대 위(衛)나라 의공(懿公)이 학을 지나치게 좋아했다가 결국 나라를 망하게 하였다는 고사에서 나온 말이다. 무엇이든 과도하거나 지나치게 물건에 집착하는 것은 재앙의 근원임을 비유한 말이다.

충신(忠臣) 굉연과 역신(逆臣) 남궁장만

최초의 춘추오패에 오른 제 환공 시기에 독특한 삶을 살다 간 2명의 충신과 역신
이 있었다. 이들이 바로 충신 굉연(宏演)과 역신 남궁장만(南宮長萬)이다.

충신 굉연(宏演)

의공희학(懿公喜鶴)이란 고사성어는 의공이 학을 좋아한다는 뜻으로, 춘추시
대 위(衛)나라 군주인 의공(懿公)은 부국강병에는 관심이 없고 오로지 자기 취미
생활인 학을 키우는 데 정신이 팔려 있었다. 그는 학을 수백 마리나 키우고 있었
는데, 외출할 때도 수레에다 학을 태우고 나갈 만큼 정도가 지나쳤다. 급기야 학
에게도 벼슬을 하사하는 기행을 하였다.

참다못한 신하들이 조심스럽게 간언하였지만, 오히려 의공은 벌컥 화를 내며
신하들을 꾸짖었다. 그러던 어느 날, 적군이 침략해 오자 관원들은 앞을 다투어
달아나 버렸다. 그때에서야 의공은 그동안 자기가 얼마나 큰 잘못을 저질렀는지
깨닫게 되었다.

이때서야 위 의공은 학들을 풀어주고, 몸소 진두지휘하며 전쟁을 주도하였지
만, 이미 사기가 떨어진 군대는 박살이 나고 의공 역시 칼로 난도질당해 시신조
차 남기지 못할 정도로 죽게 되었다. 이때 타국에 사신으로 파견되었던 대부 굉
연(宏演)이 돌아오다가 이 모습을 보게 되었다. 굉연은 주군의 시신을 수습하려
했으나, 그나마 온전하게 남아 있는 것은 간(肝)밖에 없었다. 더군다나 나라가
멸망 직전인 전쟁터에서 장사를 지낼만한 여건도 없었기 때문에, 굉연은 스스로
할복하여 자기의 몸을 의공의 관으로 삼아 의공의 간을 담고는 순절하였다. 이

고사에서 나온 고사성어가 바로 부복납간(剖腹納肝)이다.

후에 사람들은 위 의공의 후손과 자손을 찾았으나 안타깝게도 없었다. 그리하여 급자와 위후검모의 친동생이자 소백과 선강의 아들 공손 신(申)을 세우니 그가 바로 위 대공이다.

역신 남궁장만(南宮長萬)

남궁장만(南宮長萬, ? ~ 기원전 682년)은 기원전 7세기 송(宋)나라 장수이다. 송나라는 제나라와 연합하여 노나라를 공격하였으나 대패하였다. 이때 남궁장만도 노나라 장공이 쏜 화살을 맞고 생포되어 노나라의 포로가 되었다. 이듬해 송나라의 간청으로 노나라 장공은 남궁장만을 송나라로 돌려보냈다.

그러나 송(宋) 민공(湣公)은 돌아온 남궁장만에게 '노나라 포로'라는 농담을 하며 모욕을 주었다. 남궁장만은 이때부터 주공에 원한을 품기 시작하였다. 어느 날 남궁장만이 송 민공과 함께 장기를 두며 음주 가무를 즐기던 중, 송 민공이 또 남궁장만을 노나라 포로라고 놀려댔다. 그러자 남궁장만은 이에 분노하여 송 민공을 시해하고 급기야 다른 공자를 새 임금으로 세웠다.

송나라의 여러 공자들이 이에 불복하여 지방으로 도망치자, 남궁장만은 아들 남궁우(南宮牛)와 맹획(猛獲)을 보내 박읍을 포위하고 공격하였다. 여러 공자들과 신하들이 연합하여 남궁우와 맹획을 무찌르니 남궁우는 살해되고 맹획은 위나라로 도망쳤다. 그러자 궁지에 몰린 남궁장만이 진(陳)나라로 달아났으나, 진나라는 새로 송나라 임금이 된 송 환공의 요청을 받아 남궁장만을 사로잡아 송나라로 압송하였다. 그는 결국 사형을 당했다고 한다. 남궁장만에 대한 이야기는 『열국지』 제10회부터 제17회 사이에 나온다.

이처럼 춘추시대는 굉연과 같은 충신도 간혹 있었지만, 임금을 시해하는 역신이 난무하던 혼돈의 시대이기도 하다.

19년의 방병생활을 딛고 재기한 진 문공

— key word —

진 문공(晉文公) · 진 헌공(晉獻公) · 여희(驪姬) · 기강지복(紀綱之僕) · 가도멸괵(假道滅虢)

순망치한(脣亡齒寒) · 결초보은(結草報恩) · 진진지호(秦晉之好) · 원입골수(怨入骨髓)

할고봉군(割股奉君) · 개자추(介子推)와 한식(寒食) · 동호직필(董狐直筆)과 조씨고아(趙氏孤兒)

❖ 두 번째 패자 진(晉) 문공(文公)과 한식(寒食)

◉ 소설 배경(제20회–제59회)

진(晉) 헌공(獻公)의 부인 여희의 흉계로 태자 신생은 죽임을 당하고, 공자 중이와 이오는 망명길에 오른다. 여희(驪姬)의 난(亂)으로 진나라는 큰 혼란에 빠지고 국력은 크게 쇠퇴하였다. 진 헌공이 죽자, 여희는 그 아들인 해제를 보위에 올리려 하였으나 이극(里克) 등의 반란으로 여희와 해제가 모두 살해되었다.

혼란한 와중에 진(秦)나라 목공(穆公)이 백리해를 파견하여 공자 이오를 군주로 올렸는데 그가 바로 진(晉) 혜공(惠公)이다. 진 혜공은 형 중이가 향후 자신을 위협할 수 있다고 판단하여 이극 등 중이의 측근을 숙청하고, 자객을 보내 중이를 제거하려고 하였다. 이 사실을 안 중이는 결국 본격적인 망명의 길을 떠났다.

중이는 망명 생활 19년 만에 천신만고 끝에 결국 초(楚)나라와 진(秦)나라 등의 도움을 받으며 진(晉)나라로 돌아와 제후의 자리를 이었다. 62세의 나이에 군주가 된 진 문공은 이때부터 본격적인 천하 경영에 나서기 시작하였다. 그는 기원전 636년 진나라 제후에 올라 죽을 때까지 집권하였으며, 각종 개혁정책과 존왕양이로 두 번째 춘추오패가 되었다. 또 진 문공이 자신의 넓적다리를 베어 굶주린 주군을 먹여살린(割股奉君) 개자추의 은혜를 잊고 있다가 나중에 죽음으로 발견된 그를 애도하면서 한식(寒食)이라는 절기가 만들어지기도 하였다.

진 문공 사후 대부분의 군주들이 무능하거나 폭군이라 공신들에게 제거당하는 수모를 당하였다. 특히 진 영공(靈公)은 포악하고 무도한 암군이었는데, 동호(董狐)같은 사관들이 권세를 두려워하지 않고 사실대로 역사를 기술하였다는 동호직필(董狐直筆)의 고사성어가 연유되었다. 또 이 고사에서 조씨고아라는 명저가 만들어졌다.

이처럼 진나라는 유력한 일족들의 지나친 권력 투쟁으로 득세와 몰락이 점철되면서 춘추시대 말기 즈음엔 조씨(趙氏)·위씨(魏氏)·한씨(韓氏) 등의 세 집안이 진나라의 권세를 좌지우지하고 있었다. 이것이 바로 삼가분진(三家分晉)인데 결국, 진나라를 3등분하여 조나라·위나라·한나라로 각자 독립하였는데, 이것이 바로 춘추시대에서 전국시대로 전환하는 분기점이 되었다.

진 헌공(獻公)과
여희(驪姬)

◉ ― **진(晉) 헌공(獻公)과 가도멸괵(假道滅虢)**

진 헌공(獻公, 재위: 기원전 676년~기원전 651년)은 진(晉)나라의 19대 군
주로 휘는 궤제(詭諸)다. 그는 군주권을 위협하는 곡옥백의 자손들을
주살하고 종가의 권위를 확립했으며, 곽(霍)·우(虞)·괵(虢)나라 등을
병탄하여 진나라의 부국강병에 초석을 만든 제후이다. 그러나 말년에
애첩 여희와 그 아들 해제를 총애하는 바람에, 진 문공 즉위 전까지 나
라를 혼란에 빠트리는 단초를 제공하였다.

그는 고사성어 가도멸괵(假道滅虢)의 주인공으로 널리 알려진 인물
이다. 가도멸괵은 길을 빌려 괵(虢)나라를 멸한다는 의미이다. 주(周)나
라 문왕(文王)의 아우 괵중이 세운 괵나라는 우(虞)나라와 서로 접경을
하고 있었다. 진나라 헌공(獻公)은 괵나라로 쳐들어가려면 우나라를 통
과해야 하므로, 먼저 우나라 왕에게 길을 빌려달라고 하였다. 우나라
왕은 재상인 궁지기(宮之寄)와 논의하였으나 궁지기는 왕에게 진나라

는 곽나라를 멸망시킨 뒤 필히 우나라를 공격할 것이라며 반대하였다. 또 우나라와 곽나라는 이와 입술 같은 사이로, 입술이 없으면 이가 시리듯(순망치한: 脣亡齒寒) 곽나라가 무너지면 우나라도 위험하다고 간언하였다. 그러나 우나라 왕은 눈앞의 이익만 생각하고 진나라의 제의에 허락하고 말았다.

한편, 궁지기는 간언이 받아들여지지 않자 크게 낙심하여 "우나라는 결코 올해를 넘기지 못할 것이다."라는 말을 남기고 가족과 함께 우나라를 떠났다고 한다. 궁지기의 예견대로 야심많은 진나라는 곽나라를 무너뜨린 뒤 우나라까지 침략하여 멸망시켰다. 순망치한(脣亡齒寒)은 입술과 이의 관계처럼 결코 없어서는 안 되는 관계를 가리킨다. 고사성어 가도멸괵(假道滅虢)과 순망치한(脣亡齒寒)이 바로 여기에서 유래된 것이다. 진 헌공에 관한 이야기는 『열국지』 제20회부터 제37회 사이에 나온다.

❀ ― 진 헌공(獻公)의 부인 여희(驪姬)의 야심

여희(驪姬)는 진(晉) 헌공(獻公)의 비(妃)이다. 원래는 여융(驪戎) 군주의 딸이었지만 헌공이 여융을 정벌하여 여희의 동생과 함께 진 헌공의 후궁(後宮)이 되었다고 한다. 그러나 여희는 뛰어난 미모와 권모술수로 진 헌공의 총애를 받으며 왕비의 자리까지 오를 수 있었다.

그리고 본인 자식인 해제(奚齊)를 낳으면서 야욕이 발동하였다. 원래 진 헌공에게는 전처에서 난 태자 신생(申生)을 비롯해 이복동생 중이(重耳)와 이오(夷吾) 등이 있었다. 여희는 먼저 신생이 임금 자리를 노린다고 모함하여 신생과 헌공 사이를 이간하기 시작하였다. 여희는 신생에게 친모 제강의 제사를 올리게 하고 그 제사음식을 헌공에게 헌상하게 하였다. 여희는 몰래 그 음식에 독을 탄 다음, 음식이 이상하다며 일부를 개에게 던져주었다. 개가 갑자기 죽어버리자 진 헌공은 신생이 자신을 죽이려 한다고 의심하기 시작하였다. 이런저런 사건으로 모함을 받은 신생은 결국 자결하였다. 여희가 또 공자 중이와 이오도 신생과 공모했다고 참언하니, 헌공은 중이와 이오를 죽이라 명하였다. 그러자 중이는 곧바로 적(翟)나라로 달아났고, 이오는 양(梁)나라로 도망쳤다.

  결국, 여희의 흉계로 태자 신생은 죽임을 당하고, 아비가 나머지 두 아들을 죽이려는 상황까지 벌어지면서 진나라는 큰 혼란에 빠지고, 또 국력은 크게 쇠퇴하였다. 이를 여희(驪姬)의 난(亂)이라 부른다.

〈여희가 음모를 꾸며 신생을 죽이다〉

기원전 651년, 진 헌공이 죽자, 여희는 자신의 아들인 해제를 보위에 올리려 하였으나 이극(里克) 등이 반란을 일으켜 여희와 해제 등을 모두 살해하였다. 또 순식(荀息)이 여희의 여동생의 아들인 탁자를 주군으로 내세웠으나, 이번에도 이극은 순식과 탁자는 물론 여희 일족까지 모두 몰살시켜 버렸다.

　이극은 중이를 진나라의 임금으로 옹립하려고 사자를 보냈지만, 중이는 살해당하는 것을 두려워하여 들어오지 못했다. 그즈음 진(秦)나라 목공(穆公)이 백리해를 파견하여 공자 이오를 군주로 올렸는데, 그가 바로 진 혜공(惠公)이다. 진(秦)나라 목공은 중이보다는 이오가 덜 총명하다는 점과 이오가 왕위에 오르면 하서의 5개 성을 진(秦)나라에 상납하겠다고 약속하였기에 이오를 지원하였다. 그러나 이오는 끝내 하서의 5개 성을 상납하지 않았다고 한다.

　진 혜공은 형 중이가 아직도 인기가 높기에 향후 자신을 위협할 수 있는 라이벌로 의식하여 이극 등 중이의 측근들을 숙청하고, 자객을 보내 중이를 제거하려고 하였다. 중이는 혜공이 자객을 보내 자신을 죽이려는 의도를 파악하고 결국 본격적인 망명의 길을 떠나게 되었다.

진 문공의
재기

⊛ ─ 진 문공(文公)과 고난의 행군

진 문공(文公, 재위: 기원전 636년~기원전 628년)은 진나라의 제24대 제후로 성은 희(姬), 휘는 중이(重耳), 시호는 문공(文公)이다. 그는 진 헌공의 아들이었으나 여희의 시기와 진 혜공(惠公)의 견제로 헌공의 뒤를 잇지 못한 채 진나라를 떠나 19년이나 천하를 유랑하였다. 기나긴 망명 생활을 하는 동안에도 그는 인덕과 명성을 잃지 않아, 결국 초(楚)나라와 진(秦)나라 등의 도움을 받아 조국 진(晉)나라로 돌아와 재기에 성공하였다. 그는 기원전 636년 진나라 제후에 올라 죽을 때까지 집권하였으며, 각종 개혁정책과 존왕양이로 두 번째 춘추오패가 되었다. 진 문공에 대한 이야기는 『열국지』 제20회부터 제44회까지에 나온다.

중이는 원래 진(晉)나라 왕족의 방계였지만, 조부인 무공(武公)이 직계 왕족을 멸하고 스스로 진나라 제후가 되었다. 중이는 진 무공의 아들 진 헌공과 적족의 여인 호희(狐姬) 사이에서 태어났다. 진 문공은 젊

〈중이가 열국을 주유하며 19년간 망명 생활을 하다〉

을 때부터 인재를 좋아하여, 조최(趙衰)·호언(狐偃)·가타(賈佗)·선진(先
軫)·위주(魏犫)·개자추(介子推) 등의 측근이 있었다. 이들은 후에 중이
의 패업을 도와 망명정부에서 중추적 역할을 하였다. 중이가 망명하여
유랑생활을 할 때가 이미 43세였다.

중이 일행이 먼저 도착한 나라가 위나라(衛)였다. 위나라는 중이 일
행을 환영하지 않아, 굶주린 그들은 농민에게 음식을 구걸하였다. 한
농민이 그릇에 흙을 한 움큼 담아 주자 중이는 격노하였지만, 오히려
부하 조최는 "흙을 얻었다고 하는 것은, 이 땅을 얻는 것입니다."라고
하며 중이를 위로하였다.

중이 일행은 가까스로 제나라에 도착하였다. 이때 제 환공은 초라한
망명 공자 중이에게 20승의 마차를 주고, 또 딸을 중이에게 시집 보내
는 등 비교적 많은 환대를 해 주었다. 제나라에서 5년을 지내는 때, 제

환공이 죽자 제나라는 후계문제를 둘러싸고 격렬한 내란이 벌어졌다. 당시 중이는 이미 제나라에서 아내를 얻어 나태한 생활에 빠져 꿈을 포기하고 제나라에 눌러앉으려고 하였다.

그러자 호언과 조쇠 등은 중이를 모시고 제나라를 떠나야겠다고 모의하였다. 이 계획을 우연히 들은 부인은 호언 일행들을 도와 중이가 술에 취한 틈을 타 수레에 싣고 억지로 제나라를 떠나게 하였다. 술이 깬 중이는 격노하였으나 호언은 "공자의 대업이 완성된다면 그때 가서 저를 죽이라."라고 대답하며 소신을 굽히지 않았다.

제나라에서 나온 중이 일행은 조나라(曹)로 들어갔지만 환영받지 못해서 다시 송(宋)나라에 들어갔다. 송나라는 당시 초나라와의 전쟁에서 패배하여 어려움이 있었지만, 송 양공(襄公)은 중이에 국군(國君)의 예를 갖추며 환대하였다. 그러나 당시의 송나라는 자신들을 도와줄 여

〈망명 생활로 천하를 떠도는 중이(진 문공)와 측근들〉

력이 없었기 때문에, 일행은 초(楚)나라에 의지하기로 하였다. 초나라로 가는 도중 정(鄭)나라에 잠깐 들렀지만, 정나라에서도 역시 푸대접 받았다. 그러나 초나라 성왕(成王)은 공자 중이를 제후와 같은 격식으로 대접하였다.

기원전 637년, 진(晉) 혜공(惠公)이 죽자, 진(秦)나라에 인질로 잡혀 있던 태자 어(圉)가 도망쳐서 진(晉)나라의 회공(懷公)이 되었다. 진(秦) 목공(穆公)은 인질이 허락도 없이 자기 마음대로 도망친 점과 자신이 진(晉)나라 혜공에게 베푼 은혜를 원수로 돌려받은 것을 회고하면서 크게 격노하였다. 그리하여 은밀히 중이를 진나라 군주로 세우기로 작정하고 초나라에 머무르고 있던 중이를 불러들였다.

진(秦)나라에서 은밀한 제안을 받은 중이는, 이에 응하여 진(秦)나라 군대의 호송을 받으며 함께 조국 진(晉)나라로 입성하였다. 처음에 진(晉)나라 군대는 중이 군대에 저항하였지만, 지지세력이 약한 진(晉) 회공(懷公)을 따르려는 군사는 적었다. 결국, 중이를 따르는 군대와 진(秦)나라의 연합군이 진격하자 이내 항복하였다. 이렇게 중이는 마침내 진(晉)나라 군주로 등극하였다. 중이가 진(晉) 문공(文公)으로 즉위한 나이는 62세였다. 망명 생활 19년 만의 천신만고 끝에 군주가 된 진 문공은 그때부터 본격적인 천하 경영에 나서기 시작하였다.

진 문공과 연관된 고사성어 중에 기강지복(紀綱之僕)이라는 말이 있다. 진(晉) 문공(文公)은 진(秦) 목공(穆公)의 딸인 회영과 결혼하여 본국으로 돌아가게 되었다. 진(秦)나라에서는 값진 보물들을 수레에 가득 싣고, 또 회영은 호화찬란한 수레를 타고 출발하였다. 진나라 정병 3천 명이 일사불란한 행렬로 앞뒤에서 호위하였다. 이 멋진 군사들의 모습을 기강지복(紀綱之僕)이라고 하였다. 기강지복은 최고로 훈련되어 군율(軍律)과 근본이 바로 잡힌 정예 용사 혹은 나라를 잘 다스릴 만한 신하를 의미한다. 여기에서 나온 기강(紀綱)이라는 말은 후에 나라나 단체 혹은 집안을 바로잡는 근본 도리를 뜻하는 말로 사용되었다.

❀— 제2대 춘추오패 진 문공

즉위한 진 문공은 기원전 635년 주나라에서 반란이 일어나 피신한 주(周)나라 양왕(襄王)을 옹호하며 반란을 토벌하는 공을 세웠다. 또 기원전 632년 송나라가 초나라의 공격을 받자 지원군을 보냈다. 결국 진 문공은 초(楚) 성왕(成王)의 군대와 대적하게 되었다. 싸움이 시작되자 진 문공은 일전에 초 성왕과의 약속대로 전군을 3사나(약 90리) 비켜주는 예의를 다하고도 승리를 거두었다. 이 전투를 성복 전투라고 부르는데, 이 전투에서 승리한 진 문공은 춘추오패의 패자가 되었다.

기원전 628년에 진 문공은 사망하였다. 진나라를 안정시키고 패업의 공적을 인정받아 문공(文公)이라는 시호를 얻게 되었다. 재위 기간은 비록 9년 정도의 짧은 기간이었지만 제 환공과 함께 춘추오패의 패자로 당당하게 평가받고 있다.

『열국지』 제55회에는 진 문공과 연관된 결초보은(結草報恩)의 이야기가 나온다. 진 문공의 부하 중, 위무자(魏武子)라는 장군이 있었다. 그는 평상시 아들 위과(魏顆)와 위기(魏錡)에게 자기가 죽거든 자기가 사랑하는 조희라는 애첩을 재혼시키라고 당부하였다. 그런데 막상 임종에 이르자 조희를 자기와 함께 순장하라고 유언을 하고 죽었다. 그러나 위과는 아버지께서는 평상시에 이 여자를 재혼시키라고 유언했고, 임종에 이르러서는 정신이 혼미해서 순장하라고 하신 말씀이라고 판단하였다. 효자는 정신이 맑을 때 명령을 따르고 어지러울 때 명령을 따르지 않아도 된다며 서모를 개가시켜 주었다.

훗날 위과는 진(秦)나라와 전쟁이 나서 출전하게 되었는데, 진(秦)나라의 맹장 두회(杜回)와의 싸움에서 고전하고 있었다. 전투 중에 두회가 갑자기 말에서 떨어져 넘어지는 바람에 위과는 두회를 사로잡아 큰 공을 세우게 되었다. 두회가 고꾸라진 연유를 살펴보니, 서로 매듭되어 묶어진 풀들에 걸려 넘어진 것이었다. 그날 밤 위과의 꿈에 한 노인이 나타나서, 자신은 재혼시켜준 서모의 친정아버지인데 딸을 순장하지 않고 개가를 시켜주어 그 은혜를 갚기 위해 풀을 엮어 두회를 사로잡게 했다고 하였다. 여기서 연유된 고사성어가 바로 결초보은(結草報恩)이다.

그 외에도 진(晉)나라 헌공(獻公)은 진(秦)나라와 우호 관계를 강화하려고 자기 딸을 진(秦) 목공(穆公)에게 시집보내며 우호를 다졌다. 그 후, 진(晉) 문공이 이후 19년 동안이나 여러 나라를 떠돌다가 마지막으로 의지한 나라가 진(秦)나라였다. 진(秦) 목공(穆公)은 진(晉) 문공(文公)의 재능이 출중하고 중후한 인물임을 알아보고 일족의 딸과 혼인을 맺기도 하였다. 또 진(晉) 문공(文公)은 아들을 태자로 책봉하고 나서 진(秦)나라 왕실의 딸과 혼인하게 함으로써 부자(父子)가 진(秦)나라와 인척 관계를 맺으며 우호를 돈독히 하였다.

진(秦) 목공(穆公)과 진(晉) 문공(文公)은 그들의 나라를 강대국으로 키워 춘추오패(春秋五覇)로 꼽히는 인물들이다. 당시 최고의 강대국인 진(秦)나라와 진(晉)나라가 혼인을 맺음으로써 우호 관계를 유지하였기에, 여기서 유래된 고사성어가 진진지호(秦晉之好)이다. 진진지호는 두 집안이 혼인으로 맺어지는 것을 비유하는 고사성어로 유사어로 진진지의(秦晉之誼) · 진진지연(秦晉之緣) · 진환진애(秦歡晉愛)라고도 한다.

그리고 상경여빈(相敬如賓)이라는 고사성어도 진 문공에서 연유되었다. 진나라의 대부인 서신(胥臣 일명 臼季(구계)라고도 불림)이 사신이 되어 기(冀) 지역을 지나다 들판에서 기결이란 농부가 밭에서 김을 매고 있었다. 그 아내가 점심상을 받쳐왔는데 서로 공경하는 태도가 마치 손님을 대하는 것과 같아서 필히 덕을 갖춘 인재라 생각하여, 진 문공에게 강력히 추천한 데에서 유래한다. 진 문공은 그 인재를 중하게 기용하였는데 그가 바로 일명 극격(郤缺)이라는 농부로 후대에 진나라에 큰 공을 세웠다고 한다. 상경여빈(相敬如賓)과 유사한 고사성어로 거안제미(擧案齊眉)가 있다. 거안제미는 후한 때 양홍(梁鴻)이란 학자의 아내가 밥상을 눈썹 위까지 들어 올리며 남편에게 존경심을 표했다는 것에서 유래한 고사성어이다.

또 원입골수(怨入骨髓)라는 고사성어도 진(秦) 목공(穆公)과 진(晉) 문공(文公) 사이에서 나온 말인데 원입골수의 의미는 원한이 뼛속 깊이 사무칠 정도로 깊음을 말한다. 진(秦)나라 목공(穆公)은 늘그막에 판단력이 흐려져서 백리해(百里奚)와 건숙(蹇叔)의 반대에도 불구하고 정(鄭)나라와 전쟁을 하게 되었다. 진(秦)나라는 정나라와의 전투가 여의치 않자, 이번에는 진(晉)나라의 속령(屬領)인 활(滑)을 공격해 정복해 버렸다. 이때 진(晉)나라는 문공(文公)이 죽어서 국상(國喪) 중이었는데, 활(滑)의 점령 소식을 듣고 아들 양공이 상복을 입고 전쟁을 나가 침략자를 응징하고 진(秦)나라 세 장수를 체포하였다. 이때 진(晉) 양공(襄公)의 어머니가 바로 진(秦) 목공(穆公)의 딸이었는데, 그녀가 말하길 "진(秦) 목공(穆公)은 이 포로 세 사람에 대한 원한이 사무쳐 있을 것이다(원입골수: 怨入骨髓). 그러하니 이들을 내 아버님인 목공(穆公)이 직접 처단하도록 돌려보내자."라고 한 데서 연유되었다.

진 문공과
개자추(介子推)

◈ ─ 개자추의 할고봉군(割股奉君)

개자추(介子推)는 일명 개지추(介之推)라고 불린다. 그는 진(晉) 문공(文公)의 신하로 진(晉) 헌공(獻公)의 부인 여희(驪姬)가 국정을 어지럽힐 때, 진 문공과 함께 망명 생활을 하며 고생하였던 충신이다.

진 문공과 함께 적나라로 도피한 신하 5명이 바로 호언·호모·조최·선진·개자추 등이었다. 개자추는 19년 동안 진 문공과 전국 각지를 떠돌면서 망명 생활을 하였지만, 이들의 목표는 진나라로 귀국하여 국정을 바로잡는 것이었기에 고생을 마다하지 않았다. 물론 그중에는 배신자도 있었다. 진 문공이 위나라 경계에 머무를 당시, 진 문공 일행이 가지고 있던 식량이 바닥난 적이 있었다. 신하 중 하나인 두수(頭須)는 머리도 좋고 계산 능력이 좋아서 진 문공이 총애하던 신하였으나, 주군을 배신하고 먹을 것과 돈을 챙겨 달아나기도 하였다.

이로 인하여, 진 문공과 신하들의 굶주림은 배가하였다. 그러나 개

〈넓적다리를 베어 굶주린 주군을 먹여 살린 개자추〉

자추는 망설임 없이 자신의 넓적다리를 베어 굶주린 주군의 배를 채워주었다. 그렇게 개자추가 헌신적 충성을 보였기에, 후대의 사관들은 그를 높이 평가하였다. 여기에서 나온 고사성어가 할고봉군(割股奉君)이다. 즉, 자신의 넓적다리를 베어 굶주린 주군을 먹여 살렸다는 뜻으로 헌신적인 충성을 의미하는 고사성어이다.

그러함에도 불구하고 진 문공이 다시 진나라로 돌아가 제후가 되었지만, 개자추는 거기에 부합되는 보상을 받지 못하였다. 즉, 논공행상에서 개자추를 제외한 4명은 높은 벼슬과 큰 상을 분배받았다. 이 과정에서 서로가 자신의 공이 높다며 다툼이 벌어지기도 하였다. 여기에서 탐천지공(貪天之功)이라고 하는 고사성어도 나왔다. 탐천지공은 하늘의 공을 탐낸다는 말로, 남의 공을 가로채는 것을 이르는 말이다.

◉ ― 개자추와 한식(寒食)

논공행상에서 빠진 개자추는 그것에 실망하지 않았다. 오히려 자신의 공을 높이려 다투는 이들을 혐오하였다. 그리고 그는 초연히 늙은 어머니와 함께 면산으로 들어가 신분을 감추고 조용히 살았다.

이후에 진 문공은 개자추의 충성심을 잊고 있었다가 문득 생각해 내고 그를 불러들였다. 그러나 개자추는 이미 면산으로 들어간 지 오래되어 행방이 묘연하였다. 이에 진 문공은 그를 면산에서 나오게 하려고 산에 불을 질렀다. 그러나 개자추는 나오지 않았다. 산이 전소된 후에 살펴보니 개자추는 어머니를 업은 채로 나무를 붙들고 생을 마감하였다. 그때서야 진 문공은 자신의 행위를 후회하며 대성통곡을 하였다. 진 문공은 개자추의 넋을 위로하기 위하여 매년 그의 기일에는 뜨거운 음식을 먹지 않고 차가운 음식만 먹도록 하였다. 이날이 바로 한

〈개자추가 나무를 붙들고 생을 마감하다〉

식(寒食)의 유래이다. 개자추에 관한 이야기는 『열국지』제27회부터 제37회까지에 나온다.

그리고 진 문공은 개자추가 붙들고 죽었던 나무로 신발 밑바닥을 만들어 신었으며 죽는 날까지 그를 그리워하였다고 한다. 그의 은공(恩功)이 생각날 때마다 그 신발을 보며 "발아래 있는 그대를 생각하니 슬플 따름이다.(悲乎, 足下)"라고 말하였는데, 여기에서 개자추가 자신의 발아래에 있다는 말로 '족하'(足下)라는 명칭이 생기게 되었다.

진 문공을 살린 개자추는 이렇게 죽었지만, 정작 돈과 식량을 챙겨 달아난 두수는 진 문공이 제후로 즉위하자 뻔뻔하게 다시 궁궐에 나타났다고 한다. 진 문공이 분노했지만, 두수는 자신이 나라를 살리는 데 충성을 다하겠다며 용서를 구하였다. 결국, 진 문공은 그를 살려주고 또 후한 벼슬까지 내렸다. 이 기회를 타고 두수는 자신의 재능을 발휘하여 부귀영화와 천수를 다하였다고 한다.

진 영공의 동호직필과
조씨고아

◉ ― 기우는 진(晉)나라

달도 차면 기울 듯이, 강력했던 진나라도 진 문공 사후에는 급속히 무너지기 시작하였다. 진 문공 사후 100년 동안 8명의 군주가 즉위하였는데, 대부분 무능하거나 폭군이라서 공신들에게 제거당하는 수모를 당하기도 하였다. 너무 어린 나이에 권좌에 앉다 보니 제후로서의 권위는커녕 오히려 공신들의 독무대를 만들어 주었는데, 그나마 명군의 자질이 보였던 진 도공이 젊어서 요절하는 바람에 부흥의 기회를 놓치고 말았다.

이처럼 군권보다 공신들의 권력이 더 강해지다 보니, 진나라의 가장 큰 문제는 유력 씨족들 간의 권력 투쟁이었다. 유력한 일족들의 권력 투쟁으로 일시에 가문 전체가 몰살당하거나 추방당하는 일이 되풀이되었다. 결국, 춘추시대 말기에는 지씨(智氏)·조씨(趙氏)·위씨(魏氏)·한씨(韓氏) 등의 네 집안이 진나라의 권세를 좌지우지하고 있었다.

그러던 중, 조씨 집안에서 위씨와 한씨 집안을 회유하여 당대 최고의 세력가인 지씨 집안을 무너트리면서, 길고 긴 권력 투쟁은 일단락되었다. 이것이 바로 삼가분진(三家分晉)이다. 즉 조씨·위씨·한씨의 삼가(三家)가 진나라를 3등분하여 조나라·위나라·한나라로 각자 독립하는 것을 의미한다. 이러한 일련의 사건은 춘추시대에서 전국시대로 전환되는 분기점이 되었다.

⚜ ― 조돈과 동호직필

진(晉)나라의 영공(靈公)은 포악하고 무도한 암군이었다. 당시 재상이었던 조돈(趙盾: '盾'은 사람 이름 '돈'이나 방패 '순'으로 공용되기에 조돈이라고 한다.)은 간언을 올렸으나 매번 무시되었다. 심지어 영공은 그를 죽이려 자객을 보내기도 하였다. 그러나 조돈은 음모를 미리 알아차리고 도망쳐 버렸다. 무사 가운데는 이전에 조돈에 의해 목숨을 건진 영첩(靈輒)이라는 사람이 있어서, 무사히 위기를 모면하고 국경 근처로 달아났다.

조돈은 국외로 망명할 생각으로 국경까지 왔는데, 때마침 조천(趙穿)이라는 사람이 영공을 죽였다는 소식을 접하게 되었다. 그는 국경을 넘지 않고 다시 돌아가 사건을 수습하고 새로운 군주를 옹립하였다.

얼마 후 조돈은 태사(太史)인 동호(董狐)가 쓴 사건 기록에 "조돈이 그 임금을 시해하였다."라고 쓴 것을 보고 깜짝 놀랐다. 조돈은 자신의 무고함에 대하여 극구 변명하였지만, 사관 동호는 이렇게 대답하였다. "첫째, 당신은 주군의 시해 당시 재상의 신분으로 달아나 국경을 넘지 않았고, 둘째, 다시 조정으로 돌아와서 진 영공 시해자를 처단하지 않았으니, 재상이었던 당신이 그 도의적 책임을 지지 않고 누가 지겠

〈동호직필의 동호 그리고 임금을 시해한 조천과 조돈〉

소?"라고 말하였다. 그러자 조돈은 "나라가 걱정되어 국외로 망명하지 못하고 되돌아왔더니, 결국 내가 이런 죄명을 쓰게 되었도다."라고 탄식하였다.

이처럼 권세를 두려워하지 않고 사실대로 역사를 기술하는 것을 동호의 직필(直筆)에 비유해서 고사성어 동호직필(董狐直筆)이 연유되었다. 나중에 공자(孔子)는 이 사건에 대해 "사건을 올바르게 기록한 동호는 훌륭한 사관이고, 또 비록 준법의 중요성을 알지 못하고 도의적 책임으로 오명을 뒤집어쓴 조돈 역시 훌륭한 대신이다. 다만, 국경을 넘었더라면 책임을 면할 수 있었을 텐데."라며 안타까워하였다.

이와 유사한 말이 춘추필법(春秋筆法)이다. 이는 공자(孔子)가 저술한 역사서 『춘추』의 기술 방법처럼 역사적 사실의 옳고 그름을 분명하고 정확하게 기술하는 것으로, 후대에 역사 서술의 기준이 되었다. 춘추필법이란, 역사를 기술할 때 세운 원칙으로 명분을 바로 세우고 공(功)과 과(過)를 사실대로 기록함을 말한다. 특히 개인의 사사로운 이해나 감정이 들어가지 않고 객관적이고 공정하게 기술하는 방식으로, 후대 역사 기록의 지침서가 되었다.

⚜ ― 조돈과 조씨고아(趙氏孤兒)

후대 원나라 잡극 작가 기군상(紀君詳)은 사마천의 『사기』에 쓰인 조무(趙武)의 일화를 재구성하여 「원보원조씨고아(冤報冤趙氏孤兒)」라는 희곡을 만들어 냈다. 실제 「조씨고아」는 사서에 수록된 기록을 바탕으로 만들었지만, 내용의 전개는 약간 다르게 각색하였다. 「조씨고아」는 후대에 중국의 희곡과 소설 및 영화 등에 많은 영향을 끼쳤던 유명한 이야기 테마가 되었다. 또 이 작품은 18세기 무렵부터 영어 · 독일어 · 프랑스어 · 러시아어 등으로 번역되어 유럽 전역에 널리 알려진 명작이기도 하다.

「조씨고아」의 내용과 배경이 바로 조돈(趙盾)의 동호직필과 연관이 깊다. 조돈의 아버지는 진 문공 때의 충신 조최(趙衰)이고, 조돈의 아들은 조삭(趙朔)이다. 위에서 언급한 바와 같이 폭군 진 영공이 향락에 빠져 정사를 등한시하니, 조천이 주군을 시해하였다. 새로운 주군 진 경공(景公)이 등극하자, 간신 도안고(屠岸賈)는 조돈이 진 영공 시해 사건에 연루되어 있다고 중상모략하였다. 이로 인하여 조돈 집안은 모두가 멸문지화를 당하게 되었다.

그러나 임신 중이던 조삭의 아내는 극적으로 목숨을 구하였다. 조삭의 아내가 아들 조무를 낳자, 조삭의 식객이었던 정영(程嬰)은 아이를 몰래 숨기고, 또 평소 조삭에게 큰 은혜를 입었던 공손저구(公孫杵臼)

와 함께 이 문제를 상의하여 조무를 구출하고자 하였다. 즉, 정영에게
는 조무와 같은 또래의 아이가 하나 있었는데, 정영은 자기 아들을 조
무라고 속여 공손저구에 보냈다. 그리고 공손저구는 도안고에게 자신
이 조삭의 아들 조무를 숨기고 있었다며 자진 신고하였다. 결국, 정영
의 진짜 아들은 조무라는 이름으로 도안고에게 죽임을 당하였고, 정영
은 조삭의 아들 조무를 아들처럼 키웠다.

　20여 년의 세월이 지난 후, 정영이 장성한 조무에게 그간의 비밀에
대하여 자초지종을 알려주자, 조무는 비분강개하여 복수를 준비한다.
후에 진 도공(悼公)이 즉위하자, 조무는 관료 위강의 도움을 받아 원수
도안고를 죽이고 가문의 원한을 갚는다는 내용이다. 이처럼 조돈과 연
관된 동호직필 이야기와 조씨고아 이야기는『열국지』제51회에서 제
57회까지에 나온다.

❀ 故事成語와 名言名句

⊙ **기강지복**(紀綱之僕)

기강지복은 군율(軍律)과 근본이 바로 잡힌 정예 용사나 혹은 나라를 잘 다스릴 만한 신하를 의미한다. 진(晉) 문공(文公)이 진(秦) 목공(穆公)의 도움을 받아 본국으로 돌아가는 군사 행렬이 가지런하고 일사불란 한 데서 유래되었다.

⊙ **가도멸괵**(假道滅虢)

진(晉)나라가 우(虞)나라에게 괵(虢)나라를 공격할 테니 길을 빌려달라고 요구한 데서 유래하였다. 진나라가 괵을 멸한 뒤 돌아오는 길에 기회를 틈타 우나라도 멸망시킨 데서 나온 고사성어로 괵나라는 지금의 산서성 일대를 말한다.

⊙ **순망치한**(脣亡齒寒)

순망치한은 입술이 없으면 이가 시리다는 의미로 서로 떨어질 수 없는 밀접한 관계를 의미한다. 진(晉)나라가 우(虞)나라에게 괵(虢)나라를 공격할 테니 길을 빌려달라고 요구했을 때 우나라 대신 궁지기(宮之奇)가 진나라의 속셈을 알고 반대한 데서 나온 말이다.

⊙ **결초보은**(結草報恩)

결초보은은 풀을 묶어 은혜를 갚는다는 뜻으로 죽어서도 잊지 않고 은혜를 갚은 고사에서 유래한다. 위과가 전쟁터에 나가 적장을 잡는 큰 공을 세웠는데, 알고 보니 위과가 재가시킨 아버지의 첩의 친정 아버지 덕분이었다. 즉, 위과가 딸을 재혼시켜 잘 살게 해 준 은혜에 보답하기 위해 친정 아버지가 풀을 묶어 적장을 잡을 수 있도록 도운 데서 유래하였다.

⊙ 진진지호(秦晉之好)

진(秦)나라와 진(晉)나라의 좋은 관계라는 뜻으로, 진(秦) 목공(穆公)과 진(晉) 헌공(獻公) 그리고 진(晉) 문공(文公)으로 이어지는 좋은 혼인 관계를 비유하여 나온 고사성어이다. 지금은 두 집안이 혼인으로 우호 관계가 좋은 것을 의미한다.

⊙ 원입골수(怨入骨髓)

원입골수는 원한이 뼈에 사무친다는 뜻으로, 원한이 마음속 깊이 맺혀져 결코 잊지 못하는 것을 의미한다. 진(秦) 목공(穆公)과 진(晉)나라의 사이에 분쟁이 생길 때, 진(晉) 문공(文公)의 처가 분쟁을 막으려고 한 말이다.

⊙ 할고봉군(割股奉君)

할고봉군은 진 문공 중이가 망명 생활로 식량이 떨어지자, 개자추가 자신의 허벅지 살을 베어 주군의 굶주림을 해결하였다는 고사에서 유래되었다. 후대에 주군을 위해 헌신적으로 충성을 다한 개자추를 추모하여 만들어진 민속 절기가 바로 한식(寒食)이다.

⊙ 탐천지공(貪天之功)

탐천지공은 하늘의 공을 탐한다는 뜻으로, 남의 공을 채어가는 것을 비유한 말이다. 이는 개자추가 한 말로, "군주 앞에서 탐천지공 (貪天之功)을 다투는 것은, 도둑질하는 것보다 더 수치스러운 일이다."라며 산속으로 들어갔다.

⊙ 동호직필(董狐直筆)

동호직필은 晉(진)나라의 사관이었던 동호가 어떤 위세나 압력을 두려워하지 않고 역사 사실을 그대로 기술하였다는 데서 유래하였다. 유사한 말로 춘추필법(春秋筆法)이 있다. 즉, 역사를 기술할 때 사사로운 이해나 감정이 들어가지 않고 객관적이고 공정하게 기술하는 방식으로, 후대 역사 기록의 지침서가 되었다.

천하의 요부(妖婦) 하희(夏姫)

하희(夏姫)는 정(鄭) 목공(穆公)의 딸이다. 어려서부터 이복오빠 공자 만(蠻) 과 근친상간을 하였는데, 얼마 후 공자 만(蠻)이 요절하였다. 이후 진나라(陳) 하 어숙(夏御叔)에게 시집갔기 때문에 하희(夏姫)라고 불리게 되었다.

하희는 하어숙과의 사이에서 아들 하징서(夏徵舒)를 낳았는데, 하징서가 12살 이 되던 해에 하어숙이 죽었다. 그래서 아들 하징서가 하어숙의 직위를 이어받아 진(陳)나라의 사마(司馬)가 되었다.

하희는 미망인 신분임에도 불구하고, 진나라 공작인 진(陳) 영공(靈公)과 그 신하인 공녕(孔寧) 및 의행보(儀行父) 등과도 난잡한 관계를 즐겼다. 그런데 어느 날 진 영공이 공녕과 의행보 앞에서 농담으로 하징서의 씨가 불분명하다고 하징 서를 모욕하는 바람에, 화가 난 하징서는 이를 참지 못하고 진 영공을 죽이는 사 고를 일으켰다. 이때 초(楚)나라 장왕(莊王)이 이를 구실삼아 진나라에 쳐들어와 서 하징서를 죽이고, 또 하희는 초나라로 데리고 갔다.

초 장왕은 하희의 미모에 반해 후궁으로 삼고자 하였으나, 대부 굴무(屈巫; 일 명 무신(巫臣)이라고도 함)가 극구 반대하여 결국 하희는 아내를 잃은 한 늙은 신 하 양로(襄老)에게 시집보내졌다. 그런데 그 양로도 전쟁에 출전하였다가 전사하 였다. 그때 집에서는 양로의 아들 흑요(黑要)가 계모인 하희와 사통하고 있었다.

이때 굴무는 하희를 찾아가 양로의 죽음을 알리고 남편의 시신을 찾는다는 이 유를 들어 하희를 다시 하희의 고향 정(鄭)나라로 돌아가도록 조치하였다. 정나 라로 돌아간 하희는 그 뒤에도 여러 남자와 사통하며 놀아났다.

얼마 후 초나라 대신 굴무는 제나라에 사신으로 출장을 간다는 핑계로 초나라

〈굴무가 몰래 하희를 데리고 진나라로 도망치다〉

를 떠나서는, 갑자기 정나라에 있는 하희를 데리고 진(晉)나라로 도주하였다. 그리고 이름을 무신(巫臣)으로 개명하고 진나라의 대신이 되었다.

　이러한 황당한 소식을 접한 초 장왕은 격노하여 초나라에 머물던 굴무의 일족들을 모두 몰살시켰는데, 후일 이에 격분한 굴무가 오히려 원수를 갚겠다며 오나라를 부추겨, 오나라가 초나라를 침략하는 계기가 되기도 하였다.

　또 그 후 하희는 굴무와 결혼하여 딸 하나를 낳았는데, 딸 역시 하희처럼 색기가 대단하였다고 한다. 하희의 딸은 진(晉)나라 대부 숙향과 결혼하였다. 숙향과 하희의 딸이 결혼하려 할 때, 숙향의 어머니는 "하희는 남편 세 명과 아들 한 명을 죽게 하였고, 또 나라를 망하게 하였으며, 군주 두 명의 신세를 망치게 한 요부"라며 결사반대하였다고 한다.

　하희를 주인공으로 만들어진 음사 소설이 바로 『주림야사(株林野史)』인데, 여기에서 주림(株林)은 곧 하희가 살던 진(陳)나라의 지명이다. 하희에 관한 이야기는 『열국지』 제52회부터 제57회까지에 나온다.

제5강

한 번 웅비하여
세상을 놀래킨 초 장왕

— key word —

초(楚) 장왕(莊王)과 초(楚) 성왕(成王) · 도화부인(桃花婦人) · 손숙오(孫叔敖) · 퇴피삼사(退避三舍)
삼년불비우불명(三年不蜚又不鳴) · 명장경인(鳴將驚人) · 절영지회(絕纓之會 / 絕纓之宴)
문정경중(問鼎輕重) · 백발백중(百發百中) · 낭자야심(狼子野心)

❖ 초(楚) 장왕(莊王)의 명장경인(鳴將驚人)

⊙ 소설 배경(제20회-제74회)

초 성왕은 제(齊)나라의 환공, 그리고 진(晉)나라의 문공이 이끄는
연합군과 두 번이나 대립하였으나 끝내 실패하였다. 그러나 초나
라가 기반을 다지는 부분에 있어서는 기여한 바가 상당한 인물이
다. 그 후 기원전 614년 초 목왕의 뒤를 이어 초나라의 6대 왕에 오
른 인물이 바로 초 장왕이다. 삼년불비우불명(三年不蜚又不鳴)과 명
장경인(鳴將驚人) 및 절영지회(絶纓之會) 등의 고사성어가 초 장왕에
서 유래되었다.

초 장왕 13년(기원전 601년)에는 서(舒)나라를 멸망시켰으며, 또 진
(陳)나라가 내란에 빠진 틈을 이용하여 진(陳)나라를 병합하였고,
또 정(鄭)나라를 공격하여 속국으로 삼았다. 기원전 597년에는 정
나라의 원군으로 온 진(晉)나라 군대를 격파하였다. 이때, 진(晉)나
라를 필 전투에서 꺾고 본격적인 패자로서의 전성기를 누렸다. 이
로써 초나라의 국력은 진나라와 비등해졌으며 춘추오패 초 장왕의
입지도 크게 강화되었다. 이러한 노력으로 초나라의 경제는 물론
문화까지 발전하여 중국 남방 문화의 중심지로 부상하였다. 그러
다가 기원전 591년에 초 장왕이 별세하며 초나라는 몰락의 길로 접

어들었다.

손숙오는 초 장왕을 춘추오패로 만든 일등 공신이며 명재상으로 알려진 인물이다. 그가 세운 다양한 업적 가운데 가장 대표적인 업적으로 토지 개간과 화폐 개혁으로 꼽힌다. 이를 두고 초 장왕이 "제 환공에게 관중이 있었고, 초 성왕에게 자문이 있었듯이 내게는 손숙오가 있다."라고 할 정도로 높이 평가한 충신이다.

이처럼 손숙오 같은 충신 하나가 초나라를 패자국으로 만들기도 하였지만, 투월초와 비무기 같은 간신배가 나타나 초나라의 존망까지 흔드는 위기가 발생하기도 하였다.

초(楚)나라의 부흥과
성왕(成王)의 업적

◎─ 초 성왕의 등극

남방의 초나라는 주나라에게 정식으로 제후 책봉을 받은 나라가 아니라 스스로 나라를 세운 것이기에 주나라에 충성할 이유가 없었다. 또 당시 주나라를 위시한 제후 국가는 미개한 초나라를 은연중에 무시하고 있었다. 초나라 역시 주나라와 혈연관계가 전혀 없고 또 은혜를 입거나 신세를 진 일도 없었기에 주나라를 경시하였다. 후대에 초나라는 주나라에게 조공을 하고, 또 주나라의 책봉을 받아들였지만, 이는 초나라가 중원에 진출하여 영향력을 행사하기 위한 전략적 의미가 강했다.

초나라는 기원전 704년, 초 무왕 때부터 독자적으로 왕이라 칭하고 주변 나라들을 복속시키며 세력을 형성하였다. 무왕의 뒤를 이은 문왕도 등(鄧)나라 등을 정벌하며 국토를 크게 확장하였다.

제4대 성왕(成王) 웅균은 제(齊)나라의 환공, 그리고 진(晉)나라의 문공이 이끄는 연합군과 대립하였으나 끝내 실패하였다. 그러나 이는 초나라가 남방의 패자로서 자신의 존재감을 확실하게 드러내는 계기가 되었다. 초 성왕은 초 문왕(文王)과 식부인(息夫人) 사이에서 낳은 아들이다. 그는 초 문왕의 차남이었는데, 형인 초 도오가 사냥을 나갔을 때 형을 죽이고 왕이 된 사람이다. 어머니 식부인도 이 사실을 알고 있었지만 개입하지 않았다고 한다.

초 성왕은 안으로 선정을 베풀었고, 밖으로는 제후들과 우호 관계를 공고히 하여 초나라가 강국의 대열에 오르게 한 군주이다. 그는 기원전 671년부터 기원전 626년까지 약 45년 동안이나 통치하였다. 특히 즉위 후 다른 제후국들과 결맹하고 또 주천자(周天子)에 조공을 바치는 등 발빠른 행보를 보이며 왕위(王位)를 공고히 하였다.

또 한편으로는 주변의 현(弦)·황(黃)·영(英)·기(夔)나라 등을 제압하며 영토를 크게 확장시켰다. 기원전 638년에는 홍수(泓水) 전투에서 송(宋) 양공(襄公)의 군대를 물리치는 성과를 올렸으나, 성복(城濮) 전투에서는 진(晉)나라에 대패하며 내리막길을 걷게 되었다. 초 성왕에 관한 이야기는 『열국지』 제19회부터 제46회 사이에 여러 번 나온다.

❀ ― 초 성왕의 홍수전투와 성복전투

기원전 638년, 초 성왕은 송나라와 전투 중 송(宋) 양공(襄公)을 활로 쏘아 부상을 입히는 등 많은 전공을 세우며, 홍수(泓水) 전투를 승리로 이끌었다. 초 성왕은 정나라를 초나라의 영향권에 두고 강대국으로 부상하자 점차 교만해지기 시작하였다. 자신의 매제였던 정나라 임금의 두 딸, 즉 자신의 외조카 두 명을 첩으로 취하는 추태를 보이며 몰락을 예고하였다.

〈성복 전투에서 진나라가 초나라를 대파하다〉

초 성왕은 홍수 전투의 승리를 기점으로 송 양공의 패업을 좌절시키고 중원에 적극적으로 영향력을 행사하였다. 즉 자기 세력으로 끌어들인 정(鄭)나라·진(陳)나라·채(蔡)나라 외에 제나라와 노나라에도 압박을 가하였다. 그러나 송나라는 진 문공이 주나라 왕실의 내분을 안정시키는 등 춘추오패의 패자국으로 건재함을 보여주자, 진나라에 의지하며 초나라를 등지게 되었다.

그러자 초나라는 진(陳)나라·채(蔡)나라·정(鄭)나라 등과 연합하여 송나라를 공격하였다. 이에 진(晉)의 문공(文公)은 송(宋)나라·진(秦)나라·제(齊)나라의 연합군을 만들어 기원전 632년에 위(衛)나라의 성복에서 격전을 벌인 끝에 대승하였다. 초나라를 격퇴한 진 문공은 이 싸움이 끝난 후에 천토회(踐土會)를 열어 패자(覇者)가 되었다. 이것이 바로 유명한 성복 전투(城濮戰鬪)이다.

〈퇴피삼사로 초 성왕에게 예의를 다하는 진 문공〉

후일담으로 진 문공이 망명 생활 시절에 초나라에 의지하여 신세를 진 일이 있었다. 이때 초나라 성왕(成王)은 공자 중이(重耳)를 제후와 같은 격식으로 대접하면서, 농담으로 "만약 당신이 귀국하여 진나라의 군주가 되면 나에게 무엇으로 답례할 것인가?"라고 물었다. 이때 중이는 "만약 왕과 싸우는 일이 생기면, 저의 군대를 3사(약 90리) 정도 물리겠습니다."라고 대답하였다고 한다. 여기서 유래한 고사성어가 퇴피삼사(退避三舍)이다.

그런데 묘한 운명으로 성복전투에서 적으로 만나게 되었다. 진 문공은 망명객 시절 초나라 성왕에게 한 약속한 대로 삼사를 물러서는 예를 보였다고 한다. 초나라에서도 이쯤이면 충분하니 퇴각하자는 의견도 있었으나, 초나라 장수들은 물러서지 않았다. 기어이 초나라와 진나라는 불필요한 전투를 하였다. 이는 이 전투에서 참패한 초 성왕의 몰락으로 이어지는 단초가 되었다.

기원전 626년에 초 성왕은 서자인 직(職)을 총애하여 태자인 상신 (商臣)을 폐하고 직을 세우고자 무리수를 두기 시작하였다. 결국에는 태자 상신의 스승인 반숭(潘崇)이 태자를 충동질하여 반란을 일으켰다. 반숭은 군사를 거느리고 궁으로 들어가 조정을 장악하고 초 성왕에게 자결을 강요하였다. 그러나 초 성왕은 자신을 따르는 군대가 반란군을 진압하러 올 때까지 시간을 끌고자 일부러 시간이 오래 걸리는 웅번 (熊蹯: 곰 발바닥) 요리를 먹고 죽겠다며 요구하였다. 그러나 반숭은 이를 거절하고 초 성왕을 허리띠로 목을 졸라 죽였다고 한다. 그리고 태자 상신은 투월초(鬪越椒)를 시켜 동생 직을 죽이고 즉위하였는데 그가 바로 초 목왕이다.

초 장왕의 명경장인과
절영지회

⊛ ― 초 장왕과 명장경인(鳴將驚人)

초나라의 제22대 군주이며 제6대 왕이 바로 춘추오패 중 한 명으로 꼽히는 초(楚) 장왕(莊王)이다. 그는 기원전 614년, 부친인 초 목왕이 급사하는 바람에 어린 나이에 왕위에 올랐다고 한다. 선왕의 갑작스러운 죽음으로 인하여 불안정한 왕권, 그리고 각지에서 일어나는 반란 등으로 어린 나이에 군주에 오른 초 장왕은 매우 불안정한 왕위를 유지하고 있었다.

더군다나 신하 투극이 반란을 일으켜 초 장왕을 납치하는 사건이 일어났다가 간신히 풀려나는 일까지 있었다. 이러한 불안정한 정국이 겨우 진정되자 초 장왕은 갑자기 모든 업무를 중단하고, 또 조회까지 폐지하고는 매일 사냥과 주연을 벌이면서 방탕한 생활을 하였다. 이에 몇몇 대신들이 간언하였지만, 초 장왕은 오히려 "간언하는 자는 대부(大夫)라도 용서하지 않을 것이다."라고 말하며 음주가무에 빠져들었다. 이러한 생활이 3년이나 지속되자 정계에는 간신들이 들끓게 되었고, 국력은 점점 쇠퇴하였다.

초 장왕 3년(기원전 611년), 참다못한 충신 오거가 목숨을 걸고 간언을 올렸다. 오거(伍擧)는 수수께끼를 낸다며, "언덕의 새 한 마리가 3년 동안 날지도 울지도 않습니다(삼년불비우불명: 三年不蜚又不鳴). 무슨 새일까요?"라고 하며 장왕을 울지 않는 새에 비유하자, 장왕은 "3년을 날지 않았지만 한 번 날면 하늘 끝까지 날 것이고, 3년을 울지 않았지만 한 번 울면 천하를 놀라게 할 것이다."(三年不蜚‧蜚將沖天, 三年不鳴, 鳴將驚人)라고 응답하였다.

하지만 몇 달이 지나도 변화는 없었다. 그러자 이번에는 대부 소종(蘇從)이 다시 초 장왕의 처소로 찾아가 목숨을 걸고 간언을 올렸다. 이때 초 장왕은 비로소 잔칫상을 치우고 소종과 장시간 국정을 논의하였다. 초 장왕은 다음 날부터 그동안 아부하던 간신들을 대대적으로 숙청하고 국정을 쇄신하였다. 그는 3년에 걸친 사치와 향락을 통하여 진정한 충신과 간신을 구분하는 옥석가리기를 하였던 것이다. 이렇게 간신들을 처단한 초 장왕은 오거와 소종에게 국정을 맡기고 본격적인 패업을 시작하였다. 여기에서 나온 고사성어가 바로 삼년불비우불명(三年不蜚又不鳴)과 명장경인(鳴將驚人) 등이 있다. 초 장왕에 관한 이야기는 『열국지』 제49회부터 제55회까지에 나온다.

❀ ― 초 장왕과 절영지회(絶纓之會)

절영지회(絶纓之會)는 일명 절영지연(絶纓之宴)이라고도 한다. 의미는 갓끈을 끊고 즐기는 연회라는 뜻인데, 남의 잘못을 관대하게 용서해주거나 혹은 어려운 일에서 구해주면 반드시 보답이 따라온다는 고사성어이다.

이 고사성어는 초나라 장왕이 투월초의 난을 평정한 뒤, 공신들을 위로하기 위하여 성대하게 연회를 베푼 자리에서 유래하였다. 초 장왕은 이 연회에서 총희(寵姬)를 불러 공신들 옆에서 시중을 들도록 하였다. 밤이 깊도록 주연이 이어지고 있는데, 갑자기 광풍이 불어 촛불이 모두 꺼져버리는 사고가 일어났다.

순간 어둠을 가르는 총희의 비명 소리가 들려왔다. 총희는 초 장왕에게 누군가 자기 가슴을 만지며 성희롱한 자가 있어, 그자의 갓끈을 잡아 뜯었으니 불을 켜서 그자를 밝혀달라고 고하였다. 그러나 초 장왕은 촛불을 켜지 못하도록 하고는 오히려 모든 신하에게 갓끈을 끊어버리라고 지시하였다. "오늘은 내가 과인들에게 주연을 베푸는 것이니, 갓끈을 끊어버리지 않는 자는 본 연회를 즐기지 않는 것으로 알겠다."(今日與寡人飮, 不絶冠纓者不歡)라고 하였다. 이에 공신들은 모두 갓끈을 끊고 여흥을 즐겼다.

3년 뒤, 초(楚)나라와 진(晉)나라 사이에 전쟁이 벌어졌는데, 한 장수가 선봉에 서서 죽기 살기로 분투한 덕분에 승리할 수 있었다. 초 장왕이 그 장수를 불러 전공을 치하하며 그 용맹한 비결을 물어보았다. 그러자 그 장수는 "저는 3년 전에 이미 죽은 목숨이었습니다. 3년 전 연회에서 총희를 성희롱한 사람이 바로 저였습니다. 그러나 주군께서 범인을 색출하지 않고 관대히 용서해 주시어 저는 오늘 목숨을 다해 은혜를 갚은 것입니다."라고 하였다. 여기에서 장수 이름은 당교(唐狡)이고 총희는 허희(許姬)라고 하지만 사서(史書)에는 이름이 없는 것으로 보아 『열국지』에서 만들어진 이름으로 보인다.

이 고사는 『동주열국지(東周列國志)』는 물론, 유향(劉向)이 지은 『설원

(說苑)』의 「복은(復恩)」 편에도 나온다.

⚙ ─ 초 장왕과 혜전탈우(蹊田奪牛)

혜전탈우(蹊田奪牛)는 "남의 소가 내 전답(田畓)을 망쳤다고 해서 남의 소를 빼앗는다."라는 뜻으로, 죄에 비하여 벌이 지나치게 무거움을 이르는 말이다.

진(陳)나라의 하징서는 자신을 모욕한 주군 영공(靈公)을 시해하였다. 초(楚)나라 장왕(莊王)은 군사를 일으켜 진나라의 수도를 공략하고 하징서를 죽였다. 세상 사람들은 하징서의 악행을 잘 응징했다며 초 장왕을 칭찬하였다.

이때 제(齊)나라에 사신으로 갔던 대부 신숙시(申叔時)가 돌아왔는데, 신숙시는 사신의 업무만 보고하고 진나라를 친 초 장왕의 무공에 대해서 치하하지 않고 물러났다. 이에 초 장왕이 불쾌함을 표하자, 신숙시는 "어떤 농부의 소가 남의 밭에 들어가 농작물을 망쳐 놓았습니다. 밭 주인이 그 농부에게 소가 자기의 농작물을 망쳐 났다며 소를 빼앗아 버렸는데, 이에 대해 왕께서는 어떻게 생각하십니까?"라고 물었다. 그러나 초 장왕이 "소를 잘못 돌본 농부의 잘못은 있지만, 그렇다고 소까지 빼앗은 밭 주인에게 문제가 있다."라고 하자 신숙시는 "임금을 시해한 죄인을 처단하신 것은 당연한 처사이지만, 남의 땅까지 탐내는 것은 문제가 있다."라며 진언을 하였다. 초 장왕은 신숙시의 진언을 받아들여, 빼앗은 땅을 진나라에게 돌려줬다. 즉 이 고사성어는 "남의 소가 내 밭을 짓밟았다고 그 소까지 빼앗는다."라는 혜전탈우(蹊田奪牛)에 관한 고사이다.

이처럼 신숙시는 초 장왕의 모순적 행동에 일침을 가하였다. 모순(矛

盾)이란 단순 의미로 창과 방패라는 뜻이다. 모순은 명제끼리 서로 맞지 않아 논리적으로 이치에 어긋남을 의미하는 말이다. 모순이라는 고사성어가 바로 초나라에서 유래되었다. 초나라에 창과 방패를 파는 상인이 있었다. 그 상인은 자신의 창을 자랑하며 어떤 방패도 뚫을 수 있다고 선전하였고, 또 자신의 방패를 자랑하며 어떤 창도 막아낼 수 있다고 자랑하였다. 그러자 구경하던 한 사람이 "그럼 당신의 창으로 당신의 방패를 찌르면 어찌 되겠소?"라고 하자, 상인은 아무 대답도 하지 못하였다. 이처럼 모순이라는 고사성어는 둘 이상의 논리가 이치상 어긋나서 서로 맞지 않음을 이르는 말로 쓰인다.

3

초 장왕과
춘추오패

❀ ― 초 장왕의 야망과 투월초의 난

초 장왕은 용(庸)나라와 송나라 및 융(戎)을 정벌하고, 주나라 국경 부근에서 군대를 사열하였다. 이때 주나라는 비록 권력은 없었지만, 종주국이라는 명목은 있는 나라였다. 이러한 초나라의 위세에 주나라 는 크게 위축되었다.

한번은 주(周) 정왕(定王)이 왕손만(王孫滿)을 초나라에 사신으로 보냈 는데, 초 장왕은 주나라의 사신인 왕손만에게 "구정(九鼎)의 무게가 얼 마나 되는가?"(問鼎輕重)라고 물은 적이 있었다. 이는 초 장왕이 중원의 패자가 되어 천자의 권위에 도전하겠다는 야심을 드러낸 것이기도 하 다. 그러자 왕손만이 "먼 옛날 순우 임금의 치세가 극성해지자 정(鼎) 을 만들어 신령스러운 것과 간악한 것을 구분하게 하였습니다. 그리하 여 하(夏)나라의 걸왕이 덕을 어지럽히자 정(鼎)은 상나라로 옮겨갔고, 상(商)나라의 주왕이 포악해지자 정(鼎)은 다시 주(周)나라로 옮겨갔습니다. 그러기에 덕이 있으면 구정(九鼎)은 작아도 무거운 것이며, 간사하고 사악하면 구정(九鼎)이 아무리 커도 가벼운 법입니다. 비록 현재 주나라의 덕이 쇠하긴 하였지만, 천명은 아직 바뀌지 않았습니다. 그러기에 감히 정(鼎)의 경중(輕重)을 물어서는 안 될 것입니다."라고 답하자, 초 장왕은 이 말을 듣고 천자의 야망을 버렸다고 한다.

초 장왕 9년(기원전 605년), 투월초(鬪越椒)는 재상이 되었으나 주변의 견제를 받아 정치적으로 곤경에 처하게 되었다. 그러자 투월초는 초 장왕에게 죽임을 당하는 것이 두려워 반란을 일으켰다. 투월초가 반란을 일으켰을 때, 그의 활 솜씨가 신궁에 가까워 초 장왕을 두 번이나 위기에 빠트린 적도 있었다. 그러자 병사들 사이에선 초 장왕이 곧 투월초의 화살에 맞아 죽게 된다는 소문이 자자했다.

이 말을 들은 초 장왕은 초나라에는 옛날부터 보물로 내려오는 3발의 화살이 있었는데 투월초가 두 발을 도둑질하여 이미 두 발을 썼으니, 이제 다시는 초 장왕의 목숨을 노릴 수 없게 되었다며 병사들을 안심시켰다. 이러한 소문을 퍼트린 초 장왕은 또 다른 계략을 써서 투월초를 물리쳤다고 한다.

여기에서 백발백중(百發百中)이라는 고사성어가 유래하였는데, 이때 투월초와 대결한 사람이 바로 양유기(養由基)였다. 양유기는 100보 앞에서도 버들잎을 맞추는 뛰어난 신궁이었다. 이들은 활쏘기 시합에서 먼저 투월초가 3발을 쏘니 양유기는 첫발은 활로 막고, 두 번째는 몸을 옆으로 기울여 피했고, 세 번째는 화살을 이로 물어서 투월초의 공격을 막아냈다. 그리고 양유기는 두 발을 먼저 쏘는 척 활시위를 날린 다음 투월초가 머리를 피하는 틈을 타서, 나머지 한 발로 투월초를 제압하였다고 한다.

〈백발백중 양유기가 역신 투월초를 제압하다〉

투월초와 투자문(鬪子文)에 대한 일화가 있는데, 전해지는 이야기에 의하면 투자문은 태어난 뒤 바로 들판에 버려졌는데 호랑이가 보호하고 있었다고 한다. 한 사람이 그를 발견하여 데려다 길렀는데, 그는 뒤에 초나라의 재상이 되어 만백성의 존경과 신임을 받았다고 한다. 그런데 어느 날 투자문은 친동생 자량(子良)의 아들 투월초를 보고는 "승냥이와 이리의 소리를 내니, 이 아이를 죽이지 않으면 반드시 우리 집안에 화를 가져올 것이다. 속담에 이리 새끼는 마음이 늘 들판에 가 있다."(狼子野心)라며 우려하였다. 그러나 자량은 차마 자식을 죽일 수 없었다. 이렇게 성장한 투월초는 후에 재상까지 올랐으나, 결국 초 장왕을 죽이려는 역모를 꾀하다가 일족을 죽음으로 몰고 간 장본인이다. 반역자 투월초의 행위에서 유래된 고사성어가 바로 낭자야심(狼子野心)이다.

⊛ ― 초 장왕과 춘추오패

초 장왕 13년(기원전 601년)에는 서(舒)나라를 멸망시켰으며, 또 진(陳)
나라가 내란에 빠지자 이 틈을 이용하여 진(陳)나라를 병합하였고, 그
외에도 정(鄭)나라를 공격하여 속국으로 삼았다. 기원전 597년에는 정
나라의 원군으로 온 진(晉)나라 군대를 격파하였다. 이것이 바로 필 전
투인데, 이때 대패한 진(晉)나라군은 처참한 상황으로 허겁지겁 후퇴
하였다.

이때 전쟁터에서 죽은 진나라 병사들의 시체가 산을 이룰 지경이었
다고 한다. 대승한 초나라 신하들은 진나라 병사들의 시체를 가지고
기념비적 경관(京觀)을 만들 것을 건의했지만 초 장왕은 "무(武)라는 글
자는 무기를 멈추게 하는 것인데 자신이 한 행위는 무덕(武德)에 맞지
않으며, 자신들의 조국을 위해 충성을 다한 진(晉)나라 병사의 시체로

〈초나라 장왕이 춘추오패의 맹주가 되다〉

경관을 만들 수는 없다."라고 하며 시신들을 수습하여 잘 묻어주었다고 한다. 이러한 행위에서 자못 춘추오패의 영웅적 자질이 보인다.

진나라를 패퇴시키고 패업을 이룬 초 장왕은, 진나라를 따르는 송나라를 그 다음 표적으로 삼았다. 초 장왕은 제나라에 보낸 사신이 송나라를 지나가다가 피살당하자, 곧바로 송나라에 쳐들어가 그 수도를 포위하였다. 초나라가 지구전으로 나오자, 송나라는 진(晉)나라에 지원군을 요청하였다. 그러나 진나라는 송나라에 해양 장군을 사자로 보내어 거짓으로 구원하겠다는 말만 전하기로 하였다.

그러나 가는 도중 해양 장군은 초나라 군대에 붙잡혔다. 초 장왕은 해양에게 뇌물을 주면서 회유하였다. 즉, 송나라에게 진나라의 군대는 오지 않을 것이라는 말을 전하라는 것인데, 해양은 포로의 신분이었기 때문에 초 장왕의 요구를 일단 승낙하고 풀려났다. 그리고 해양이 송나라에 도착해서는 진나라의 지원군이 곧 도착할 것이라고 거짓 응답하였다. 송나라는 이 말만 믿고 사기가 올라 장기전으로 대응하였다. 결국 성과를 보이지 못한 초 장왕은 초나라로 돌아가려고 하였으나, 신무외 아들 서가 끝까지 남아 송나라를 함락시키자고 요청하였다.

초 장왕은 송나라의 충신 화원(華元)을 비롯한 송나라군의 강력한 저항에 기원전 594년에 송나라를 함락시키지 못하고 귀국하였으나, 나머지 군대는 재 출병하여 송나라와 대치하였다. 초나라 군대는 송나라 근처에 집을 짓고 농사를 지으며 지구전을 펼쳤다. 결국, 송나라는 항복하였고 초 장왕은 송나라와 강화를 맺었다. 이로써 초나라의 국력은 진나라와 비등해졌으며, 춘추오패 초 장왕의 입지도 크게 강화되었다. 그러다가 기원전 591년에 초 장왕은 별세하며 파란만장한 삶을 마무리하였다.

4

명 재상 손숙오(孫叔敖)와
간신 비무기(費無忌)

손숙오는 초 장왕을 춘추오패로 만든 일등 공신이며 명 재상으로 알려진 인물이다. 그리하여 초 장왕도 "제 환공에게 관중이 있었다면, 나에게는 손숙오가 있다."라고 평가한 충신이다. 이처럼 초 장왕 때 최고의 강국이었던 초나라는 초 평왕을 기점으로 몰락의 길을 가게 되었다. 왜냐하면, 거기에 간신 비무기(費無忌)가 있었기 때문이다.

◉ ― 명 재상 손숙오

손숙오(孫叔敖)는 성(姓)이 미(芈)이고, 씨(氏)는 위(蔿)이며, 이름은 오(敖)이고, 자는 손숙(孫叔)이다. 그리하여 일명 손숙오라고 일컬어지는데, 그는 초 장왕을 춘추오패로 만든 일등 공신이며 명 재상으로 알려진 인물이다. 손숙오에 관한 이야기는 『열국지』 제51회에서 제54회까지에 나온다.

손숙오에 대한 어린 시절의 일화가 다음과 같이 전해 내려온다. 어느 날 손숙오의 어머니가 손숙오가 울고 있는 것을 보고 그 연유를 물었다. 손숙오는 머리 둘 달린 뱀 쌍두사를 보았기 때문에 운다고 대답하였다. 어머니가 손숙오에게 그 뱀이 어디로 갔냐고 물으니, 손숙오는 혹 다른 사람이 보면 그 사람도 죽을까 봐 자기가 죽여서 땅에 묻어버렸다고 하였다. 이 말을 들은 어머니는 "다른 사람에게 덕을 베푼 사람은 사악한 기운이 덮치지 못한다."라며 손숙오는 죽지 않을 것이라고 안심시켜 주었다고 한다.

이처럼 어릴 때부터 총기가 있었던 손숙오는 뛰어난 학식과 인품으로 가산을 털어 회하 지역의 치수 사업을 하였고, 또 중국 역사상 최초의 수리 사업으로 불리는 기사피(期思陂)라는 보를 축조하였다. 수리와 행정에 능했던 그는 이 일들로 인해 초나라 장왕의 눈에 띄어, 기원전 601년에는 초 장왕을 보좌하는 영윤(재상)이 되었다. 그는 백성들을 교화하고 형벌을 완화하였으며, 경제와 사회문화를 발전시키는 등 뛰어난 업적을 남겼다. 특히 그는 백성을 근본으로 삼아야 한다며, 전쟁을 멈추고 백성들이 생업에 종사하도록 각종 정책을 추진하였다. 이러한 그의 노력으로 초나라는 경제는 물론 문화까지 발전하여 중국 남방 문화의 중심지로 부상하였다.

그가 세운 다양한 업적 가운데 가장 대표적인 업적은 국토 개간과 화폐 개혁을 꼽을 수 있다. 이를 두고 초 장왕이 "제 환공에게는 관중이 있었고, 초 성왕에게는 자문이 있었듯이 내게는 손숙오가 있다."라고 할 정도로 높이 평가하였다. 그러나 그는 군사적 능력이 정치적 능력만큼 뛰어나지는 않은 듯하다.

이렇게 높은 명성과는 달리 후에 손숙오가 죽을 때에는 그릇 하나 성한 것이 없고, 또한 가진 재산이 없어 집이 깨끗하였다고 전해진다.

이러한 연유에서 생긴 단어가 청빈(清貧)이다. 역사서마다 혹은 민간에 전해지는 내용이 각자 조금씩 다르긴 하지만, 궁중 배우 우맹이 손숙오 아들의 비천한 삶을 구해주었다는 이야기가 전해진다.

초 장왕은 변설과 재담으로써 왕을 즐겁게 하고, 또 풍자를 통해 깨우치는 말 재간꾼 우맹(優孟)을 곁에 두었다. 우맹은 손숙오의 강직한 인품에 반해 손숙오와도 친분이 있었다. 손숙오는 병들어 죽을 때 아들에게 유언을 남겼다. "내가 죽으면 너는 반드시 가난해질 것이다. 정 어렵게 되거든 우맹을 찾아가서 네가 손숙오의 아들임을 밝히거라." 손숙오가 죽자, 과연 그는 재상이었음에도 워낙 청빈하여 집안이 곧 궁핍해졌다.

아들이 우맹을 찾아가자, 우맹은 초 장왕에게 "손숙오와 같은 사람은 충성과 청렴을 다하여 나라를 다스렸고, 덕분에 왕께서도 천하의 패자가 되었습니다. 그러나 그가 죽자 그 아들은 지금 빈곤하여 스스로 땔감을 구하러 다닌다고 합니다."라고 보고하였다. 이에 놀란 왕이 손숙오의 유족들을 불러 봉토를 내렸다고 한다.

❀ ― 간신 비무기와 초 평왕

초 평왕은 초 공왕의 막내아들로 태어났다. 초 평왕은 처음에는 피폐해진 나라를 안정시키려 노력하였지만, 간신 비무기(費無忌)를 총애하면서 몰락의 길로 가게 되었다. 비무기에 관한 이야기는 『열국지』 제70회부터 제74회까지에 나온다.

초 평왕 2년(기원전 527년), 초 평왕은 진(秦)나라와의 우호를 위해 사돈을 맺으려고 했다. 그때 사신이 바로 비무기였다. 비무기는 태자비가 될 진 공주 맹영의 아름다움을 보고는, 초 평왕에게 아부하기 위해 그녀를 초 평왕에게 소개하고, 태자에게는 잉첩 중 가장 예쁜 여자 하나를 골라 태자비로 만드는 만행을 저질렀다. 그리고 비무기는 나중에 이 일이 폭로될 것을 우려하여 태자를 음해하고 모함하기 시작하였다.

초 평왕 6년(기원전 524년), 태자 건의 스승인 오사가 바른말로 직언을 하자, 난처해진 초 평왕과 비무기는 오사에게 죄를 뒤집어씌워 감금하였다. 또 비무기는 후환을 없애기 위해, 오사의 아들 오상과 오자서마저 제거하려고 이들을 조정으로 불러들였다. 그러나 오상은 왔지만, 낌새를 알아챈 오자서는 정나라로 도망쳤다. 결국 오사와 오상은 참수되었다. 이에 앙심을 품은 오자서는 초 평왕과 비무기에 대한 복수를 다짐하며 오나라로 망명하였다. 이러한 간신배 비무기의 행위는 초나라의 국정에 큰 위기를 몰고 왔다.

무능한 군주와 무능한 간신은 초나라를 위기로 몰아넣는 두 가지 큰 실책을 저질렀다. 하나는 며느리로 삼으려던 진(秦)나라의 공주 맹영을 초 평왕 자신이 후궁으로 취한 것으로, 이는 우방인 진(秦)나라와의 관계를 더욱 악화시켰다. 후대에 초나라가 오나라 합려의 침공으로 진(秦)나라에게 원군을 요청하자, 진나라는 지원을 거부하였다. 그나마 청하러 간 신포서가 사흘 밤낮을 쉬지 않고 통곡하며 청원하자, 진나라는 신포서의 충정에 감동하여 "이런 신하를 둔 나라라면 살리지 않을 수 없다."라며 지원군을 보내는 바람에 초나라는 기사회생할 수 있었다.

또 하나의 실책은 간신 비무기(비무극)를 중용한 것이다. 며느리 강탈 사건을 주도한 자가 바로 비무기였다. 비무기는 훗날 태자가 즉위하면 자신이 무사하지 못할 것을 판단하고 태자와 충신 오사를 모함하였다. 비무기는 후환이 두려워 오사의 두 아들까지 몰살시키려 흉계를 꾸몄다. 이는 눈치를 챈 아들 오자서가 오나라로 도망가 복수를 준비하게 만드는 계기가 되었다. 결국, 오자서는 오왕 합려와 함께 초나라를 공격하여 초나라를 초토화시켰다. 이처럼 충신 하나가 초나라를 춘추오패의 패자국가로 만들기도 하고, 간신배 하나가 초나라를 멸망 직전까지 몰고 가는 상황을 만들기도 한다.

❁ 故事成語와 名言名句

⊙ 퇴피삼사(退避三舍)

퇴피삼사는 "90리를 물러나 피한다."라는 뜻으로, 잠시 다른 사람과 다투지 않거나 다른 사람에게 양보하여 예의를 표시하는 것을 비유한다. 이 고사성어는 진(晉)나라 문공(文公)과 초(楚) 성왕(成王)의 약속에서 유래되었다.

◎ 삼년불비우불명(三年不蜚又不鳴)

삼년불비우불명은 초 장왕에서 유래한 고사성어로, "새가 멀리 날고 크게 울 때를 기다려 삼 년 동안이나 날지도 않고 또 울지도 않는다."라는 뜻으로, 큰 뜻을 펼치기 위하여 적절한 시기가 될 때까지 기다린다는 의미이다.

◎ 명장경인(鳴將驚人)

초 장왕이 한 말로, "그 새는 3년 동안 날지 않았으니 한 번 날면 하늘로 치솟아 오를 것이고, 3년 동안 울지 않았으니 만일 한 번 울면 사람들을 크게 놀라게 할 것이다."라고 한데서 유래되었다. 장고 끝에 크게 도약하여 세상을 놀라게 한다는 의미이다.

◎ 절영지회(絶纓之會)·절영지연(絶纓之宴)

초 장왕에서 유래한 말로, 갓끈을 끊고 즐기는 연회라는 의미이다. 남의 잘못을 용서해 주거나 어려운 일에서 구해주면, 반드시 보답이 따른다는 것을 의미하는 고사성어이다.

◎ 구정(九鼎)의 무게가 얼마나 나가냐?(問鼎輕重)

"솥이 가벼운지 무거운지 묻다."라는 뜻으로, 초나라 장왕이 천하를 도모하려는 야심을 가지고 주나라 定王(정왕)에게 왕위의 상징인 九鼎(구정)의 무게를 물었다는 고사에서 유래되었다. 즉 남의 능력이나 내막을 시험해 볼 때 비유하는 성어이다.

◎ 백발백중(百發百中)

백발백중은 백 번 쏘아 백 번 맞춘다는 뜻으로, 정확하고 완벽한 기술을 의미한다. 초 장왕 때 백 보나 떨어진 곳에서 버드나무 잎을 백 번 쏘면 백 번을 명중시킨 초나라 명궁 양유기(養由基)의 이야기에서 연유되었다.

◎ 낭자야심(狼子野心)

이리는 아무리 길들이려 하여도 야수의 본성을 어쩔 수 없다는 뜻으로 본성이 비뚤어진 사람은 아무리 인의를 베풀어도 결국은 배신한다는 의미이다. 초나라 재상 투월초가 궁지에 몰리자 결국에는 반역을 꾀한 사건을 두고 나온 말이다.

◎ 모순(矛盾)

모순은 창과 방패라는 뜻이다. 그러나 의미는 명제끼리 서로 맞지 않아, 논리적으로 이치에 어긋남을 의미하는 말이다. 모순이라는 고사성어는 초나라에서 유래되었으며, 둘 이상의 논리가 이치상 서로 맞지 않음을 이르는 말이다.

웃음을 잃은 도화부인(桃花婦人)

도화부인(桃花夫人)은 춘추시대 진(陳) 후작(규성 진씨)의 딸인데, 후에 식(息) 후작의 부인이 되었기에 식부인이라고 부른다. 또 미모가 복숭아꽃처럼 아름다웠다고 하여 도화부인(桃花夫人)이라고도 불린다. 그녀는 미모가 매우 빼어났기에, 이로 인하여 기구한 팔자로 살다 간 여성이다. 또 그 미모로 인해 본의 아니게 여러 나라를 멸망시킨 비운의 주인공이 되었다.

식부인의 불우한 삶은 채(蔡)나라의 애후(哀候)부터 시작된다. 채 애후의 부인은 식부인의 친언니였다. 기원전 684년 어느 날, 친정인 진(陳)나라로 가던 식부인은 언니가 있는 채나라를 경유하였는데, 채 애후는 그녀의 미모에 반하여 추근대기 시작하였다. 불쾌함을 느낀 식부인은 돌아와 남편에게 그의 악행을 호소하였다. 그러자 식 후작은 분을 참지 못하고 강국이었던 초나라(楚)로 가서 채나라를 쳐달라고 부탁하였다.

이에 호시탐탐 기회를 노리던 초나라 문왕은 바로 채나라를 치고 채 애후를 잡아다가 모욕을 주었다. 이에 식 후작에 앙심을 품은 채 애후는 보답이랍시고 식부인의 미모를 초 문왕에게 누설하여 식나라에 대한 복수를 꾀하였다.

식부인의 미모에 욕심이 생긴 초 문왕은 식 후작을 습격하여 식나라를 멸망시키고 식부인을 강탈하여 자신의 아내로 삼아버렸다. 초 문왕은 식 후작을 살려주기로 약속하였지만, 그는 울분을 못 이겨 얼마 후 죽고 말았다. 이때부터 식부인은 도화부인(桃花夫人)이라고 불렸다.

초 문왕과 혼인하여 3년 동안 아들을 둘이나 낳았지만 도화부인은 비관론자가 되어 웃거나 말하는 모습을 전혀 보이지 않았다. 초 문왕이 그 연유를 묻자 그녀가 "팔자를 두 번 고친 여자가 무슨 면목으로 웃음을 보이겠는가!"라고 하자, 초 문왕은 오히려 도화부인의 미모를 누설한 채 애후에게 죄가 있다며 채나라를 공격하여 분풀이하였다.

그 뒤, 이번에는 초 문왕의 동생 자원(子元)이 도화부인에게 관심을 보이기 시작하였다. 그는 초 문왕이 전쟁터에 나가서 전사하도록 흉계를 꾸몄다. 자원의 바람대로 초 문왕이 전쟁터에서 화살을 맞고 결국에는 사망하는 사고가 발생하였다. 결국, 도화부인은 자기 의지와 상관없이 두 명의 남편을 잃게 되었다. 그로 인하여, 도화부인은 인생무상과 삶의 회의를 느껴 더욱 입을 굳게 닫았다.

초 문왕이 죽자, 장남인 웅간이 왕이 되었으나 사치와 사냥질에 빠져 민심을 돌보지 않았다. 그러자 동생 웅군(熊頵)이 형을 살해하고 스스로 왕이 되었는데 그가 바로 초 성왕이다. 도화부인은 둘째 아들 웅군이 형을 살해한 것에 대하여 알고 있었으나 체념하여 침묵하고 있었다.

한편 왕위를 노리고 있던 초 문왕 동생 자원은 도화부인의 마음을 얻으려 정(鄭)나라를 공격했으나, 성공하지 못하고 철수하여 큰 망신을 당하였다. 하지만 자원은 포기하지 않고 도화부인의 거처로 가서 추접을 떨다가 결국 초 성왕에게 죽임을 당하였다. 이 일로 도화부인은 인간사에 더욱 환멸을 느끼고 궁궐에 숨어 죽을 때까지 나오지 않았다고 한다.

이처럼 도화부인은 단지 미인이라는 이유로 자신의 본의와 상관없이 식나라와 채나라를 망하게 하였고, 남편인 식 후작과 초 문왕을 죽음으로 몰고 가는 결과를 초래하였다. 이렇게 한평생을 불행하게 살다가 죽은 도화부인에게 그나마 유일한 위안거리가 있었다면, 그녀의 증손자인 초나라 장왕이 춘추오패가 되었다는 점일 것이다. 도화부인에 관한 이야기는 『열국지』 제17회에 나온다.

제6강

미완未完의 패자霸者와
현상賢相의 시대

— key word —

송(宋) 양공(襄公)·진(秦) 목공(穆公)·자산(子産)/안영(晏嬰)/숙향(叔向)/계찰(季札)
멸국치현(滅國置縣)·송양지인(宋襄之仁)·오고양피(五羖羊皮)·박물군자(博物君子)
관맹상제(寬猛相濟)·종진화초(從晉和楚)·빈지여귀(賓至如歸)·안영호구(晏嬰狐裘)
우두마육(牛頭馬肉)/양두구육(羊頭狗肉)·남귤북지(南橘北枳)/귤화위지(橘化爲枳)
계찰괘검(季札掛劍)

❈ 미완(未完)의 패자(霸者)와 현상(賢相)의 시대

◉ 소설 배경(제33회-제71회)

본 장에서는 미완(未完)의 패자(霸者)로 송(宋) 양공(襄公)과 진(秦) 목공(穆公)을 따로 떼어내어 조명하였다. 송양지인(宋襄之仁)의 주인공인 송 양공을 간혹 춘추오패에 넣기도 하지만, 사실 그는 다른 패자들처럼 진정한 패자로 보기 어렵다. 단지 회맹을 주최하여 잠시 맹주를 맡은 경력이 전부이기에, 이것이 미완(未完)의 패자(霸者)로 분류하는 이유이다.

진(秦) 목공은 백리해(百里奚)와 건숙(蹇叔), 그리고 비표(丕豹) 같은 충신들의 도움을 받으며 진(晉)나라를 무찌르고, 또 서융(西戎)을 토벌하여 잠시 패자의 자리에 군림할 수 있었다. 그러나 진 목공의 공적에 대해서는 다소 애매한 부분이 많다. 그러기에 제 환공과 진 문공에 대해서는 모두가 춘추오패로 인정하지만, 진 목공과 송 양공에 대해서는 춘추오패에 넣기도 하고 또 빼기도 한다.

대략 기원전 550년대 전후로 뛰어난 재상들이 대거 등장하였는데, 이들이 바로 정(鄭)나라의 자산(子産)·제(齊)나라의 안영(晏嬰)·진(晉)나라의 숙향(叔向)·오(吳)나라의 계찰(季札)이다. 이 시기를 일명 현상(賢相)의 시대라고 한다.

정나라의 귀족 집안에서 태어난 자산은 어릴 때부터 군사·천문·주역·법가의 학문에 박학다식하여 박물군자(博物君子)라고 불리었다. 제나라의 안영(晏嬰)은 명 재상으로 이름이 높다. 안영은 특히 근면 검소하였으며, 또 군주에게 기탄없이 간언하기로 유명한 재상이었다. 그의 행적은 『안자춘추』·『춘추좌씨전』·『사기』 등에서 찾아볼 수 있으며, 그와 관련하여 안자호구(晏子狐裘)와 귤화위지(橘化爲枳) 등 수많은 고사성어가 있다.

진(晉)나라의 숙향(叔向)은 초나라와 전쟁을 종전시키는 회맹을 완수하여 양국의 긴장완화에 큰 공을 세웠다. 그는 진 평공의 측근으로, 진나라 정치에 상당한 영향력을 행사한 인물이다.

계찰은 현명하고 지혜로운 인물로, 나라가 위기에 빠질 때마다 정신적 지주가 되어 혼란을 막았던 인물이며, 그와 연관된 고사성어로 계찰괘검(季札掛劍)이 있다.

╔════════════╗
║   1   ║
╚════════════╝

패자를 꿈꾸는
제후들

◉ ─ **존왕양이**(尊王攘夷) · **계절존망**(繼絕存亡) · **멸국치현**(滅國置縣)

춘추시대는 주나라의 권위가 무너진 자리에 강력한 군사력을 가진 패자(覇者)가 등장하여 주나라 왕실을 보호하였다. 패자들의 주요 업무는 존왕양이(尊王攘夷)와 계절존망(繼絕存亡)이었다. 존왕양이(尊王攘夷)는 왕실을 받들고, 오랑캐를 배척한다는 의미이며, 계절존망(繼絕存亡)은 나라의 종묘사직을 이어주고 멸망한 소국들을 구원하여 천하의 안녕과 봉건 질서를 유지한다는 의미이다.

제 환공(桓公)이나 진 문공 때에는 비교적 그 임무에 충실하려는 패자가 있었다. 즉, 제 환공 때 북방 적인(狄人)의 침입을 받아 위(衛)나라와 형(邢)나라가 위기에 몰리자, 이들을 도와 다시 복국시킨 사례가 대표적인 존왕양이와 계절존망의 업적으로 꼽힌다.

그러나 후대로 갈수록 약육강식과 적자생존의 경쟁이 심해지면서, 그 의미는 크게 퇴색하였다. 이러한 상황에서 새롭게 등장한 용어가 바로 멸국치현(滅國置縣)이다. 멸국치현은 강대국이 약소한 제후국을 멸망시킨 후, 그곳을 자국의 현(縣)으로 편입시킨다는 의미이다.

계절존망과 존왕양이로 상징되는 춘추시대 특유의 전통은 사라지고, 춘추시대 중기에서 후기로 넘어가면서 멸국치현의 현상이 두드러지게 나타났다. 특히 진(晉)나라·초(楚)나라·진(秦)나라 등 강대국들은 전쟁을 통하여 획득한 영토에 대하여 계절존망을 허용하지 않고, 이지역의 제후와 권신들을 강제로 추방한 후 영토 전체를 자국의 현(縣)이라는 새로운 직할 행정 조직에 편입시켰다. 이러한 현상은 전국시대로 들어오면서 노골적인 땅따먹기 경쟁으로 바뀌기 시작하였다.

❀ ― 춘추오패(春秋五霸)와 패자(霸者)

춘추오패에 대한 분류는 학자마다 다소 다르다. 춘추오패의 선정 기준이 제후 간의 회합(會合)이나 회맹(會盟)에서 맹주(盟主)로의 등극 여부이지만 실제의 세력과는 차이가 있었기 때문이다. 일반적으로 춘추오패로 제(齊) 환공(桓公)·진(晉) 문공(文公)·초(楚) 장왕(莊王)·오(吳) 합려(闔閭)·월(越) 구천(勾踐)을 꼽지만, 한편 송(宋) 양공(襄公)·진(秦) 목공(穆公) 혹은 오(吳) 부차(夫差) 등을 꼽기도 한다.

다음은 이들의 재위 기간 중 최고 전성기를 요약한 것이다.

◈ 제 환공(齊 桓公): 기원전 672년~기원전 643년
◈ 송 양공(宋 襄公): 기원전 643년~기원전 637년
◈ 진 문공(晉 文公): 기원전 636년~기원전 628년
◈ 진 목공(秦 穆公): 기원전 628년~기원전 621년

◈ 초 장왕(楚 莊王): 기원전 611년~기원전 591년

◈ 오왕 합려(吳王 闔閭): 기원전 514년~기원전 496년

◈ 오왕 부차(吳王 夫差): 기원전 495년~기원전 473년

◈ 월왕 구천(越王 勾踐): 기원전 473년~기원전 465년

시대순으로 보면, 제 환공·송 양공·진 문공·진 목공·초 장왕·오합려·오 부차·월 구천 순이다. 본 장에서는 미완(未完)의 패자(霸者)로 송(宋) 양공(襄公)과 진(秦) 목공(穆公)을 따로 떼어내어 조명하기로한다.

1. 송(宋)나라와 양공(襄公)

◉ ― 패자를 꿈꾸는 송 양공

송 양공은 송 환공의 아들로 송나라의 제20대 군주이다. 송 환공의즉위 전에 남궁장만(南宮長萬)이라는 자가 반란을 일으켜 송 민공을 죽이고, 송 민공의 동생 유(游)를 군주로 세웠으나, 다시 다른 공자들이남궁장만 세력을 몰아내고 송 환공을 군주로 세웠다. 송 환공 31년(기원전 652년)에 송 환공이 사망하자, 그 뒤를 이어 송 양공이 즉위하였고, 송 양공은 이복형 목이(目夷)를 재상으로 삼았다.

송 양공은 제 환공에 이어 패자가 되려는 꿈을 키우고 있었다. 그때제 환공이 사망하자, 제나라에서는 제후 계승권을 둘러싸고 공자들의다툼이 시작되었다. 이에 패한 제나라 공자 소가 송나라에 도움을 청하자, 송 양공이 공자 소를 도와 그를 제나라 제후에 앉히니 그가 바로

〈송양지인으로 춘추오패를 꿈꾸었던 송 양공〉

제 효공이다. 그렇게 송 양공이 패자국이었던 제나라의 정변에 개입하여 영향권을 행사하면서, 송 양공은 스스로 패자가 되었다고 우쭐하여 회맹을 자주 소집하였다.

송 양공 12년(기원전 641년), 송 양공은 녹상(鹿上)에서 회맹하고자, 초나라에 제후들을 소집시켜 달라고 요구하니, 초나라는 의외로 이에 호응하였다. 이때 재상 목이가 작은 나라가 큰 나라와 회맹을 다투면 화를 불러온다고 반대하였지만, 송 양공은 목이의 말을 듣지 않고 강행하였다. 그러나 이 회맹에서 송 양공은 아무런 소득도 없이 체면만 구긴 채 철군하였다.

같은 해 가을, 초나라와 제나라 등 강대국들이 우(盂)나라에서 회맹을 열었는데, 목이의 걱정처럼 군사를 이끌고 온 초나라 성왕이 그를 납치하여 인질로 삼는 사건이 발생하였다. 그러는 사이 송나라에서는 신하 목이가 제후 자리에 올랐다는 소식이 전해졌다. 겨울이 되어서야 초 성왕은 여러 제후의 중재를 받아들여 송 양공을 석방하였다. 풀려난 송 양공이 돌아오자, 공자 목이는 다시 송 양공에게 송나라 제후 자리를 넘겨주었다. 사실 목이가 왕위에 오른 척을 한 것은 송 양공을 석방시키기 위한 일종의 계책이었다.

❋ ― 송 양공과 송양지인(宋襄之仁)

초(楚)나라 성왕(成王)에게 크게 망신당한 송 양공은 초나라에 보복하고 싶었으나 초나라가 강대국이기에 건드릴 수 없었고, 다만 초나라의 동맹국이었던 정(鄭)나라에게 화풀이하였다. 그러자 초나라가 동맹국 정나라를 구하기 위해 출전하니 이것이 바로 유명한 홍수(泓水)전투이다.

초나라 군인은 송나라 군인의 수에 비하여 압도적으로 많았다. 그러기에 적이 강을 넘는 순간에 공격하자고 재상인 목이가 건의하였으나 송 양공은 이를 무시하였다. 잠시 후, 초나라군이 도하를 다 하였으나, 아직 전투 대형을 갖추지 못하고 있을 즈음 재상 목이가 또 공격을 권하였지만, 이번에도 "적의 진형이 정비되지 않았고 전투태세도 갖추지 않았는데 공격하는 것은, 군자가 취할 도리가 아니다."라며 허락하지 않았다. 마침내 초나라군이 전투 대형을 정돈하여 전투가 시작되었다. 그러나 결과는 당연히 초나라의 대승으로 끝났다. 이 전투에서 송 양공은 넓적다리에 화살이 꽂혀 상처를 입고 철수하였다. 기원전 637년, 송 양공은 홍수전투에서 입은 상처가 원인이 되어 병사하였다. 이 일화에서 나온 고사성어가 바로 송양지인(宋襄之仁)이다. 즉, 쓸데없이 상대에게 베푸는 인정을 뜻하는 말이다.

〈초나라의 싸움에서 송양지인을 내세우다 대패한 송 양공〉

　이렇게 송 양공이 인의를 내세운 명분론 때문인지 후세 유학자들은 간혹 그를 춘추오패에 넣기도 하였다. 사실 송 양공은 다른 패자들처럼 진정한 패업을 이룬 업적이 부족하며, 단지 회맹을 주최하여 잠시 맹주를 맡은 이력이 전부이기에, 미완(未完)의 패자(霸者)로 평가되는 이유가 여기에 있다.

　그 외에도 송 양공의 인격에 큰 결격 사유가 있었으니 바로 증나라 군주를 삶아 죽인 일이다. 인의를 내세우는 패자가 회맹에 잠시 늦었다고 제후를 삶아 죽인 사례는 송 양공 외에는 없기 때문이다. 결론적으로 송 양공은 패자로서의 함량이 다소 부족한 이중인격자라 평가된다. 송 양공에 관한 이야기는 『열국지』 제24회부터 제34회까지에 나온다.

　송 양공에서 유래된 송양지인처럼 아둔한 송나라를 비하하는 고사성어가 여럿이 보인다. 즉 수주대토(守株待兔)와 알묘조장(揠苗助長) 등이 그것이다.

수주대토(守株待兔)는 나무 그루터기에 앉아서 토끼를 기다린다는 뜻으로, 힘을 들이지 않고 요행을 기다리는 어리석음을 비유하는 말이다. 고사성어의 유래를 살펴보면, 송나라에 한 농부가 농사를 짓고 있었는데, 토끼 한 마리가 쏜살같이 달려오다가 그루터기에 머리를 부딪쳐 목이 부러져 죽었다. 횡재한 농부는 다음 날부터 농사를 접고 또다시 토끼가 와서 그루터기에 부딪혀 죽기만을 기다렸으나, 다시는 토끼를 얻을 수가 없었다. 결국, 그는 농사를 망치고 송나라 사람의 웃음거리가 되었다.

또 알묘조장(揠苗助長)이라는 고사성어가 있다. 급하게 서두르다 오히려 일을 망친다는 의미로, 혹 발묘조장(拔苗助長)이라고도 한다. 춘추시대 송나라에 어리석은 농부가 있었다. 어느 날 모내기를 한 벼가 어느 정도 자랐는지 궁금하여, 궁리 끝에 벼의 순을 살짝 잡아 빼어보니 약간 자란 것 같았다. 그리하여 왼 종일 벼의 순을 조금씩 잡아당겨 놓았다. 다음 날 농부가 논에 가 보니, 벼는 이미 하얗게 말라 죽어버렸다. "송나라 사람이 풀을 뽑는다."라는 뜻에서 송인발치(宋人拔稚)라고도 부른다.

이처럼 수주대토(守株待兔)나 송양지인(宋襄之仁) 및 알묘조장(揠苗助長) 같은 고사성어는 사실 상나라의 후예가 세운 송나라에 대한 비하적 의도가 내포되어 있는 고사성어이다.

그 외 쓸데없는 걱정의 기우(杞憂)라는 고사성어도 마찬가지이다. 기(杞)나라는 하(夏)나라의 후예가 세운 나라이기에, 의도적으로 이들을 비하하는 우스꽝스러운 고사성어가 만들어지게 되었다.

2. 진(秦)나라와 목공(穆公)

진 목공은 진 선공(宣公)의 아들이며 진 성공(成公)의 동생이다. 진(秦) 목공은 진(晉) 문공을 도와 성복전투(城濮戰鬪)에서 초나라를 격파하기도 하였다. 진(秦) 목공은 진(晉)나라 헌공(獻公)의 딸을 신부로 맞이하였는데, 이때 사신으로서 백리해(百里奚)가 따라왔다. 진 목공은 백리해의 능력을 인정하여 국정을 맡기게 되었다. 그 외에도 건숙(蹇叔)과 비표(丕豹) 같은 충신이 많았다. 진 목공에 관한 이야기는 『열국지』 제25회부터 제46회까지에 나온다.

◉ ─ 진 목공의 업적

진 목공은 진(晉)나라 중이(重耳)에 대하여 인격적으로 호감이 있었지만, 이오가 즉위하면 무엇인가 자신에게 유리하다고 판단하여 이오를 진(晉) 혜공(惠公)으로 즉위시켰다. 또 진 혜공이 약속을 파기하였음에도, 기원전 647년 진(晉)나라에 흉작이 들자, 식량을 지원하기도 하였다. 다음 해에 이번에는 진(秦)나라가 흉작이 들어 진(晉)나라에 식량 지원을 요청하였으나, 진(晉) 혜공은 식량을 보내지 않고 오히려 진나라를 침범하였다. 이것에 분노한 진(秦) 목공은 다음 해에 출병하여 진(晉)나라 군대를 무찌르고 진(晉) 혜공을 포로로 잡아 죽이려 하였지만, 아내(진 혜공의 누나)의 제지로 진(晉) 혜공의 태자 어(圉)를 인질로 진(秦)나라에 남기고 겨우 귀국을 허락하였다.

기원전 638년 진 혜공이 중병이 들자, 태자 어는 진나라에 도망쳤다. 태자 어가 도망친 사실에 화가 난 진(秦) 목공은 더 이상 참지 못하고 초나라에 있던 중이(重耳)를 맞아들여 진(晉)나라의 제후로 삼으니,

그가 바로 진(晉) 문공(文公)이다. 이렇게 진(秦) 목공(穆公)은 진(晉) 문공
(文公)을 도와 많은 활약을 하였지만, 오히려 그는 진 문공의 활약에 가
려 주목받지 못하였다.

기원전 626년에 진(晉) 문공이 사망하였다. 진(秦) 목공은 이 틈을 이
용하여 진(晉)나라와 유대 깊은 정(鄭)나라를 얻고자 공격하였으나 오
히려 진(晉)나라와 외교적 갈등만 초래하였다. 진 목공(穆公) 36년(기원
전 622년), 진 목공은 이전의 원수를 갚기 위해 백리해의 아들인 맹명
시에게 진(晉)나라 공격을 명하였다. 진(晉) 문공(文公) 사후의 진(晉)나
라는 몰락의 과정에 있었다. 신하 조최가 진(秦)군의 사기에 눌려 피해
만 다니다가 결국 진(秦)나라에 대패하였다.

이렇게 진(秦) 목공은 진(晉)나라를 토벌하여 대파하고, 또 서융(西戎)
을 토벌하면서 패자의 자리에 잠시 군림할 수 있었다. 그러나 기원전
621년 진(秦) 목공은 사망하였다. 패자로서 진 목공의 공적에 대해서
는 다소 애매한 부분이 많다. 그래서 제 환공과 진 문공 그리고 초 장
왕에 대해서는 일반적으로 춘추오패로 인정하지만, 진 목공과 송 양공
에 대해서는 춘추오패에 넣기도 하고 또 빼기도 한다.

❀ ─ 재상 백리해와 건숙의 등용

백리해(百里奚)는 본래 우나라 사람이다. 우나라에서 벼슬을 하였으
나 후에 진(秦)나라의 대부가 되었다. 어린 시절 백리해는 집이 매우
가난하여 제나라 사람인 건숙(蹇叔)의 집에서 신세를 지며 살았다.

백리해는 출세의 야망을 품고 제나라로 가서 공손무지(公孫無知)를
섬기려고 하였으나 건숙은 그가 오래가지 못할 거라고 조언하였다. 그
러자 백리해가 소 치는 것을 좋아하여 주나라로 가서 왕자 퇴를 섬기

려 하자, 이번에도 건숙은 왕자 퇴는 오래가지 못할 것이라 반대하였다. 과연 공손무지도 왕자 퇴도 오래가지 못하고 몰락하였다.

가난했던 백리해가 고국인 우나라에 가서 벼슬살이하려고 하니, 건숙은 또 우공(虞公, 우나라 임금)은 비전 없는 위인이라며 또 반대하였다. 벼슬을 간절히 원했던 백리해는 이번에는 건숙의 반대를 무릅쓰고 우나라로 들어가 벼슬을 하였다. 기원전 655년, 진(晉)나라가 가도멸괵(假道滅虢)으로 괵(虢)나라를 멸하고 바로 우나라도 멸망시키는 바람에 백리해는 결국 포로로 전락하였다.

마침 진(秦) 목공(穆公)이 진(晉) 헌공(獻公)의 딸과 결혼할 때, 진 문공은 진 헌공에게 백리해(百里奚)를 혼인 선물로 보냈다. 그러나 백리해는 진(秦)나라로 가던 도중 감시가 허술한 틈을 타 초(楚)나라로 도망쳐 초 성왕 밑에서 말을 돌보는 일을 하였다.

〈진(秦)나라의 충신 백리해와 건숙 그리고 공손지〉

한편 진 목공은 우연히 백리해의 이름이 수행원 목록에서 누락되었음을 발견하고는 그에 대하여 알아보았다. 문득 공손지(公孫枝)로부터 백리해가 인재라는 사실을 알고서는 그를 등용하려 하였다. 그러나 그가 현재 초나라에서 말을 기른다는 소식을 듣고는 초 성왕에게 후한 예물을 주고 백리해를 데려오게 하였다.

그러자 공손지는 "초나라 왕이 아직 백리해의 진가를 모르고 하찮은 일을 시키고 있는데, 갑자기 우리가 많은 선물을 주고서 넘겨달라 하면 초나라 왕이 눈치채고 순순히 내줄 리가 없습니다. 그러니 추노를 찾는다며 아주 적은 몸값을 내주시면 돌려줄 것입니다."라고 하였다. 과연 고작 오고양피(五羖羊皮)를 주고 백리해를 데려올 수 있었다. 진 목공은 백리해와 대화를 나눠보고 흡족하여 대부의 벼슬을 내리고 국정을 맡겼다. 이로 인하여 백리해를 오고대부(五羖大夫)라 부르기도 한

〈소를 키우다가 진 목공을 만난 백리해〉

다. 오고양피(五羖羊皮)란 검은 양 다섯 마리의 뜻으로, 백리해를 맞을 때처럼 인재를 찾고 진심으로 대우하는 자세를 비유하는 말이다.

그 외 백리해와 연관된 고사성어로 우정지의(牛鼎之意)가 있다. 의미는 소를 기르다가 진 목공을 만난 백리해와, 솥을 지고 상(商)나라 탕왕을 찾아가 충성을 다한 이윤(伊尹)의 고사에서 나온 말이다. 백리해는 진 목공을 보좌하여 국내의 국정을 잘 다스림은 물론 외교능력도 출중하여, 진 목공이 춘추오패(春秋五霸)의 대열에 오르게 한 인물이기도 하다. 백리해에 관한 이야기는 『열국지』 제25회부터 제44회까지에 나온다.

결론적으로 진 목공과 송 양공에 대해서는 여전히 그의 업적에 대한 애매한 부분과 이해하기 어려운 행동이 많기에, 춘추오패에 넣기도 하고 또 빼기도 하는 상황이다. 하지만 나름 춘추오패가 되려고 부단히 노력하였던 인물임에는 틀림이 없다.

현상(賢相)의
시대

춘추오패의 시대 가운데 초(楚) 장왕(莊王: 기원전 611년~기원전 591년)의 시기부터, 오왕 합려(吳王 闔閭: 기원전 514년~기원전 496년)와 월 구천(越 勾踐: 기원전 473년~기원전 465년)의 등장 시기까지 약 80여 년 동안은 주목할 만한 패자가 없는 공백기였다. 대략 기원전 550년대를 전후로 하여 뛰어난 재상들이 대거 등장하였다. 이들이 바로 정(鄭)나라의 자산(子產)·제(齊)나라의 안영(晏嬰)·진(晉)나라의 숙향(叔向)·오(吳)나라의 계찰(季札) 등이다. 이 시기를 일명 현상(賢相)의 시대라고 한다.

1. 정(鄭)나라 자산(子產)

◉ ― 박물군자(博物君子) 자산(子產)

정(鄭)나라 재상 자산(子產)은 안영과 더불어 춘추시대 후기의 대표적인 재상이다. 그는 비교적 작은 나라인 정(鄭)의 재상이었지만, 진(晉)나라와 초(楚)나라 사이에 끼어 있는 줄타기 외교를 하며 많은 외교적 성과를 만들어 냈다. 그는 내정에서도 큰 업적을 남긴 재상이며, 특히 법치주의의 선구자로 알려진 인물이다.

정나라의 귀족 집안에서 태어난 자산은 어릴 때부터 군사 회의에 참석해 탁월한 계책을 제시하여 주변을 놀라게 했다고 한다. 그는 어릴 때부터 군사·천문·주역·법가의 학문에 박학다식하여 박물군자(博物君子)라고 불렸다. 정 자산에 관한 이야기는 『열국지』 제61회부터 제72회 사이에 나온다.

기원전 544년, 정(鄭) 간공 때 귀족 가문의 권력다툼이 일어났는데, 자산은 이 분쟁을 잘 수습하여 정치의 핵심으로 부상하였고, 또 귀족 가문들은 자산을 재상으로 추대하게 되었다. 이처럼 자산은 다재다능한 인재뿐만 아니라, 다양한 인재를 고르게 등용하여 정책에 반영하였다. 자산이 등용한 대표적인 인재로 풍간자·자대숙(유길)·자우·비심을 꼽을 수 있다. 풍간자는 실익 판단과 정세 분석에 탁월한 재주를 보였고, 자대숙은 외모와 말솜씨가 뛰어났으며, 자우는 외교적 대처능력이 뛰어났고, 비심은 계책과 전략 전술에 능한 인재이다.

⊛ ― 자산의 관맹상제(寬猛相濟)와 종진화초(從晉和楚)

자산의 정치관에서 빼놓을 수 없는 사상이 바로 관맹상제(寬猛相濟)이다. 의미는 "정치는 두 가지 방법밖에 없는데, 하나는 너그러움이요, 또 하나는 엄격함이다. 즉, 덕망이 높은 사람만이 관대한 정치를 통하여 백성을 순응하게 할 수 있는 것이다. 또 물과 불을 가지고 비유하자면, 불이 활활 타오르면 백성들은 겁을 먹고 조심하기에 불에 타 죽는 사람은 매우 적다. 그러나 반대로 물은 성질이 부드럽기에 백성들이 겁내지 않아 빠져 죽는 백성이 많은 것이다.

이와 같이 관대한 통치는 물과 같아서 효과를 내기 어렵기에, 엄격한 통치를 하는 경우가 많은 것이다." 즉, 자산이 주장하는 관맹상제(寬猛相濟)란 관용과 엄한 징벌이 함께 조화를 이루어야 최상의 시너지 효과를 얻는다는 이론이다.

자산이 재상이 된 지 1년이 지나자 버릇없는 아이들이 없어졌으며, 노인들이 무거운 짐을 드는 일이 없어졌고, 2년이 지나자, 시장에서 물건값을 속이는 일이 없어졌으며, 3년이 지나자, 밤에 문을 잠그지 않았고, 길에 떨어진 물건을 줍는 사람이 없어졌다. 또 4년이 지나자, 밭에 농기구를 그대로 둔 채 돌아와도 아무 일이 없었고, 5년이 지나자, 군대를 동원할 일이 없어졌으며, 초상이 나도 다들 알아서 예를 갖추었다고 한다.

자산의 또 다른 업적은 외교에 있다. 그는 진(晉)나라와 초(楚)나라의 대국 사이에서 치우치지 않는 균형 외교를 구사하였다. 즉, 종진화초(從晉和楚: 진나라를 따르고 초나라와 화해함) 혹은 조진모초(朝晉暮楚: 아침에는 진나라 저녁에는 초나라)라는 성어로 진(晉)을 따르면서 초(楚)와 친하게 지낸다는 의미이다.

비슷한 시기에 나온 고사성어가 백년하청(百年河淸)이다. 한번은 정(鄭)나라가 초(楚)나라의 침략을 받게 되었는데, 정나라의 경대부 여섯 명이 모여 대책을 논의하였다. 3명은 초나라에 항복하자고 하고, 3명은 진(晉)나라에 구원요청을 하자고 주장하였다. 이때 자사(子駟)가 "주(周)나라의 시(詩)에 황하(黃河)의 물이 맑아지기를 기다린다면 사람의 수명이 얼마나 되겠는가?"(백년하청: 百年河淸)라는 말을 인용하여 나온 말이다.

기원전 542년, 자산은 간공(簡公)을 수행하여 진(晉)나라를 예방(禮訪)하였다. 진나라는 노(魯) 양공(襄公)의 장례를 이유로 들며 접견을 질질 끌었다. 이에 자산은 수행원들을 시켜 예빈관의 담을 허물고 들어가 수레와 마차를 모두 예빈관 안으로 집어넣었다. 그러자 예빈관의 사문백이 "최근에 도적들이 날뛰어 빈객들의 피해를 방지하기 위해 담을 높게 쌓았는데, 왜 담을 허물었냐."라며 엄중하게 항의하였다. 그러나 자산은 동요 없이 "우리는 귀국의 초청을 받고, 후한 예물을 갖추어 예방하였는데 그대의 주군께서 만날 시간이 없다고 하니, 우리가 갖고 온 예물들이 비바람에 모두 썩고 있습니다. 진(晉) 문공(文公) 때에는 방문한 제후들을 위해 큰 영빈관을 지었으며 제후들의 걱정거리를 들어주고 즐거움을 함께 나누었습니다. 그래서 진나라에 온 빈객들은 마치 자기 집에 돌아온 것처럼 근심이 없었습니다(賓至如歸 無寧災患). 지금 국군은 호화롭고 장엄한 궁궐에 살면서, 오히려 빈관은 누추하고 좁아 수레와 마차도 다닐 수 없을 정도입니다. 또 도적을 예방한다고 하지만 경비조차도 없습니다. 그래서 이 예물들을 보호하기 위해 부득이 예빈관의 담을 허문 것입니다. 귀국이 예물을 받아 가면, 우리는 바로 담을 고쳐놓고 귀국하겠소."라고 대답하였다. 보고받은 진나라의 재상은 도리에 어긋남을 인정하여 자산에게 정중하게 사과하였다. 진나라의 국군도 서둘러 간공을 만나 융숭하게 접대한 뒤 환송까지 하였다고 한다.

2. 제(齊)나라 안영(晏嬰)

⊛ ― 안영과 양두구육(羊頭狗肉)

안영(晏嬰)은 제(齊)나라의 명 재상이다. 그는 제 영공(靈公)과 장공(莊
公: 장공은 전 장공과 후 장공으로 나뉘는데 여기의 장공은 후 장공이다) 그리고 경
공(景公) 3대를 섬긴 재상이다. 재상 안영은 특히 근면 검소하였으며,
또 군주에게 기탄없이 간언하기로 유명한 재상이었다. 일명 안평중(晏
平仲) 혹은 안자(晏子)라고도 한다. 안영의 키는 140cm도 채 되지 않
는 단신이었으나 통이 매우 큰 인물이었다. 그의 행적은 『안자춘추』·
『춘추좌씨전』·『사기』 등에서 찾아볼 수 있다. 안영에 관한 이야기는
『열국지』 제62회부터 제79회 사이에 나온다.

안영이 처음으로 섬긴 제(齊) 영공(靈公) 때 일이다, 제 영공은 여인들
이 남장하는 것을 매우 좋아하였다. 그의 특이한 기호가 온 나라에 퍼
지자, 제나라 여인들이 온통 남자 복장을 하기 시작하였다. 이를 전해
들은 영공은 남장을 금지하였으나 지켜지지 않았다. 그러던 중 안영에
게 금지령이 지켜지지 않는 까닭을 물으니 안자는 다음과 같이 대답
했다. "군주께서 궁 안 여인들에게 남장을 허락하시고 궁 밖에서는 못
하게 하십니다. 이는 곧 문밖에는 소머리를 걸어놓고 안에서는 말고기
를 파는 것과 같습니다. 어찌하여 궁 안에서는 금지하지 않고 궁 밖에
서만 금지하십니까!"(君使服之於內, 而禁之於外, 猶懸牛首於門, 而賣馬肉於
內也) 이 말을 듣고 영공은 궁중에서도 남장을 금지하니, 바로 남장하
는 풍속이 사라졌다고 한다. 여기서 우두마육(牛頭馬肉)이라는 말이 생
겼는데, 후대에 양두구육(羊頭狗肉)이라는 고사성어로 바꾸어 사용하게
되었다.

다음 대 군주인 제 장공(莊公) 때(기원전 551년)의 일이다. 제 장공은 난영의 복수극을 도와 진나라를 공격한 적이 있었다. 안영이 누차 제 장공에게 간언을 올렸으나 전혀 받아들이지 않자, 사직하고 고향으로 돌아왔다.

이때 제 장공은 즉위에 가장 큰 공을 세운 재상 최저(崔杼)의 처가 미인이라는 소문을 듣고 최저의 처를 몰래 불러들여 불륜을 저지르고 있었다. 후에 이를 안 최저는 격노하여 자신의 집으로 제 장공을 초대하여 주연을 베풀다가 시해(기원전 548년)하였다. 이 소식을 전해 들은 안영은 급히 도성으로 달려왔다. 그 후, 최저는 장공의 이복동생 공자 저구(杵臼, 제 경공)를 군주로 옹립하고, 반대파를 억누르기 위하여 "최씨와 경씨의 편을 들지 않는 자는 천벌을 받을 것이다."라고 충성 맹세를 요구하였다. 그러나, 안영은 반대로 "군주와 공실을 편들지 않고, 최씨와 경씨의 편을 드는 자는 천벌을 받을 것이다."라고 맹세하였다. 이러한 일련의 사건에서 안영의 명성은 크게 높아졌다.

그 뒤, 안영은 경공(景公)의 신임을 얻고 다시 재상의 지위에 올라, 제나라의 국사를 전담하며 많은 일을 하였다. 안영은 내정은 물론 외교 수완에도 뛰어나 제나라는 춘추오패의 전성기인 제 환공 시대에 다음가는 제2의 전성기를 맞이하였다. 그러나 묘하게도 노나라의 명현 공자(孔子)를 제나라의 신하로 임명하고자 하였으나, 안영이 반대하여 이루어지지 못했다.

⊛ ― 안영과 귤화위지(橘化爲枳)

안영은 재상이 되었어도 매우 청렴하고 검소하게 살았던 인물이다. 전해지는 일화로, 안영이 재상이 된 뒤에도 한 벌의 옷을 30년이나 계속해서 입었다고 하여 안영호구(晏嬰狐裘)라는 고사성어가 유래되었다. 이처럼 청빈하고 검소하게 생활함은 물론, 벼슬에 있으면서 어떤 상황에서도 충간(忠諫)과 직언을 머뭇거리지 않고 의롭게 행동하여 만백성의 존경을 받았다고 한다. 그 외에도 안영에 대한 에피소드는 매우 많다.

한번은 안영이 초나라에 사신으로 갔을 때의 일이다. 초나라 영왕(靈王)은 키가 작은 안영에게 창피를 주려고 사람이 통과하는 문을 걸고 그 옆에 개나 통과할 만한 작은 문을 만들어 놓고 안영에게 그곳으로 지나가도록 하였다. 화가 난 안영이 오히려 태연하게 "개 나라에 사신으로 간 자는 개 문으로 들어갑니다. 신은 지금 초나라에 사신으로 왔기에 이러한 문으로는 들어갈 수가 없습니다."라고 외치니, 초 영왕은 어쩔 수 없이 대문을 열어 주었다.

그러나 초 영왕은 포기하지 않고 또 안영을 알현하는 자리에 제나라 출신의 도둑놈을 데리고 와서 "제나라 사람은 왜 그렇게 도둑질하는 자가 많은가?"라며 창피를 주었다. 그러자 안영은 "귤(橘)은 회수 이남에서는 귤이지만, 회수 이북에서는 탱자(枳)가 됩니다. 이는 토지와 풍토의 차이에서 나오는 것입니다. 제나라에서 도둑질을 안 하던 자가 초나라에 와서는 도둑질한다고 하니, 이는 필히 초나라의 풍토가 도둑질하게 만든 것으로 사료됩니다."라고 반박하였다. 이 말을 들은 초 영왕은 할 말을 잃고 크게 웃으며 "성인과 더불어서는 장난치는 게 아니라더니, 역시 그러하구나!"라며 안영을 인정하였다고 한다. 이처럼 초 영왕마저도 굴복시킨 일화로 안영은 귀국 후에 더욱 높은 명성을 얻게 되었다.

여기에서 유래된 고사성어가 바로 남귤북지(南橘北枳) 혹은 귤화위지(橘化爲枳)이다. 중국의 회하라는 강을 기준으로, 남쪽 땅의 귤나무를 북쪽에 옮겨 심으면 탱자나무로 변한다는 뜻으로 보통 "귤이 회수를 건너면 탱자가 된다."라는 말로 사용되고 있다. 즉, 사람은 출신지보다는 환경의 요인에 더 많은 영향을 받는다는 의미이다.

여기에서 나오는 초 영왕은 매우 독특한 인물인 듯하다. 초 영왕에서 만들어진 고사성어로 세요(細腰)가 유명하다. 초 영왕은 가는 허리를 특히 좋아했다고 한다. 초 영왕은 장화궁이 낙성되자 그곳에 허리가 가는 여인들만을 뽑아 거처하게 하고 세요궁(細腰宮)이라고 하였다. 궁녀들 사이에서는 초 영왕에게 잘 보이기 위해 급기야 굶어 죽는 여자도 생겨났다고 한다. 이 이야기는 『열국지』 제68회에 나온다.

기원전 500년, 안영은 아내와 자식에게 가법(家法)을 바꾸지 말도록 유언하고 죽었다고 한다. 안영이 중태에 빠졌을 때, 제 경공은 나들이를 나갔다가 이 소식을 접하였다고 한다. 제 경공은 급히 마차를 돌려 안영의 집으로 향하였다. 마차의 속도가 느려지자 제 경공은 직접 고삐를 들고 자신이 말을 몰았다고 한다. 심지어 다시 말이 지치자 다른 마차로 세 번이나 바꿔 타고 달려가 마침내 안영의 집에 도착하였다.

안영의 집에 도착한 제 경공은 바로 안영의 시신을 끌어안고 통곡하였다. 신하 가운데 한 명이 "주군의 신분으로 이렇듯 통곡하시는 것은 예법에 어긋납니다."라고 간하였으나, 제 경공은 "지금 법도를 따질 겨를이 아니다. 옛날 안영 선생은 나에게 하루에 세 번이나 짐의 과실을 책망해 주었다. 이제 누가 짐의 과실을 바로 잡아 주겠는가! 이제 안영 선생이 돌아가신 것은 곧 짐도 망하는 것인데, 어찌 지금 예법을 따지겠는가!"라며 슬피 울었다고 한다. 이렇듯 안영은 제나라에서 관중 다음가는 명 재상이었다.

3. 진(晉)나라 숙향(叔向)

진(晉)나라의 숙향(叔向)은 진 도공·진 평공·진 소공 3대를 섬겼던 명현(明賢)이다. 기원전 546년에 숙향은 진나라 대표로 초나라와의 전쟁을 종전시키는 회맹을 완수하여 양국의 긴장 완화에 큰 공을 세웠다. 숙향은 신분이 경(卿)은 아니었으나, 진 평공의 측근으로 진나라의 정치에 상당한 영향력을 행사한 인물이다.

기원전 540년에 제나라의 재상 안영이 진나라에 사신으로 온 일이 있었다. 이때 숙향이 안영의 접대업무를 맡게 되었다. 숙향과 안영은 만난 자리에서 여러 가지 국제정세를 토론하였다. 먼저 안영은 "아마도 제나라의 전씨는 백성에게 많은 은혜를 베풀어 인망이 두텁기에, 언젠가는 강씨의 제나라가 전씨의 손에 들어갈 것이오."라고 하였다. 과연 이 말은 약 150년 뒤에 실현되었다. 이에 숙향도 "진나라도 군주가 정사를 돌보지 아니하고, 모두 경(卿)들이 정치를 농단하고 있으니, 진나라도 이미 말세입니다."라고 시국을 개탄하였다. 과연 숙향의 혜안대로 정세가 급변하여 진나라는 위(魏)나라·조(趙)나라·한(韓)나라로 삼가분진(三家分晉) 하였다.

숙향은 기원전 536년에 정나라의 자산이 형정(形鼎, 성문법)을 주조하였다는 소식을 전해 듣고 "정나라는 필히 망할 것이다. 정치란 사람을 보고하는 것인데, 성문법을 만들게 되면 사람들은 사람을 보지 않고 법만 바라보게 된다. 이러한 세상에서 어찌 나라가 온전하게 보존될 수 있겠는가?"라고 예언하였다.

후대에 숙향에 대해 전해오는 에피소드는 많지 않지만, 숙향은 3대에 걸쳐 진나라를 보좌하였던 명 재상이었다.

4. 오(吳)나라 계찰(季札)

계찰(季札)은 오나라 왕 수몽의 막내아들이다. 그는 정치가이자 외교가로 활동한 인재였다. 아버지 수몽은 형제 중 가장 뛰어난 계찰을 후계자로 삼으려 하였지만 그는 사양하였다. 그 후에도, 여러 번 왕위 계승의 기회가 있었으나 매번 사양하였다. 그러나 큰형 제번의 아들 공자 광(公子 光)이 왕위 계승에 불만을 품고 오자서와 함께 쿠데타를 도모하여 요왕을 살해하고 스스로 왕위에 올랐는데, 그가 바로 오 왕 합려이다. 당시 외국을 순방하다가 돌아온 계찰은 오 합려의 쿠데타를 인정해 주어 오히려 사회적 지탄의 대상이 되기도 하였다.

계찰은 현명하고 지혜로운 인물로 나라가 위기에 빠질 때마다 정신적 지주가 되어 혼란을 막았다. 또 제나라의 재상 안영, 정나라의 재상 자산, 진(晉)나라의 대부 숙향 등 당대 최고 지성인들과 교류하며 친분을 다졌다. 또 그는 음악에도 조예가 깊었다고 전해진다.

계찰과 연관된 고사성어가 바로 계찰괘검(季札掛劍)이다. 계찰괘검의 뜻은 "계찰이 검을 나무에 걸다."라는 의미로, "마음으로 허락하였다."라는 뜻의 심허(心許)라는 성어가 여기에서 유래되었다.

한번은 계찰이 외국에 사절로 가던 중, 서(徐)나라의 왕을 접견하였는데, 서왕은 계찰의 보검을 보고는 탐이 났으나 차마 달라는 말을 하지 못하였다. 계찰 역시 이를 눈치채고 있었으나, 사신으로 여러 나라를 순방해야 하기에 보검을 줄 수가 없었다. 계찰이 순방을 마치고 귀국하는 길에 다시 서(徐)나라를 방문하게 되었으나, 서왕은 이미 세상을 떠났다. 안타까운 마음에 계찰은 서왕의 무덤을 찾아가 무덤 옆의 나무에 자신의 보검을 걸어놓았다. 그때 수행원이 그 연유를 묻자, 계찰은 "애초에 내 마음속에는 보검을 그에게 주기로 마음먹고 있었다."
라고 대답하였다. 이 고사에서 나온 것이, 바로 계찰괘검(季札掛劍)이라
는 고사성어이다. 의미는 비록 약속하지는 않았더라도 마음속으로 허
락한(心許) 것은 꼭 지키는 것을 비유하는 고사성어이다.

❖ 故事成語와 名言名句

⊙ 멸국치현(滅國置縣)

멸국치현은 강대국이 작은 제후국을 멸망시킨 후에 그곳을 자국의 현(縣)으로 편입시킨다는 의미이다. 계절존망(繼絶存亡)과 존왕양이(尊王攘夷)로 상징되는 전통은 사라지고, 춘추시대 중후기로 오면서 강대국들은 약소국의 영토를 자국의 현(縣)이라는 새로운 직할 행정 조직에 편입시켰다. 이러한 현상은 전국시대로 들어오면서 노골적인 땅따먹기 경쟁이 되었다.

⊙ 송양지인(宋襄之仁)

송양지인은 송나라 양공이 적이 전투태세도 갖추지 않았는데 공격하는 것은 군자가 취할 도리가 아니라며 공격을 미루다가 대패한 것을 이르는 말이다. 송 양공은 이 전투에서 크게 패하고 전투에서 입은 상처가 원인이 되어 사망하였다. 즉 쓸데없이 상대에게 베푸는 인정을 의미하는 말이다.

⊙ 수주대토(守株待兎)

수주대토는 토끼가 달려와 그루터기에 부딪혀 죽기만을 기다린다는 뜻으로 힘을 들이지 않고 요행을 기다리는 어리석은 사람을 비유하는 말이다. 이 고사성어의 유래는 춘추시대 송나라에서 나왔다.

⊙ 알묘조장(揠苗助長)

알묘조장은 너무 급하게 서두르다가 오히려 일을 망친다는 의미로 혹 발묘조장(拔苗助長)이라고도 한다. 춘추시대 송나라에서 연유되었다. 어리석은 농부가 벼의 순을 살짝 잡아빼어 농사를 망친데서 유래되었다.

⊙ 오고양피(五羖羊皮)

오고양피란 검은 양 다섯 마리의 가죽이라는 뜻으로, 진(秦) 목공(穆公)이 백리해(百里奚)를 맞을 때 들인 정성을 일컫는 말이다. 즉, 인재를 찾고 진심으로 대우하는 자세를 비유하는 말이다. 이로 인하여 백리해를 오고대부(五羖大夫)라고 부르기도 한다.

⊙ 박물군자(博物君子)

박물군자는 정나라 자산을 의미하는 용어이다. 정나라의 귀족 집안에서 태어난 자산은 어릴 때부터 군사 · 천문 · 주역 · 법가 등의 학문에 박학다식하여 세상 사람들이 박물군자(博物君子)라고 하였다.

⊙ 관맹상제(寬猛相濟)

정나라 자산의 정치관으로 너그러움과 엄격함의 조화를 말한다. 즉, 불이 활활 타오르면 백성들이 겁을 먹고 조심하기에 불에 타 죽는 사람은 적지만, 반대로 물은 성질이 부드럽기에 사람들이 겁내지 않아 빠져 죽는 사람이 많은 것이다. 관대한 통치는 물과 같아서 효과를 내기 어렵기에, 엄격한 통치를 하는 경우가 많은 이치이다. 그러기에 관맹상제는 관용과 엄격함이 서로 조화를 이루어야 한다는 통치 철학이다.

⊙ 종진화초(從晉和楚)

정나라 자산의 외교 관념으로, 그는 진(晉)나라와 초(楚)나라라는 대국 사이에서 치우치지 않는 균형 외교를 구사하였다. 즉, 종진화초(從晉和楚: 진나라를 따르고 초나라와 화해함) 혹은 조진모초(朝晉暮楚: 아침에는 진나라 저녁에는 초나라)라고도 한다. 의미는 진(晉)을 따르면서 초(楚)와 친하게 지낸다는 뜻이다.

⊙ 빈지여귀(賓至如歸)

진(晉)나라를 방문한 정나라 자산이 관료에게 홀대당하자, 진(晉) 문공(文公) 시절의 융숭한 대접을 거론하며 불만을 표한 데서 연유되었다. 자산은 "진(晉) 문공(文公) 때에는 진나라에 온 빈객들이 마치 자기 집에 온 것처럼 근심이 없었습니다(賓至如歸 無寧災患)."라고 하였다. 사문백이 이 말을 진나라의 평공에게 전하자, 진평공은 자산에게 정중히 사과하고 융숭한 대접을 하였다고 한다.

⊙ 안영호구(晏嬰狐裘)

안영은 재상이 되었어도 매우 청렴하고 검소하게 살았다. 그가 재상이 된 뒤에도 한 벌의 여우 가죽옷을 가지고 30년이나 입었다고 하여 안영호구(晏嬰狐裘)라는 고사성어가 유래되었다.

⊙ 우두마육(牛頭馬肉) / 양두구육(羊頭狗肉)

제나라 영공이 여성들의 남장을 금지시켰으나 별 효과가 없었다. 그 원인을 안영에게 물어본 데서 연유된 말이다. 여기서 우두마육(牛頭馬肉)이라는 말이 생겼는데(犹懸牛首於門, 而賣馬肉於内也), 후대에 양두구육(羊頭狗肉)이라는 고사성어로 변형되어 사용된다. 겉은 그럴듯해 보이지만 속은 전혀 다름을 이르는 말이다.

⊙ 남귤북지(南橘北枳) / 귤화위지(橘化爲枳)

남귤북지 혹은 귤화위지라고도 한다. 이 고사는 안영이 초나라 왕과 나눈 대화에서 유래하였다. 중국 회하라는 강을 기준으로 남쪽의 귤나무를 북쪽에 옮겨 심으면 탱자나무로 변한다는 뜻으로, 사람은 출신지보다는 환경에 더 많은 영향을 받는다는 의미이다.

⊙ 계찰괘검(季札掛劍)

계찰괘검의 뜻은 비록 약속하지는 않았더라도 마음속으로 허락한(心許) 것을 의미한다. 계찰이 서(徐)나라의 왕을 접견하였는데, 서왕이 계찰의 보검을 보고 탐이 났으나 말하지 못하고 죽자, 이를 이미 눈치채고 있던 계찰이 서왕 사후에 무덤을 찾아가 자신의 보검을 나무에 걸어놓은 데서 유래되었다.

⊙ 백년하청(百年河淸)

백년하청은 "백년이 지나도 황하의 물은 맑아지지 않는다."라는 의미이다. 정(鄭)나라가 초(楚)나라의 침략을 받게 되었는데, 정나라 신하 3명이 진(晉)나라에 구원요청을 하자고 주장하자, 이때 자사(子駟)가 "주(周)나라의 시(詩)에 황하(黃河)의 물이 맑아지기를 기다린다면 사람의 수명이 얼마나 되겠는가?"라고 한데서 유래되었다. 기대하기 요원하다는 의미이다.

신하의 아내를 탐낸 제 장공과 최저

최저(崔杼)의 아내 당강(棠姜)은 절세미녀였다. 어느 날 제(齊) 장공(莊公: 제나라에는 두 명의 장공이 있었는데, 전 장공과 후 장공으로 구분한다. 여기서의 장공은 바로 후 장공을 의미한다.)은 이 소문을 듣고 최저를 사신으로 파견하고, 이 틈을 이용하여 당강을 궁궐로 불러들여 사통하였다. 이러한 소문은 빠르게 퍼져 급기야 최저의 귀에도 들어갔다. 최저는 자기의 손으로 옹립한 제 장공이 자신의 처 당강(棠姜)을 계속 농락하는 데 원한을 품고 급기야 제 장공을 시해하였다. 그리고 사인은 심장마비라고 사실을 왜곡하였다.

최저는 제 장공의 측근 가신들을 대거 숙청한 후에 공자 저구(杵臼)를 경공(景公, 기원전 547~490년)으로 옹립하였다. 그리고 자신은 우상(右相)이 되고, 공모자인 경봉(慶封)은 좌상(左相)으로 임명하여 국정을 농단하였다.

최고의 권력자가 된 최저는 임금을 시해한 자신이 역사 기록에 나쁘게 기록될까 걱정되었다. 그리하여 최저는 사관인 태사에게 제 장공의 사인을 병사로 기록하라고 압박하였다. 그러나 이때 사관이었던 백(伯, 태사 가문의 장남)이 죽음을 두려워하지 않고 "최저가 주군 광(光, 장공)을 시해하였다."라고 사실 그대로 기술하자, 최저는 그를 죽여 버렸다.

태사 직을 이어받은 그의 동생인 중(仲)과 숙(叔)도 형의 뒤를 이어 직필(直筆)하자 두 형제마저 죽여버렸다. 최저는 막내인 계(季)에게 또 역사 수정을 지시하였다. 그러나 그가 "내가 지금 잠시 당신의 요구대로 역사를 왜곡하더라도 당신이 죽고 나면 다른 사관들이 또 고쳐 쓸 것이니 의미 없는 일이라."고 이를 거부하자 최저는 어쩔 수 없이 포기하였다고 한다.

여기에서 연유된 고사성어가 태사직필(太史直筆) 혹은 병필직서(秉筆直書)이다. 또 이전에 진(晉)나라의 사관 동호(董狐)에서 유래된 동호직필(董狐直筆)과도 상통한다. 이는 추상같은 역대 사관들의 역사 기록 정신과 역사 기록의 엄정성을 일깨우는 고사성어이다.

그로부터 불과 2년 후 기원전 546년에 최저의 본처 소생과 당강(棠姜) 소생 사이에 종주권 계승 문제를 놓고 분란이 일어났다. 이 틈을 이용하여 좌상이었던 경봉이 계략을 써 최저 가문을 멸망시켰다고 한다. 최저에 관한 이야기는 「열국지」 제60회부터 제66회까지에 나온다.

제7강

춘추오패를 꿈꾸는
오왕 합려^{闔閭}와 부차^{夫差}

— key word —

오(吳) 합려(闔閭) · 오(吳) 부차(夫差) · 월(越) 구천(句踐) · 오자서(伍子胥) · 손무(孫武)

동병상련(同病相憐) · 지피지기 백전불태(知彼知己, 百戰不殆) · 굴묘편시(掘墓鞭屍)

일모도원(日暮途遠) · 심복지환(心腹之患) · 상분지도(嘗糞之徒)

❖ 오왕 합려와 부차 그리고 오자서와 손무

◉ 소설 배경(제72회~제83회)

오자서는 아버지 오사와 형 오상이 무고하게 처형되자 초나라에 깊은 원한을 품으며 보복을 준비하였다. 초나라에서 오나라로 망명한 오자서는 합려를 오나라 왕으로 등극시키고 의기투합하여 오나라를 대대적으로 개혁하였다. 또 오자서는 국정을 쇄신하면서 손무와 백비를 추천하여 오나라를 반석 위에 올려놓았다.

오자서는 오초(吳楚)전쟁을 주도하여 대승을 거두었고 드디어 아버지의 원수를 갚을 수 있었다. 오왕 합려는 서쪽으로는 초(楚)나라를 공격해 승리를 거두었고, 북쪽으로는 제(齊)나라와 진(晉)나라 등을 굴복시켜 춘추오패의 패자(覇者)대열에 들어가게 되었다.

이렇게 승승장구하던 오 합려는 월나라와의 싸움에서 부상으로 죽음에 이르자, 아들인 오 부차에게 "반드시 나를 대신하여 월 구천의 원수를 갚아달라."라는 유언을 남겼다. 오 부차(夫差)는 장작 위에서 잠을 자는 와신(臥薪)의 생활을 하며 치밀한 준비 끝에 결국 월나라와의 전투에서 대승을 거두었다.

월 구천이 항복하자 오 부차의 권위는 크게 상승하였다. 내친김에 오 부차는 제나라를 치고 중원(中原)으로 진출하여 제후들의 맹주로 인정받고자 하였다. 한편 포로가 되어서 오나라에 잡혀 온 월 구천은 온갖 수모를 이겨내며 재기를 준비하였다. 또 한편으로는 백비와 접촉하며 은밀한 로비를 하였다.

오자서는 수시로 오 부차에게 월 구천을 죽여야 한다고 간언하였지만, 이 일로 오자서와 오 부차는 갈등이 더 깊어졌다. 이 틈을 이용하여 백비가 오자서를 모함하는 바람에 결국 오자서는 오 부차에게 죽임을 당하였다.

오자서가 사라진 오나라는 급격하게 몰락하였다. 오 부차는 월나라에서 미인계로 보낸 서시(西施)의 미모에 빠져 국정을 방치하고 향락에 빠져들었다. 결국, 월 구천이 침략하는 바람에 오나라 부차는 기원전 473년에 항복하였다. 이때야 정신 차린 오 부차는 저승에서 오자서를 볼 낯이 없다며 얼굴을 가린 채 자결하였다고 한다.

오자서와
오 합려의 만남

오왕(吳王) 합려(闔閭)와 부차(夫差)를 소개하기 전에 빼놓을 수 없는 인물이 바로 오자서(伍子胥)이다. 그는 춘추시대 후기 천하를 요동치게 한 장본인으로 초나라는 물론 오나라 월나라 등 여러 나라에 엄청난 파문을 일으킨 인물이다. 그래서인지『열국지』제71회에서 제83회까지 오자서를 비중 있게 다루고 있다.

⊛ ― 오자서(伍子胥)의 망명

오자서의 집안은 초 장왕 때 충직한 간언을 하여 큰 명성을 떨쳤던 오거의 후손이며, 오자서의 아버지 오사는 초 평왕 때 태자태부(太子太傅)로 태자 건(建)을 보좌했던 사람이다. 오자서는 그야말로 명문 세가 집안의 후손이다.

오자서 집안의 비극은 초 평왕의 며느리 강탈 사건부터 시작된다. 애초에는 진(秦)나라 공주 맹영(일명 무상공주(無祥公主)라 함)을 세자 건

(建)의 부인으로 간택하였지만, 맹영(孟嬴)의 미모를 본 간신 비무기(일명 비무극(費無極)으로 알려짐)가 초 평왕에게 아첨하기 위해 불륜을 충동질하였다. 호색한인 초 평왕은 맹영의 미모에 반해 잉첩(媵妾)으로 온 다른 여인을 태자의 비로 삼고 맹영을 자신의 부인으로 취하는 엄청난 패륜을 저질렀다.

이러한 며느리 강탈 사건을 기획한 비무기는 훗날 태자가 즉위하면 자신이 무사하지 못할 것이라 예상하고 태자와 태자의 스승인 오사(伍奢)를 모함하였다. 초 평왕은 간신 비무기의 농간에 넘어가 급기야 세자 건을 내쫓고 오사를 죽이려 하였다. 이때 비무기는 오사의 두 아들이 총명하고 출중하니 함께 죽이지 않으면 후환이 있을 것이라 보고하였다. 이에 초 평왕은 두 아들을 소환하였는데, 큰아들 오상(伍尙)은 부름에 응했지만, 둘째 아들 오자서는 눈치를 채고 달아나는 바람에 목숨을 구할 수 있었다. 이렇게 충신 오사와 오상 부자가 무고하게 처형되자, 이에 분노한 오자서가 깊은 원한을 품으며 보복을 준비하는 계기가 되었다.

이때 오자서는 위기에 처한 태자 건이 송나라로 망명했다는 소식을 듣고 태자 건을 찾아갔다. 그러나 송나라에 내란이 일어나 푸대접을 받자, 오자서는 태자 건과 함께 정나라로 도피하였다. 정나라에 온 태자 건은 우연히 진(晉)나라의 대부 중항인(中行寅)에게 정 정공을 몰아내자는 음모를 제안받았는데, 하인의 밀고로 인해 정나라 정공에 의해 피살되었다.

이때 다급해진 오자서는 태자 건의 아들이자 초 평왕의 손자인 공자 승을 데리고 정나라를 떠나 오나라로 향하였다. 그러나 오나라로 가려면 반드시 초나라를 거쳐야 했는데, 친구 신포서 등 많은 사람의 조력을 받으며 겨우 오나라로 갈 수 있었다.

무사히 오나라에 도착한 오자서는 우선 오나라의 용사 전제와 협객 요이 등과 가까이 지내며 오나라의 정세를 파악하였다. 그러다가 우연히 오나라 왕 요(僚)에게 불만을 가진 공자 광(光)을 만나 의기투합하였다.

◉— 오 합려의 등극

오나라의 왕위 계승은 매우 복잡하다. 최초로 왕에 등극한 수몽(壽夢)에게는 제번(諸樊)·여제(余祭)·여매(余昧)·계찰(季札) 등 4명의 아들이 있었다. 그중에서 넷째 계찰이 총명하고 지혜로워 수몽은 넷째를 왕위에 세우려고 하였다. 하지만 계찰은 형이 왕위에 올라야 한다며 사양하였다. 결국, 첫째인 제번이 왕위에 올랐으나 요절하는 바람에 아들이 아닌 동생에게 물려주었다. 둘째 여제 역시 죽으면서 셋째인 여매에게 물려 주었다. 여매는 다시 계찰에게 왕위를 물려주려 하였으나 계찰이 이를 사양하자 왕위는 첫째인 제번의 아들 광이 아닌, 셋째 여매의 아들 주우에게 넘어갔다. 그가 바로 오나라 왕 요(僚)이다.

이때, 제번의 아들 공자 광(光)은 이에 대단한 불만을 품고 있었다. 이러한 상황을 파악한 오자서는 피리의 소개로 공자 광의 식객이 되었다. 오자서는 의형제를 맺은 전제(專諸)를 공자 광에게 소개하며 공자 광이 주도하는 거사에 가담하였다.

기원전 519년 오왕 요는 작은 나라인 소와 종리국 두 나라를 정벌하였다. 같은 해에 오나라와 초나라 양국의 국경에서 발생한 사소한 문제가 양국의 불화를 일으켰다. 오자서는 초나라를 정벌하자고 제안하였으나 기각되었다. 이때 공자 광은 오자서의 편을 들며 지지하였다.

기원전 515년에 오나라는 초 평왕의 죽음을 틈타서 초나라를 공격하는데 이때 공자 광도 동원되었다. 그러나 공자 광은 은밀하게 자객 전제(專諸)와 함께 왕을 제거할 모의를 하고 있었다. 자객 전제는 오왕 요(僚)에게 맛있는 물고기 요리를 올린다고 하며 접근하였다. 그리고 물고기 안에 비수를 감추고 있다가 갑자기 비수를 꺼내어 오왕 요를 찔러 죽였다. 자객 전제 역시 그 자리에서 호위병들에게 살해당했다고 한다.

왕의 시해에 성공한 공자 광은 스스로 오왕으로 즉위해, 이름을 고 발 합려(闔閭)로 개명하였다. 이렇게 오왕 합려는 기원전 514년에 오 자서의 도움으로 오왕에 즉위할 수 있었다. 이때 계찰(季札)은 오히려 합려를 지지하고 있었다.

오 합려와 오자서
그리고 손무의 꿈

　오왕 합려는 오자서의 도움으로 오왕에 즉위한 후, 대대적인 개혁을 하였다. 오자서는 국정을 쇄신하면서 손자병법으로 유명한 손무를 영입하였다. 또 비슷한 시기에 초나라 조정에서 백주리(伯州犁)를 죽이자, 그의 손자 백비(伯嚭)가 오나라로 망명해 왔다. 백비는 오자서의 추천으로 오나라 관리에 등용되었다.

　백비와 연관된 고사성어가 바로 동병상련(同病相憐)이다. 오자서가 합려를 오나라 왕으로 만들고 각지의 인재들을 모았는데 마침 백비도 이 무리에 끼어 있었다. 오자서는 초나라에서 망명 온 백비를 만나자, 백비가 비록 물욕이 심하고 강직하지 못하다는 평도 있지만, 오히려 고향 출신인 백비에게 동정심을 보였다. 특히 백비 가족이 자신처럼 초나라 왕에게 몰살당했음에 더욱 측은지심을 가지게 되었다. "같은(同) 병(病)을 앓는 사람들은 서로(相) 동정하는(憐) 법"이라며 백비를 지지해 주었다. 여기에서 동병상련(同病相憐)이라는 고사성어가 유래하였다. 그러나 이러한 동정심이 결국 오자서의 발목을 잡는 결과를 초래하였다.

⑧ — 손무와 손자병법

손자병법으로 알려진 손무는 제(齊)나라 낙안 사람으로 전완(田完)의 후예다. 손무가 오나라에 온 이유는 당시 제나라 정치가 극도로 어지럽고 정변이 자주 발생하였기 때문에 오나라로 망명한 것이라 한다. 그가 쓴 『손자병법(孫子兵法)』은 최고의 군사 지침서로, 오기의 『오자병법(吳子兵法)』과 쌍벽을 이루는 병법서이다. 『손자병법』은 단순한 국지적인 전투의 병법서가 아니라 국가경영의 요지는 물론 전쟁의 승패와 인사의 성패 등에 관한 내용을 다루고 있다. 특히 지피지기(知彼知己)면 백전불태(百戰不殆)라는 말이 유명하다. 그는 또 싸우지 않고 이기는 것을 최고의 선(善)으로 보았다.

오자서의 소개로 오왕(吳王) 합려(闔閭)와 접견한 손무가 궁녀들을 대상으로 병법의 원리에 대해 시범을 보인 일화가 매우 유명하다. 군사 지휘권을 넘겨받은 손무는 180여 명의 궁녀를 두 부대로 나누고, 그 가운데 왕이 가장 아끼는 총희(寵姬) 두 명을 대장으로 삼아 명령에 따라 전후좌우로 방향 전환 동작을 취하는 진법시범을 하고자 하였다. 그러자 궁녀들이 우스꽝스러운 자신들의 모습에 폭소를 터뜨리며 진법은 순식간에 난장판이 되어버렸다. 손무가 다시 설명하고 명령을 내렸으나 궁녀들은 계속해서 장난을 치며 손무의 명령에 따르지 않았다. 그러자 손무는 갑자기 총희 두 명의 목을 베어 버렸다. 그리고 다른 총희 두 명을 임명하여 다시 명령을 내리니 궁녀들은 졸지에 일사불란한 정예병이 되었다고 한다.

〈오자서가 손무를 추천하여 관료로 등용시키다〉

이러한 모습을 지켜본 오 합려는 그에게 전군에 대한 지휘권을 넘겨주었다. 전권을 위임받은 손무는 이때부터 엄격한 훈련을 통하여, 오나라 군대를 최강의 군대로 만들었다. 그리고 기원전 512년 오나라는 숙적 초나라와의 전쟁을 시작하였다. 사실 오나라와 초나라는 국경을 맞대고 접경에 있기에 오두초미(吳頭楚尾)라는 말이 나올 정도로 가까운 나라이다. 즉 머리는 오나라에 있고 꼬리는 초나라에 있다는 말로, 두 곳이 아주 가까움을 의미한다. 그러기에 항시 잦은 충돌이 이어졌다.

오나라는 일사불란한 손무의 지휘 아래 초(楚)나라와 다섯 번 싸워 다섯 번 승리하였다. 처음에 오왕 합려는 오자서 및 백비와 함께 군대를 거느리고, 초나라를 공격하여 먼저 서(舒) 땅을 공격하여 승리를 거두었다. 그리고 초나라의 도읍인 영(郢)까지 공격하려고 하자, 손무는 백성들이 지치고 힘들어한다는 이유를 들어 오왕 합려를 만류하였다.

그 후에도 손무는 교란작전으로 초나라 국력을 서서히 피폐하게 만드는 지구전을 전개하며 유인작전을 사용하였다. 오나라 군을 무작정추격하던 초나라 군대가 유인책에 빠지자, 이번에는 기습침공을 감행하여 초나라군에 큰 타격을 입혔다. 그러자 손무는 승세를 몰아 초나라 수도를 순식간에 점령하였다.

이렇게 손무의 지략으로 오나라는 승승장구하였다. 그러나 손무는 오초(吳楚) 전쟁의 승리와 그 후에 벌어진 오월(吳越) 전쟁에서도 승리하였지만, 오자서의 잔인한 보복과 오 부차가 초심을 잃고 자만과 향락에 빠져 방탕한 생활을 하자, 이에 인생무상을 느끼고 오나라를 떠나 은거하였다. "싸우지 않고 이기는 것이 최선."이라는 명저 『손자병법』을 남기고 오나라에서 잠적한 것이다.

⊛ — 오자서의 굴묘편시(掘墓鞭屍)와 일모도원(日暮途遠)

기원전 506년, 대대적인 오나라의 공격으로 초 소왕은 수도를 버리고 운(鄖)땅으로 도망쳤다. 오나라 군대가 초나라를 점령하자 오자서는 원수를 갚으려 하였으나 비무기와 초 평왕은 이미 죽은 다음이었다. 이에 오자서는 초 평왕의 무덤을 파헤치고 그 시신에 채찍을 가하였다. 이것이 고사성어 굴묘편시(掘墓鞭屍)이다.

이렇게 오자서는 초 평왕의 무덤을 파고 그의 시체를 꺼내 삼백 대를 내리치면서 한 맺힌 아버지와 형의 원수를 갚았다. 오자서가 초 평왕의 무덤에서 시신을 꺼내 부관참시(剖棺斬屍)를 하였는데 사실 부관참시는 무덤을 파고 관을 꺼내 시체를 다시 베거나 목을 잘라 거리에 내거는 형벌로 우리나라 역사에도 유사한 일이 있었다. 특히 연산군

때 한명회(韓明澮)와 김종직(金宗直) 등이 부관참시를 당한 것으로 유명하다.

이때 오자서의 친구인 신포서(申包胥)가 오자서의 행동을 보고 지나치다며 탄식하며 힐책하였다. 그러자 오자서는 친구 신포서에게 "해는 저물고 갈 길은 멀어 도리에 어긋난 일을 할 수밖에 없었다."라고 궁색한 답변을 하였는데, 여기에서 일모도원(日暮途遠)이라는 고사성어가 유래되었다.

초나라가 오왕 합려의 침공으로 수도를 점령당하자, 서둘러 진(秦)나라에 지원군을 요청하였다. 진나라는 당시 초나라 왕이 맹영의 아들인 소왕으로 본인의 외조카임에도 불구하고 신의가 없는 나라라며 원군 파견을 거부하였다. 그나마 초나라 사신 신포서가 사흘 밤낮을 통곡하며 청원하자, 신포서의 충성에 감동하여 원군을 보내는 바람에 초나라는 기사회생할 수 있었다.

이렇게 초나라와의 전쟁에서 승리한 오나라는 약소국에서 일약 강대국으로 자리매김을 하였다. 이로써 오나라는 초나라로부터의 위협을 제거했음은 물론, 주변 인접국인 제나라·진나라·월나라 등에도 위협적인 존재가 되었다.

● ― 오왕 합려의 위기

오왕 합려는 서쪽으로는 초(楚)나라를 공격해 승리를 거두었고, 북쪽으로는 제(齊)나라와 진(晉)나라 등을 굴복시켜 춘추오패의 패자(覇者) 대열에 들어가게 되었다. 오왕 합려의 이야기는 『열국지』 제70회부터 제79회까지에 걸쳐 나온다.

기원전 505년, 월나라는 오나라 군이 초나라에 진출하였기에 오나라 땅에는 군대가 없는 것을 알고 침략하였다. 그러자 오왕 합려는 황급히 월나라에 토벌군을 보냈다. 또 이번에는 초나라의 사신 신포서가 진(秦)나라로 가서 진나라 군대의 지원군을 데리고 돌아왔다. 이렇게 갑자기 진나라와 월나라가 동시에 오나라를 공격하니 오나라는 잠시 주춤하였다.

이 상황을 지켜본 합려의 동생 부개는 슬그머니 오나라로 귀국한 후, 역적모의를 도모하여 스스로 왕이 되었다. 이 소식을 들은 오 합려는 곧바로 군대를 돌려 동생 부개를 공격하니, 부개는 황급히 초나라로 도망쳤다. 이때 초나라 소왕은 피난처에서 도성으로 돌아왔다가 부개가 초나라에 망명한 사실을 알게 되었다. 그리고 초나라 소왕은 그를 당계(堂谿)의 제후로 봉하니, 부개는 성씨를 당계씨(堂谿氏)로 바꾸어 당계부개가 되었다고 한다.

또 오왕 합려 11년인 기원전 504년에 합려가 태자 부차(夫差)에게 재차 초나라 공격을 명하자, 태자 부차는 출정하여 초나라 번(番)땅을 빼앗았다. 그러자 초 소왕은 초나라 도읍을 영성에서 약(鄀)으로 천도하였다. 이렇듯 국세가 점점 번성한 오나라는 주변국들을 공격하며 위세를 크게 떨쳐나갔다.

오나라를 강대국으로 성장시킨 오 합려는 아들 부차 대에는 중원에까지 패권을 휘두르고 주 천자의 지위까지 위협하는 세력을 갖게 되었다. 오 합려는 춘추오패 중 하나로 꼽히기도 하지만, 더러는 춘추오패로 꼽지 않는 사람들도 있다. 그러나 아들 부차와 같이 천하를 호령한 명백한 패자임에는 틀림이 없다.

오왕 합려 19년(기원전 496년)에 오나라는 월나라를 공격하였다. 월왕(越王) 구천(句踐)은 취리(檇李)라는 땅에서 오나라 군을 맞이하여 싸웠지만 막강한 오 합려의 기습공격에 고전하였다. 그러나 월나라의 대부 영고부(靈姑浮)가 쏜 화살이 오 합려의 발가락에 상처를 입히면서 전세는 역전되었다. 부상으로 인하여 오 합려는 할 수 없이 오나라 군대를 철수시켰다. 얼마 후 오 합려가 발가락의 상처가 도져 파상풍으로 죽는 바람에 그의 아들 부차가 즉위하였다. 이때가 바로 기원전 492년이다. 오 합려는 부차에게 "반드시 나를 대신하여 월 구천의 원수를 갚아달라."라는 유언을 남기고 죽었다.

3

오 부차의
심복지환(心腹之患)

⊛─ 오 부차의 심복지환(心腹之患)

합려는 죽기 전에 아들 부차에게 자신의 원수를 갚아 달라고 당부하였고, 또 오자서와 손무에게는 부차를 잘 보좌하라 명하고 죽었다. 즉위(기원전 495년)한 오왕 부차는 대대적 개편과 함께 대부 백비(伯嚭)를 중용하였다. 또 오자서와 손무를 투입해 오나라의 국방력을 강화하였다. 또 본인 부차는 헝그리 정신이 사라질까 두려워 장작 위에서 잠을 자며, 시종을 시켜 출입할 때마다 "부차야, 아비의 원수를 잊었는가?"라고 외치게 하였다. 이렇게 부차는 매일 밤 전전긍긍하면서 아버지의 복수를 다짐하였다.

오 부차(夫差)는 장작 위에서 잠을 자는 와신(臥薪)의 생활을 하면서, 보복을 위한 치밀한 준비 끝에 드디어 월나라와의 전쟁에서 마침내 대승을 거두었다. 위기에 몰린 월 구천은 오 부차에게 재물을 바치며 강화를 요청하였다. 그러나 오자서는 "월나라는 오나라에게 치료하기 어려운 뱃속의 질병과 같습니다(心腹之患). 그러기에 지금 멸망시키지 않으면 반드시 후환이 있을 것입니다."라고 간언하였는데, 여기에서 심복지환(心腹之患)이라는 고사성어가 유래하였다.

전투 상황을 살펴보면 다음과 같다. 기원전 494년 오 부차는 그동안 준비해 온 정예병들을 소집하여 월나라로 쳐들어갔다. 오 부차는 부초(夫椒) 전투에서 월 구천의 군대를 대파하고 순식간에 월나라의 도읍을 포위했다. 싸움에서 크게 패한 월 구천은 전황이 불리해지자 얼마 남지 않은 군사를 수습하여 회계산(會稽山)에 방어선을 구축하였다. 그러나 집요한 오나라의 공격을 방어하지 못하고 항복할 준비를 하였다. 구천은 대부 문종(文種)으로 하여금 은밀히 오나라 태재 백비에게 뇌물을 주며, 그를 통해 오 부차와 화친할 방법을 모색하였다.

월 구천이 제시한 조건은 월나라를 오나라에게 넘겨주고, 자신은 오나라의 노비가 되겠다고 한 것이다. 뇌물을 먹은 백비의 농간에 오 부차는 이를 받아들이려고 하였다. 춘추 패자의 야심을 가지고 있던 부차의 입장에서는 항복한 월 구천에게 자비를 베푸는 것이 패자의 품격이라 생각하였다. 오자서가 "지금 월나라를 없애버려야 장래 후환이 없어진다."라며 극구 만류하였지만, 오 부차는 오자서의 말을 무시하고 월나라와의 화친 정책을 받아들였다. 그리고 얼마 후 오나라 군대는 월나라에서 철수하였다.

⚙ ― 춘추오패와 오 부차

월 구천이 투항해 오자 오 부차의 권위는 크게 상승하였다. 내친김에 오 부차는 제나라를 치고 중원(中原)으로 진출하여 제후들의 맹주로 인정받고자 하였다. 그리하여 기원전 489년 오 부차는 오자서의 말을 무시하고 군대를 일으켜 제나라를 공격하여 대파하였고, 기원전 487년에는 노나라를 공격하고 강압적으로 평화조약을 맺으며 오나라의 국력을 중원에 과시하였다.

한편 포로가 되어 오나라에 잡혀 온 월 구천은 부인과 함께 오나라에 들어와 온갖 허드렛일을 하며 인내하였다. 범려와 문종도 수시로 월 구천과 연락하며 기회를 모색하였다. 또 한편으로는 백비에게 수시로 월나라의 보물을 바치며 환심을 사고자 하였다. 오자서는 오 부차에게 누차 월 구천을 죽여야 한다고 간언하였지만, 뇌물을 받은 백비의 로비로 월 구천은 살아남을 수 있었다.

말똥을 치우는 등, 잡일을 하던 월 구천에게 드디어 기회가 찾아왔다. 오 부차가 병이 들어 자리에 눕자, 월 구천은 문안 인사를 올린다며 접견을 요청하였다. 그때 월 구천은 오 부차의 대변으로 병환을 알 수 있다며, 거침없이 자신의 입속에 오 부차의 대변을 넣고 똥 맛을 보았다. 그리고 똥 맛을 보니 조만간 쾌차하실 것이라 하였다. 사실 한의학에서 똥 맛이 쓰면 소갈병이고 달면 당뇨병이라는 근거가 있다.

여기에서 유래된 고사성어가 상분지도(嘗糞之徒)이다. 의미는 환심을 사기 위해 똥 맛보는 것을 부끄러워하지 않는다는 뜻이다. 그 외에도 상분득신(嘗糞得信)과 문질상분(問疾嘗糞)도 같은 의미이다. 이처럼 왕까지 지낸 구천이 이렇게 아첨하며 진심을 보이자 오 부차는 측은지심에 빠진다. 이렇게 하여 오 부차는 구천을 월나라로 돌려보내는 최악의 실수를 저지르고 만다. 그 뒤에 백비의 로비가 있었음은 물론이다.

춘추오패의 야망으로 가득 찬 오 부차의 무력시위는 이후에도 그치지 않고 계속 이어졌다. 즉 기원전 483년에 오 부차는 노나라와 위(衛)나라의 군주를 불러서 탁고(橐皋) 땅에서 회맹을 주도하였다. 또 기원전 482년에는 3만여 대군을 이끌고 황지(黃池) 땅에서 제후들을 불러 회맹을 주도하며 자신의 위세와 권위를 과시하였다. 이 시점이 오 부차가 패자로서 최고의 정점에 있었던 시기였다.

그러나 그의 권위는 순식간에 무너졌다. 즉 그해 6월 월 구천은 오 부차가 없는 틈을 이용하여 기습적으로 오나라를 공격하고는 태자 우(友)를 포로로 잡아갔다. 사신들은 바로 오 부차에게 월 구천이 침략한 사실과 오나라의 패배를 알렸지만, 오 부차는 자신의 오나라가 속국 월나라에게 패배했다는 일이 천하에 알려지는 것이 두려워 한동안 비밀에 부치게 하였다. 이 순간이 바로 오 부차가 정점에서 내려오는 순간이기도 하다.

4

오 부차의
말로

❀ ― 오자서와의 갈등과 오자서의 죽음

손무는 그의 『손자병법』에서 민심의 중요성을 설파하였는데, 오초(吳楚) 전쟁과 오월(吳越) 전쟁에서 승리한 오 부차가 자만과 향락에 빠져 방탕한 생활을 하자, 이에 실망한 손무는 그의 역서 『손자병법』을 남기고 오나라를 떠나 은거하였다. 그러나 선대부터의 충신이었던 오자서는 여러 번 충언을 올렸으나, 충언하면 할수록 두 사람의 갈등과 증오는 더욱 커졌다. 오히려 간신 백비의 말만 듣고 오자서를 더 멀리하기 시작하였다. 더군다나 백비는 오 부차에게 오자서가 그를 원망하고 있다고 이간질까지 하였다.

기원전 485년에 풀려난 월왕 구천은 무리를 이끌어서 조공을 바치며 조회에 참석하였고, 이에 오 부차는 내심 흐뭇해하였다. 하지만 오자서는 월나라는 오나라의 근심거리라며 재차 간하였지만, 이에 화가 난 오 부차는 그 말을 듣지 않고 오히려 오자서를 제(齊)나라에 사신으로 보냈다. 이때 오자서는 아들을 제나라 대부인 포씨(鮑氏)에 의탁시키고, 또 융숭한 대접까지 받고 돌아왔다. 후일담으로, 오자서가 죽자 제나라 포씨(鮑氏)에 의탁했던 오자서의 아들은, 뒤에 성을 왕손씨(王孫氏)로 고쳤다고 한다.

이 사건이 빌미가 되어 오 부차는 가뜩이나 미워하던 오자서를 더욱 더 멀리하였다. 그러자 오자서가 선왕부터 받아오던 벼슬을 박차고 나가자, 화가 난 오 부차는 결국 오자서에게 명검 촉루(屬鏤)를 내려 자결을 명하고 오자서의 시신을 장강에 던져버렸다. 결국, 오 부차에게 직언하다 죽임을 당한 오자서는 "내가 죽거든 나의 머리를 오나라 도성의 동문 위에 걸어두거라. 월나라에 오나라가 망하는 꼴을 내 두 눈으로 직접 보겠다."라는 저주의 말을 남기고 죽었다. 묘하게도 오자서의 예언대로 월 구천의 군대가 도성의 동문을 통과해 들어와 오나라를 멸망시켰다고 한다.

오자서가 사라진 오나라는 급격하게 몰락하였다. 오 부차는 월나라에서 미인계로 보낸 서시(西施)의 미모에 빠져 국정을 뒤로하고 날마다 고소대(姑蘇臺)에서 향락을 일삼았다.

기원전 475년 월나라군이 오나라의 도읍을 포위하였고 결국, 기원전 473년에 오나라는 항복하였다. 이때 오 부차가 월 구천에게 이전에 살려준 예를 들며 조건부 항복을 하였다. 월 구천이 순간 망설이자, 충신 범려가 "쓸개를 핥으며 복수를 다짐하던 일을 잊으셨습니까!"라고 하자 월 구천은 제안을 거절하였다.

이 소식을 전해 들은 오 부차는 저승에서 오자서를 볼 낯이 없다며 고소산에서 얼굴을 가린 채 자결하였다고 한다. 오왕 부차의 이야기는 『열국지』제79회부터 제83회까지 나온다.

〈간신 백비와 서시의 미인계로 나라를 망친 오 부차〉

❀ ─ 오나라 보검과 월왕구천검

오왕 합려가 보검을 좋아하는 것을 알고 월나라에서는 합려의 환심을 사려고 칼 세 자루를 만들어 바쳤다. 세 자루의 칼은 어장(魚腸) · 경영(磬郢) · 담로(湛盧)라고 부르는데, 어장(魚腸)은 오왕 요(僚)를 죽이는데 사용하였고, 경영(磬郢)은 자살한 합려의 딸을 위해 무덤의 부장품으로 넣어 주었다. 나머지 담로(湛盧)라는 검은 오 합려의 통치가 무도함에 실망하여 초나라로 날아가 버렸다는 전설이 있다.

그 외의 전설로 오 합려는 당시 유명한 장인 간장(干將)에게 두 자루의 보검을 만들라고 하였다. 명을 받은 간장은 아내 막야(莫邪)와 함께 최고의 명검을 만들었다. 그러나 간장막야(干將莫耶)는 칼을 바친 후에는 왕에게 살해당할까 늘 불안하였다. 왜냐하면, 당시 군주들은 자신만이 천하에 둘도 없는 보검을 소유하려고 명검을 제조한 장인을 죽

〈후베이성 박물관에 소장된 월왕구천검〉

여버렸다. 이를 눈치챈 간장은 몰래 칼을 하나 더 만들어 아내에게 주면서, 자신이 죽게 되면 원수를 갚아 달라고 하였다. 그리고 왕에게는 재료가 모자라서 한 자루밖에 못 만들었다고 하며 자검(雌劍)만 왕에게 바치고 웅검(雄劍)은 아들에게 물려주었다고 한다. 결국, 간장은 왕에게 죽임을 당했고 나중에 그 아들이 오왕을 복수했다는 전설이 전해온다.

그 외 천하의 명검으로 월왕구천검(越王勾踐劍)이 1965년 중국 후베이성(湖北省) 장링(江陵)의 망산일호초묘(望山一號楚墓)에서 발굴되어 세계적 관심을 끈 일이 있었다. 월왕 구천이 9개의 명검을 주조하도록 명한 기록이 역사기록에도 나오기에 많은 사람의 관심이 집중되었다. 이 월나라의 명검 월왕구천검이 오 부차의 창(矛)과 함께 초(楚)나라의 무덤에서 발굴된 것이다.

거의 일천 km나 떨어진 초나라에서 오나라의 창과 월나라의 칼이 발견된 사실에 학술계의 관심이 집중되었다. 초나라에서 발견된 이유에 대해 여러 설이 있으나, 월나라가 오나라를 멸망시킨 뒤 전리품으로 오나라 부차의 창(矛)을 월나라에서 보관하다가, 기원전 306년에 월나라가 초나라에 멸망하자, 이번에는 다시 월나라의 보물들이 전리품이 되어 초나라로 옮겨졌다는 설이 가장 유력하다. 이러한 것이 바로 역사의 아이러니라고 할 수 있다.

❊ 故事成語와 名言名句

⊙ 동병상련(同病相憐)

동병상련은 같은 병을 앓는 사람끼리 서로 통한다는 뜻으로 초나라에서 망명 온 백비를 만나자, 오자서가 고향 출신인 백비에게 동정심과 측은지심이 발동한 데서 연유된 고사성어이다.

⊙ 지피지기(知彼知己) 백전불태(百戰不殆)

손무의 『손자병법(孫子兵法)』에 나오는 명언이다. 특히 "적을 알고 나를 알면 백번 싸워도 위태롭지 않다."(知彼知己 百戰不殆)라는 의미이다. 지금은 지피지기(知彼知己)면 백전백승(百戰百勝)으로 바뀌어 사용되고 있다.

⊙ 굴묘편시(掘墓鞭屍) 혹은 부관참시(剖棺斬屍)

오자서가 초 평왕의 원수를 갚으려 하였으나 초 평왕은 이미 오래 전에 죽었다. 이에 오자서가 초 평왕의 무덤을 파서 시체를 꺼내 삼백 대를 내리치면서 한 맺힌 아버지와 형의 원수를 갚은 데서 유래되었다. 이것을 부관참시(剖棺斬屍)라고 하는데 보통 무덤을 파고 관을 꺼내 시체를 다시 베거나 목을 잘라 거리에 내거는 형벌의 일종이었다.

⊙ 일모도원(日暮途遠)

일모도원의 뜻은 날은 저물고 갈 길은 멀다는 의미이다. 즉 할 일은 많은데 시간이 없음을 비유하는 말로, 오자서가 초 평왕의 무덤을 파서 부관참시(剖棺斬屍)를 하자 친구인 신포서(申包胥)가 오자서의 행동이 지나치다며 힐책하였다. 이에 오자서가 말한 궁색한 답변이다.

⊙ 심복지환(心腹之患)

심복지환은 마음속에 있는 고치기 어려운 병을 말한다. 이는 오자서가 오 부차에게 한 말로 "월나라는 오나라에게 치료하기 어려운 뱃속의 질병과 같습니다(心腹之患). 그러기에 지금 멸망시키지 않으면 반드시 후환이 있을 것입니다."라고 간언한 데서 유래되었다.

⊙ 상분지도(嘗糞之徒)

상분지도는 상관의 환심을 사기 위해서 대변 맛보는 것을 부끄러워하지 않는다는 의미이다. 월왕 구천이 오왕 부차의 대변을 맛보며 조만간 쾌차하실 것이라 아부한 데서 유래되었다. 동의어로 상분득신(嘗糞得信)과 문질상분(問疾嘗糞) 등이 있다.

복수의 화신 오자서(伍子胥)

중국의 역사에서 복수의 화신을 꼽으라면 단연코 오자서가 으뜸이다. 아버지와 형의 원수를 갚기 위해 초지일관 한평생을 살았기 때문이기도 하지만 부관참시(剖棺斬屍)라는 그의 보복행위가 섬뜩하기 때문이기도 하다.

오자서 집안의 비극은 며느리 강탈 사건을 기획한 비무기와 초 평왕부터 시작된다. 비무기는 태자가 즉위하면 무사하지 못함을 예측하고 오사(伍奢)를 모함하였다. 이때 초 평왕과 비무기는 후환을 없애기 위하여 오사는 물론 총명한 두 아들도 모두 제거하려고 소환하였다. 그러나 큰아들 오상(伍尙)은 부름에 호응했지만, 눈치 빠른 오자서는 도망쳐 버렸다.

이렇게 아버지 오사와 형 오상이 무고하게 처형되자 이에 분노한 오자서는 깊은 원한을 품고 보복을 준비하였다. 그리고 오나라로 망명하여 공자 광을 오나라 왕위에 올리는 쿠데타에 성공한다. 그가 바로 야심가 오왕 합려(闔閭)이다.

쿠데타의 일등 공신으로 재상이 된 오자서는 본격적으로 초나라에 대한 복수를 준비하였다. 오자서는 출중한 인재 두 명을 오 합려에게 추천하였는데 그중 하나가 바로 『손자병법』을 지은 최고의 군사 전문가 손무였고, 또 하나는 행정의 명인인 백비였다. 오나라는 이런 인재들을 고르게 기용하여 급속도로 국력을 키우는 데 성공하였다.

그리고 기원전 506년에 오자서는 손무와 함께 초나라로 진격하였다. 초나라가 백거 전투에서 크게 패하자, 초 소왕은 수도를 버리고 변방으로 도망쳤다. 수도 영에 입성한 오나라 군대는 대규모 방화와 약탈 및 강간으로 수도를 초토화시켰다.

초나라를 점령한 오자서는 부모의 원수를 갚으려 하였으나, 초 평왕과 비무기는 이미 죽고 없었다. 보복의 대상이 없어진 오자서는 초 평왕의 무덤을 파헤치고 그 시신에 채찍을 가하는 굴묘편시(掘墓鞭屍)(혹은 부관참시(剖棺斬屍)라고도 함)를 하였다. 이때 오자서의 친구인 신포서(申包胥)가 오자서의 행동이 지나치다며 힐책하자, 오자서는 "해는 저물고 갈 길은 멀어(日暮途遠) 도리에 어긋난 일을 할 수밖에 없었다."라고 궁색한 변명을 하였다.

그렇지만 그것으로 오자서와 초나라의 악연이 끝난 것이 아니었다. 오자서의 보호를 받으며 자란 왕손 웅승은 오초 대전이 벌어질 때, 오자서와 함께 초나라로 귀환하여 나름의 대우를 받으며 살았다고 한다. 왕손 웅승은 훗날 아버지인 태자 웅건의 복수를 위해 정나라를 정벌하자고 초 혜왕에게 건의했으나 초 혜왕은 이를 허락하지 않았다. 그러자 그는 정나라를 쳐서 아버지의 복수를 완수하겠다며 반란을 일으켰다. 그러나 그의 뜻이 주변의 사신들에게 저지당하자, 결국 자살을 하였다고 한다.

굴묘편시라는 기묘한 방식으로 보복한 오자서는 후에 오왕 부차와의 의견대립과 갈등을 보이다가 결국에는 오왕 부차에게 죽임을 당하였다. 사실 오자서가 후대에 비판받은 이유는 초나라 왕을 죽인 것이 아니라 부관참시에 있었다. 그러나 그러함에도 불구하고 역사가 그를 주목하는 것은 그가 이룬 엄청난 업적도 있지만 비장한 그의 인생 역정이 모질고 또 독특하기 때문이기도 하다.

제8강

월왕越王 구천句踐과
와신상담臥薪嘗膽

— **key word** —

월(越) 구천(句踐) · 오(吳) 부차(夫差) · 범려(范蠡) · 오월동주(吳越同舟) · 와신상담(臥薪嘗膽)
오월쟁패(吳越爭覇) · 십년생취(十年生聚)/십년교훈(十年敎訓) · 토사구팽(兔死狗烹)
서시빈목(西施矉目)/효빈(效矉) · 침어낙안(沈魚落雁) · 경국지색(傾國之色) · 제자백가(諸子百家)
상가지구(喪家之狗) · 가정맹어호(苛政猛於虎)

❖ 월(越) 구천(句踐)의 와신상담(臥薪嘗膽)

◉ 소설 배경(제78회-제83회)

오월동주(吳越同舟)라는 말이 있듯이 오나라와 월나라의 악연은 오래전부터 시작되었다. 기원전 505년에 오 합려가 초나라와 전쟁하는 어수선한 틈을 이용하여 월나라가 오나라를 침략하면서 두 나라의 관계는 원수지간이 되었다. 기원전 496년에 월나라 왕 윤상이 죽자, 오 합려가 이 혼란한 국면을 이용하여 월나라를 침략하였으나 윤상의 아들 월 구천이 이를 잘 막아냈다. 불행하게 오 합려는 발가락에 화살을 맞고 파상풍으로 죽게 된다.

이에 원수를 갚고자 절치부심하던 오 부차는 기원전 494년에 드디어 월 구천을 물리치고 원수를 갚는다. 이때 오자서는 월 구천의 항복을 받아들이지 말고 죽이라고 하였으나 간신 백비가 살려주자고 제안하는 바람에 월 구천은 극적으로 살아남았다.

월 구천은 오나라 궁궐에 인질로 들어와 온갖 수모를 당하다가 3년 만에 풀려난다. 오나라에서 귀국한 월 구천은 범려와 문종과 함께 부국강병을 이루자고 와신상담하며 복수를 준비하였다. 월 구천은 범려와 문종의 계책을 받아들여 10년 동안 인재를 양성하고 국력을 크게 신장시켰다. 또 한편으로는 오자서와 백비 사이를 이간시키고, 또 서시를 이용한 미인계 등으로 오나라 국력을 탕진하게 만드는 전략을 취하였다.

이러한 노력의 결과로 결국 기원전 473년에 월 구천은 오 부차를 물리치고 재기에 성공하였다. 이렇게 오나라가 멸망하면서 길고 길었던 두 나라 간의 오월쟁패(吳越爭霸)는 월나라의 승리로 종지부를 찍었다.

그 후, 월 구천은 오 부차가 한 것을 모방하여 중원을 공략하며 세력을 넓혔다. 그리하여 서주의 제후들을 규합하였고, 또 주 왕실에 조공하여 주 왕실로부터 패자의 지위를 공식적으로 인정받았다. 이로써 월 구천은 춘추시대 최후의 패자로 등극하였다.

춘추시대 말기 공자(孔子)로부터 시작된 유가는 전국시대에 맹자(孟子)와 순자(荀子)가 대통을 이으며 세력을 확장하였다. 그러나 『열국지』에서는 노나라에서의 공자의 활약과 천하 유세에 관한 이야기만 간략하게 언급하고 있다.

월 구천의 굴욕과
충신 범려와 문종

오월동주(吳越同舟)라는 고사성어가 있다. 그 뜻은 "오나라 사람과 월나라 사람이 같은 배를 탄다."라는 뜻으로 원수가 외나무다리에서 만난다는 말처럼 사이가 매우 나쁜 것을 의미하는 말이다. 그러나 또 다른 의미로 "아무리 원수지간이라도 어려운 상황에 직면하게 되면, 서로 협력하여 살길을 모색한다."라는 상반된 의미의 두 가지 뜻을 내포하고 있다.

이처럼 오나라와 월나라는 이전부터 악연의 뿌리가 깊은 사이였다. 지리적으로 볼 때 오나라는 지금의 소주(蘇州) 일대이며, 월나라는 지금의 항주(杭州) 일대(월나라의 수도는 회계(會稽. 현 저장성 샤오싱))로 가까운 거리에 있던 나라였다. 그러기에 자연히 영토를 놓고 분쟁과 다툼이 많이 발생하였다.

그 악연의 시작은 기원전 505년에 오 합려가 초나라를 공격하여 전쟁하는 어수선한 틈을 이용하여 월나라가 오나라를 침략하면서부터이고, 이때부터 관계가 틀어지기 시작하였다. 그리고 기원전 496년에 월나라 왕 윤상이 죽자, 오 합려는 이 틈을 이용하여 월나라를 침략하였으나 윤상의 아들 월 구천이 이를 잘 막아냈다. 더군다나 그 싸움에서 오 합려는 발가락에 화살을 맞고 파상풍으로 죽게 된다.

이에 오 부차는 원수를 갚고자 절치부심하다가 기원전 494년에 드디어 월 구천을 물리치고 항복을 받았다. 그러나 월 구천은 다시 와신상담(臥薪嘗膽)하며 재기를 노리다가 결국 473년에 오 부차를 물리치고 재기에 성공하였다. 이렇게 오나라가 멸망하고 월나라가 승리하면서 길고 길었던 두 나라 간의 오월쟁패(吳越爭霸)는 종지부를 찍었다. 또 최후의 승자 월나라도 얼마 후 초나라에 의하여 멸망되었다. 월왕 구천의 이야기는 『열국지』 제79회부터 제83회까지에 걸쳐 나온다.

❀— 월나라의 충신 범려와 문종

기원전 497년에 월왕 윤상이 사망하자, 윤상의 아들 구천(句踐)이 월(越)나라의 왕위를 이어받았다. 그런데 국상을 당한 혼란한 틈을 이용하여 오 합려(闔閭)는 월나라를 공격하였다. 월 구천은 월나라 특수부대인 자살 특공대를 이용하여 오(吳)나라의 전열을 흐트러뜨리고 이 틈을 타 영고부가 오 합려를 집중적으로 공격하였다.

불의의 일격을 당한 오 합려는 결국 부상으로 사망하였고, 오 부차에게 월나라를 꼭 복수하라는 유언을 남기고 죽었다. 오 합려에 이어 오나라의 왕이 된 부차(夫差)는 오자서의 치밀한 계획으로 국력이 크게 신장되었다. 드디어 오나라와 월나라의 전쟁이 시작되자, 월 구천은 오자서의 계략에 휘말려 대패하였다.

월 구천은 회계산까지 후퇴하며 대책을 강구했으나 묘안이 없었다. 결국 범려(范蠡)의 권유에 따라, 오 부차에게 항복하였다. 이때 오자서는 항복을 받아들이지 말고 월 구천을 죽이라고 하였으나 간신 백비가 살려주자고 제안하는 바람에 월 구천은 극적으로 살아남았다.

오 부차는 월 구천에게 합려의 무덤 옆에서 말을 사육하도록 하였고, 또 오 부차가 수레를 타고 나갈 때면 월 구천을 불러 말고삐를 잡고 수레를 몰도록 하였다. 그러나 월 구천은 불평하지 않고 또 주도면밀하게 오 부차를 모셨다. 범려 역시 옆에서 월 구천을 도우며 고난을 함께 하였다. 또 문종도 수시로 드나들며 월나라의 각종 귀중품을 가져와 오나라에 진상하였으며, 동시에 백비에게 바치는 뇌물도 잊지 않았다. 이렇게 월 구천은 3년 동안 오나라에서 허드렛일을 하면서 노예 생활에 충실하였다. 그리고 한편으로는 복수의 칼을 갈기 시작하였다.

한번은 오 부차가 병을 앓고 있다는 소식을 들은 범려가 월 구천에게 상분지도(嘗糞之徒)의 계략을 제시하였다. 오 부차의 환심을 사기 위해 월 구천은 오 부차의 대변을 맛보며 조만간 쾌차하실 것이라 아부하였다. 오 부차는 한때 왕이었던 사람이 이렇게 굴신하는 모습에 크게 감동하였다. 건강을 회복한 뒤, 오 부차는 측은한 마음이 발동하여 구천을 월나라로 돌려보냈다.

이때까지 월 구천과 동고동락하며 모신 충신이 바로 범려(范蠡)였다. 범려는 초나라 완지(宛地)의 가난한 집안 출신으로, 어려서부터 박학다식하고 재능이 많았다고 한다. 그는 당시 현령으로 있던 문종과도 교유하였던 사이였다. 후에 범려는 문종과 함께 월나라로 망명하여 당시 월왕 윤상(允常)을 섬기기 시작하여 마침내 벼슬이 대부에까지 올랐다. 그 후 윤상이 죽자, 범려는 그 아들 구천의 책사가 되어 대를 이어 충

〈월 구천을 구원한 최고의 책략가 범려〉

성한 충신이다.

　범려는 기원전 494년 월나라가 오나라에 패하자, 문종을 보내어 은밀하게 오나라 태재(太宰)로 있던 백비에게 수많은 뇌물과 미인 등을 바치며 화의를 부탁하였다. 이때 백비는 문종이 가져온 황금과 미녀를 보고는 문종을 오 부차에게로 데려가 접견을 시켜주었다. 문종은 부차를 만나 월왕 구천이 오나라 왕의 신하가 되길 간청하며 월나라 영토를 오나라에게 바치겠다는 조건을 제시하였다. 오 부차는 흡족하여 조건을 받아들이고 월 구천은 인질로 오나라로 와서 자기를 모시라고 명하였다.

　사건이 이렇게 수습이 되자 문종에게는 월나라에 남아서 사태를 수습하게 하고, 범려 자신은 월 구천을 따라 오나라에 머무르면서 월 구천을 옆에서 보좌하는 일을 담당하였다. 범려는 이렇게 3년 동안 오나라 왕의 시중을 들고 있는 월 구천을 돌보면서 동고동락하며 고난을 감수하였다.

월(越) 구천(句踐)의
와신상담(臥薪嘗膽)

❀ ― 월 구천의 와신상담

3년 만에 오나라에서 월나라로 귀국한 월 구천은 범려와 문종과 함께 부국강병을 이루려고 절치부심하였다. 문종에게는 정치를, 범려에게는 군대를 일임하고, 자신도 솔선수범하며 최선을 다하였다.

오나라에서 겪은 치욕을 잊지 않기 위하여, 이불도 덮지 않고 장작침상에서 잠을 청하였으며, 옆에는 쓸개를 준비해서 쓰디쓴 쓸개 맛을 보며 의지를 다졌다고 한다.(懸膽於坐臥, 卽仰膽嘗之日) 이것이 바로 와신상담(臥薪嘗膽)의 유래이다. 그 외에도 "회계산에 포위되었을 때의 굴욕(會稽之恥)을 잊었느냐?"라는 말에서 회계지치(會稽之恥)라는 말이 나오기도 한다.

와신상담(臥薪嘗膽)은 어떤 목표를 이루기 위해 어떠한 고난도 참고 이겨낸다는 말로 와신(臥薪)과 상담(嘗膽)의 두 가지 의미가 합쳐진 합성어이다. 이처럼 월 구천에게서 와신상담이 나왔다는 설도 있지만 오 부차의 와신(臥薪)과 월 구천의 상담(嘗膽)이 합쳐져서 만들어졌다는 설도 있다. 즉 오 부차는 오왕이 되어 선왕 합려의 유언을 잊지 않고 그날의 치욕을 갚기 위해 장작더미 위에서 자며(臥薪) 절치부심하여 원수를 갚았다는 것이고, 또 월 구천은 구사일생으로 월나라로 돌아와, 이때부터 곰의 쓸개를 핥으면서 복수를 다짐하였다는 설 등 두 가지가 합쳐져서 만들어졌다는 설이 병존한다.

이렇게 범려와 문종은 월 구천에게 각종 부국강병책을 제안했고, 월 구천이 이를 받아들여 월나라는 점점 강성해지기 시작했다. 특히 월 구천은 해마다 잊지 않고 조공을 바치며 오 부차를 안심시켰다. 월나라에서 가장 큰 나무를 베어, 오나라 궁전을 건축하라며 보내기도 하였다. 대들보가 크면 건축 규모도 더 커질 것이고 예산과 인력도 더 필요하기에 오나라의 재정은 빠르게 고갈되었다. 여기에 서시(西施)와 같

〈월 구천을 도와 부국강병으로 만든 범려와 문종〉

은 미녀를 미인계로 보내니, 오 부차는 자연스럽게 호화로운 궁궐에서 호의호식의 향락에 빠져들었다.

한 해는 월나라에 큰 흉년이 들었다. 월 구천은 오 부차에게 도움을 요청하였다. 그러나 오 부차는 속국에 자비를 베풀 듯이 식량을 지원해 주었다. 얼마 후 이번에는 오나라에 흉년이 들었다. 오 부차는 월 구천에게 식량을 보내라고 지시하였다. 그러자 월 구천은 볍씨를 보내면서 발아가 안 되도록 살짝 불에 찌어서 보냈다. 다음 해 오나라는 발아가 안 되는 볍씨로 인하여 엄청난 흉년에 허덕여야만 했다.

또 월 구천은 10년 동안 물자를 모으고, 10년 동안 인재를 양성하자는 범려와 문종의 계책을 받아들여 국력을 크게 신장시켰다. 또 오나라에 대해서는 오자서와 백비 사이를 벌어지게 하는 이간책과 서시를 이용한 미인계 등으로 오나라의 국력을 탕진시키는 전략을 추진하였다.

또 이러한 10년간의 준비를 통하여 인구도 크게 늘었으며, 국가의 재정도 크게 축적되었다. 그 외 국민과 군대의 교육과 훈련에도 박차를 가하였는데 여기에서 유래된 고사성어가 바로 십년생취(十年生聚) 또는 십년교훈(十年敎訓)이라 한다.

이러한 노력의 결과가 나타나기 시작하였다. 오 부차는 서서히 서시와의 향락에 빠져들었고, 간신 백비의 말만 믿고 오자서를 사지로 몰아넣었다. 오자서가 죽자, 오나라는 급격하게 붕괴의 조짐이 나타나기 시작하였다. 오 부차가 중원에서의 회맹으로 인해 자리를 비우게 되자, 월 구천은 이 틈을 이용하여 오나라를 전면적으로 공격하였다.

월 구천이 보복을 준비한 지 20여 년이 지난 기원전 473년, 월나라 구천은 오 부차가 주력부대를 이끌고 도읍을 비운 사이에 급습하였다.

당황한 오나라 군대는 패전하여 도망쳤다. 전세가 불리해지자, 오 부차는 고소대(姑蘇臺)로 도망쳐, 회계산에서 월왕이 했던 것처럼 월나라에게 화친을 요청하였다.

그러나 월나라는 이를 거절하였다. 더군다나 믿었던 재상 백비마저 투항하였다는 소식을 듣고 절망에 빠졌다. 오 부차는 자신의 무능과 실수를 크게 자책하면서, 저승에서 오자서를 볼 면목이 없다며, 흰 천으로 눈을 가리고 스스로 목숨을 끊었다. 이렇게 와신상담에 성공한 월 구천이 최후의 승자로 기록되면서 월 구천은 춘추시대의 마지막 춘추오패로 자리매김하였다.

❀─ 마지막 춘추오패 월 구천

기원전 482년에 오왕 부차가 황지(黃池)에서 제후들과 회맹하는 틈을 타, 월 구천이 정예병을 이끌고 오나라를 공격하여 타격을 입힌 이래, 오 부차가 중원의 회맹에 나갔을 때마다 구천은 이 틈을 이용해서 오나라를 공격하였다. 당황한 오 부차는 황급히 되돌아와 방어선을 구축하였으나 끝내 패배하고 만다.

뒤이어 월 구천은 오 부차가 한 것을 그대로 모방하여 북방 지역을 공략하였다. 그리하여 서주의 제후들을 규합하였고, 또 주 왕실에 조공하여 주 왕실로부터 공식적으로 패자로서의 지위를 인정받았다. 이로써 월 구천은 춘추시대 최후의 패자로 등극하였다.

이처럼 오나라와 월나라는 수십 년에 걸쳐서 지루한 전쟁을 하였다. 그야말로 와신상담을 통하여 보복에 보복을 불러오며 치열한 전투를 하였다. 이러한 치열한 전투 끝에 마침내 기원전 473년에 월나라는 오나라를 멸망시켰다. 이것을 이르러 오월쟁패(吳越爭覇)라고 한다.

월나라 최고의 전략가로 천문·역법·지리·군사·전략·재정 등 모든 방면에 두루 통달했던 박학지사(博學之士) 범려는 월 구천의 인성을 미리 감지하여 관직을 사퇴하고 제나라로 떠났다. 이후 이름을 치이자피(鴟夷子皮)라고 개명하고 제나라로 들어가 천금(千金)을 벌었다고 한다. 전하는 말에 의하면 그는 거부가 되어 후세에 그를 도주공(陶朱公)이라고도 하였다.

또 범려는 동료 공신이면서 절친이었던 문종(文種)에게 "월 구천은 환난을 같이 할 수는 있으나, 함께 즐거움을 누릴 수 없는 사람."(越王爲人長頸鳥喙, 可與共患難, 不可與共樂, 子何不去)이라며 정계를 떠나라고 권유하였다. 이 성어가 바로 공성신퇴(功成身退)이다. 이 말의 유래는 노자(老子)의 『도덕경(道德經)』에 유래하였는데, "재물이 집에 넘쳐나면 그것을 지키는 것도 어려운 일이며, 부귀해지려는 마음에 교만하여 욕심을 부리는 것은 스스로 재앙을 부르는 것이다. 공을 이루면 스스로 물러나는 것이 천도이다."(金玉滿堂, 莫之能守, 富貴而驕, 自遺其咎, 功遂身退天之道)라고 하였다.

더 유명한 고사성어가 바로 토사구팽(兎死狗烹)이다. 범려는 "새 사냥이 끝나면 좋은 활도 창고에 넣어 두게 되고, 날랜 토끼를 잡게 되면 사냥개는 삶아질 뿐"이라는 미래를 예측하는 말을 하고 떠났다. 여기서 유래된 말이 토사구팽이다. 토사구팽은 일반적으로 『초한지』에서 한신이 유방에게 이용만 당하고 참수당하면서 한 말로 알려져 있으나, 사실은 그 이전에 범려가 문종에게 한 말을 한신이 다시 인용하여 한 말이다.

그러나 문종은 우물쭈물하다가 끝내 월나라에 남게 되었다. 과연 얼마 후 한 신하가 월 구천에게 문종이 반란을 일으킨다고 참소하는 바람에 끝내 문종은 죽임을 당하게 되었다. 그러나 여기에서 재미있는 사실은 백비의 생사 문제이다.

　소설이나 사마천의 『사기』에서는 오 부차가 죽을 때 같이 죽은 것으로 기록하고 있으나 『춘추좌전』의 기록에는 백비가 살아서 월나라 태재(太宰) 자리까지 올랐다고 한다. 아마도 월 구천은 백비가 자신에게 늘 우호적이었고 또 오나라의 고급 정보를 가장 많이 가지고 있었던 점, 그리고 출중한 백비의 행정 능력을 중시해서 자신의 관료로 임용한 듯하다.

　월 구천이 오래 살지 못하고 병사하는 바람에 월나라의 전성기는 그리 길지 않았다. 구천의 사후 월나라는 쇠퇴하였으며 결국 초나라에 멸망하고 만다.

〈마지막 춘추오패의 꿈을 이룬 월왕 구천〉

3

서시(西施)의
미인계(美人計)

❁ ─ 서시빈목(西施顰目)과 침어낙안(沈魚落雁)

서시(西施)는 월나라 저라산 출신으로 본명은 시이광(施夷光)이며, 혹 완사녀(浣紗女)라고도 한다. 그녀는 한나라 때의 왕소군(王昭君), 『삼국지』의 초선(貂蟬), 당나라의 양귀비(楊貴妃)와 함께 중국 4대 미녀 중 하나이다.

서시에서 나온 일화에 동시빈축(東施嚬蹙)과 동시효빈(東施效顰)이 있는데 줄여서 효빈(效顰)과 빈축(嚬蹙)으로 사용된다. 이는 월나라 절세 미녀인 서시가 위장병이 있어 자주 미간을 찌푸리었는데 이 모습이 어찌나 아름다운지, 옆 동네 사는 추녀 동시(東施)가 이것을 모방하여 미간을 찡그리며 마을을 돌아다녔더니 동네 총각들이 모두 무서워 도망쳤다는 이야기이다. 서시봉심(西施捧心) 혹은 서시빈목(西施顰目)이라고도 한다. 서시에 관한 이야기는 『열국지』 제81회부터 제83회까지에 걸쳐 나온다.

그 외에도 침어낙안(沈魚落雁)이라는 말이 있다. 여기에서 침어(沈魚)는 서시(西施)를 상징하는 것이고 낙안(落雁)은 왕소군(王昭君)을 상징하는 말이다. 사실 이 말의 기원은 『장자』의 「천운편(天運篇)」에 나온다. 침어는 서시가 얼굴을 강물에 비추니, 그 얼굴이 너무 아름다워서 물고기들이 물속으로 가라앉아(沈魚) 나오지 않았다고 한 데서 유래한 말이다. 물고기가 서시를 보고 물속에 깊이 잠기었고, 또 새가 왕소군을 보고는 숲으로 떨어졌다는 사실이 과연 사람이 아름다워서인지 아니면 사람이 무서워서인지에 대해서는 후대에 많은 철학적 화두를 만들어 내기도 하였다.

이처럼 침어낙안(沈魚落雁)은 서시와 왕소군을 지칭하는 고사성어로 쓰이며, 폐월수화(閉月羞花)는 초선과 양귀비를 상징하는 어휘이다. 폐월수화는 "달이 부끄러워 구름 속으로 얼굴을 가리고, 꽃이 부끄러워 시들어 버린다."라는 뜻으로 모두 미인을 형용하는 말이다. 양귀비에 대해서는 또 해어화(解語花)라고도 하는데, 해어화는 말을 알아듣는 꽃이라는 뜻으로 최고의 미인을 이르는 말이다.

❀ ― 미인계로 이용된 서시(西施)

월 구천에게 오 부차의 대변 맛을 보며 아부하라고 가르친 상분지도(嘗糞之徒)는 범려의 작품이지만, 서시를 이용한 미인계는 문종의 작품이라 할 수 있다. 즉 문종은 호색가인 오 부차에게 서시를 바쳐, 국정을 문란하게 만드는 미인계를 구상하였다. 결국, 서시의 미색에 빠진 오 부차는 간신 백비만 믿고 오자서까지 내치는 결정적 실수를 범하였다. 이때 문종은 서시(西施)와 함께 정단(鄭旦)이라는 미녀도 함께 바쳤다고 한다. 그러나 오 부차가 정단보다 서시를 더 총애하는 바람에 이를 질투한 정단은 병으로 시름시름 앓다가 세상을 떠났다고 한다.

일설에는 미인계로 서시와 정단이 오나라에 도착하자 그 아름다움을 구경나온 군중이 너무 몰려 성문이 부서졌다고 하며, 이 모습을 먼 발치에서 바라본 오자서는 정단을 보고는 "성을 기울게 할(傾城) 미인"이기는 하나 받아들여도 괜찮다고 했으나, 서시를 보고는 "나라를 기울게 할(傾國) 미인"이라며 받아들이면 안 된다며 반대하였다는 일화도 전해진다.

이후 오 부차는 월나라에서 보내온 원목을 이용하여 크게 토목 공사를 일으켰다. 고소대(姑蘇臺)에는 춘소궁(春霄宮)을, 영암산(靈巖山)에는 관왜궁(館娃宮)을 지었으며, 그 외에도 서시동(西施洞)과 완월지라는 인공호수도 조성하였다. 특히 서시동에는 궁궐의 복도 밑에 항아리를 깔아 향섭랑이라는 명칭을 붙였는데, 서시가 그 위를 걸어가면 아름다운 음향이 나는 특수 복도라고 한다. 여기에서 오 부차는 서시와 환락을 즐기며 국고를 탕진하고 있었다.

어떤 측면에서 보면 서시는 이미 미인계로 쓰기 위해 선발 때부터 엄격한 기준에 따라 뽑힌 여성이며, 또 철저하게 교육된 미인이기도 하다. 즉 서시는 특정한 목적을 달성하기 위해서 오나라에 파견된 최초의 여성 스파이인 셈이다.

이렇게 임무를 완벽하게 수행한 서시의 말로에 대한 설은 여러 가지가 있다.

첫 번째 설은 범려와 서시가 서로 사랑하여 부부의 연을 맺고 제나라로 도망쳤다는 설이다. 이들은 제나라에서 장사를 시작하여 거부가 되었다고 한다. 그러나 대중들에게 가장 널리 알려진 범려와 서시의 애정 도피설은 정작 가능성은 가장 적어 보인다. 이는 갑자기 정계를 은퇴하고 잠적한 충신 범려에 대한 후세 사람들의 각별한 배려인지도 모른다.

두 번째 설은 서시의 익사설이다. 서시의 외모로 나라를 망칠 것을 우려한 월 구천의 부인(혹 범려의 부인이라는 말도 있다)이 꾸민 계략에 걸려 강물에 빠져 익사하였다는 설이다. 공자의 제자들이 남긴 기록이나 『열국지』에서도 이 가설을 따르고 있다.

제자백가와
공자의 출현

◉ ― 제자백가(諸子百家)의 출현

제자백가란 춘추전국시대(기원전 8세기~기원전 3세기)에 활약한 학자와 학파의 총칭으로, 제자(諸子)란 여러 부류의 학자라는 뜻이고, 백가(百家)란 수많은 학파를 총칭하는 의미이다. 즉, 수많은 학자와 학파들이 자유롭게 자신의 사상과 학문을 펼쳤던 것을 말한다.

『한서(漢書)』「예문지(藝文志)」에서는 제자백가를 유가(儒家)·도가(道家)·음양가(陰陽家)·법가(法家)·명가(名家)·묵가(墨家)·종횡가(縱橫家)·잡가(雜家)·농가(農家) 등 9류에 소설가(小說家)를 더하여 제자십가로 분류하였다.

제자백가의 선구자는 춘추시대 말기의 공자로부터 시작된다. 그에 의해 체계적인 사상이 처음으로 일어났다고 말할 수 있다. 그러나 이 제자백가 모두가 춘추시대에 나온 것은 아니다. 당시에는 유가와 도가 정도만 출현하였다. 전국시대에 들어와서 묵가·법가·명가·음양가·

종횡가·농가·잡가 등과 병가(兵家)도 출현하였다.

그러면 이러한 제자백가가 출현한 원인은 무엇일까?

그 원인은 주나라의 종법 체제와 규범이 무너지면서, 기존의 지배층들이 대거 몰락하게 되었는데, 그 몰락한 일파가 자신이 익힌 지식을 활용하여 교육과 후학 양성에 힘쓴 결과로 풀이하는 것이 일반적인 견해이다. 여기에 시대적으로 제후들이 부국강병을 추구하면서 신분에 상관없이 유능한 인재를 등용하였다. 이러한 시대적 분위기가 다양한 인재와 사상이 출현한 결정적 원인이 되었다.

춘추시대 말기 공자부터 시작된 유가는 전국시대에 맹자와 순자가 대통을 이으며 세력을 확장하였고, 춘추시대 노자로부터 시작된 도가는 전국시대 장자가 대통을 이으며 유가와 더불어 중국사상계의 양대산맥을 이루었다.

전국시대의 초기를 대표하는 사상가는 묵가의 시조인 묵자(墨子)이다. 겸애설을 주장한 묵적의 이야기가 『열국지』 제87회와 제88회에 나오며, 관중부터 시작된 법가사상은 전국시대 상앙과 한비자로 대통을 이으며 발전하였다. 법가사상은 후대 진나라와 한나라의 성립에 중요한 토대가 되었다.

그 외 전국시대에 국제외교로 활약한 유세객(遊說客)들을 종횡가(縱橫家)라 하였는데 소진이 주장한 합종책(合從策)과 장의가 내세운 연횡책(連衡策)이 주목을 받았다. 또 음양의 이치를 중시하는 제(齊)나라 추연(鄒衍)의 음양가(陰陽家)도 제자백가의 한 축을 담당하고 있었다.

◉ ― 공자의 출현과 활약

춘추시대의 대성현 공자(孔子: 기원전 551~479년)에 관한 이야기는

『열국지』 제78회와 제79회에 잠깐 나온다. 공자의 아버지는 노나라의 장군 숙량흘(叔梁紇)로, 그는 본처에서 아들을 얻지 못하자, 안씨 집안의 막내딸 징재와 결혼해서 아들을 낳았는데, 그가 바로 공자이다. 이름은 구(丘)이고, 자는 중니(仲尼)이다.

공자(孔子)가 활동했던 시대적 배경을 살펴보면 다음과 같다. 노나라 소공이 권신인 계손의여에게 쫓겨나면서 삼환(三桓)이라 불리는 계손씨·맹손씨·숙손씨 삼가가 권력을 삼분하는 바람에 왕권보다도 신권이 압도하는 혼란한 상황이 벌어졌다. 이처럼 삼환의 세력이 커져 제어하지 못할 지경에 이르니, 노나라의 위엄은 땅에 떨어지고 하극상이 비일비재하게 발생하였다.

특히 노 소공을 쫓아낸 계손의여가 죽고 그의 아들 계손사가 계손씨의 대통을 이으면서 가신들을 세우기 시작하였다. 계손사의 가신 중에는 양호(陽虎)라는 인물이 있었다. 양호는 노나라에서 반란을 일으켜 삼환씨 정권에 도전하여 나라를 위태롭게 만든 인물이다. 그는 노 정공의 신망을 받던 공자의 저항에 부딪혀 거사가 실패하자 국외로 도망쳤다. 또 양호의 반란이 진압되는 과정에서 권신 소정묘라는 인물이 공자의 신망을 시기하여 다른 가신의 세력과 연합하여 공자를 공격하였지만, 공자는 노 정공 앞에서 논리정연한 언변으로 이들을 단숨에 제압하였다.

이렇게 소정묘가 죽은 후로 공자의 뜻이 정치에 반영되며 나라의 기강과 예의도 차츰 안정을 찾게 되었다. 하지만 계속되는 삼환씨의 전횡과 발호로 노나라는 점차 약소국가로 몰락되다가 결국에는 전국시대 말기에 이르러 초나라에 흡수되었다.

당시 노나라의 혼미한 정치 현실과 삼환씨의 전횡에 적잖은 실망과 환멸을 느끼고 있던 공자는 급기야 노 정공마저 제 경공이 보낸 미녀에 빠져 정무를 돌보지 않자, 만사를 포기하고 천하 유세를 떠난다.

공자의 천하 유세는 제1기와 제2기로 나뉜다. 제1기는 30~40대 때로 거의 유학에 가까운 유세였다. 제2기는 바로 노나라에서 삼환 세력과 대립하다 실각한 50대를 가리킨다. 하지만 공자는 다른 나라에서도 정착하지 못하고 노나라로 돌아온다. 공자는 노나라를 떠나(기원전 498~기원전 484년) 15년 가까이 천하를 주유하였다. 공자의 노정을 살펴보면 위(衛)나라에서 송(宋)나라로 이어서 정(鄭)나라를 거쳐서 진(陳)나라와 채(蔡)나라로 그리고 마지막으로 초(楚)나라를 거쳐 말년이 되어서야 다시 노나라로 귀국하였다.

고국에 돌아온 공자는 여생을 인재양성에 몰입하였다. 곡부에 학교를 세우고 교육에 헌신하면서 육경(六經: 시(詩)·서(書)·예(禮)·악(樂)·역(易)·춘추(春秋))을 정리하고, 또 인의(仁義)와 효제(孝悌) 및 충서(忠恕) 등을 근간으로 하는 유가 사상을 집대성하였다. 공자에 관한 이야기는 『열국지』 제78회부터 제82회까지에 걸쳐 나온다.

❋ 故事成語와 名言名句

⊙ 오월동주(吳越同舟)

오월동주는 "오나라 사람과 월나라 사람이 같은 배를 탄다."라는 뜻으로 "원수가 외나무다리에서 만난다."라는 말처럼 사이가 매우 나쁜 것을 의미하는 말이다. 그러나 "아무리 원수지간이라도 어려운 상황에 직면하게 되면, 서로 협력하여 살길을 모색한다." 라는 두 가지 뜻이 있다.

⊙ 와신상담(臥薪嘗膽)

와신상담은 "장작 위에 누워서 자고 쓰디쓴 쓸개를 맛본다."라는 뜻의 합성어로 복수나 어떤 목표를 이루기 위하여 어떠한 고난도 참고 이겨낸다는 말이다. 오 부차와 월 구천 고사에서 유래하였다.

⊙ 오월쟁패(吳越爭霸)

오월쟁패는 오나라와 월나라가 패권을 놓고 싸웠던 치열한 전쟁을 의미한다. 처음에는 오나라가 유리하다가 최후에는 월나라가 승자가 된 이야기를 총괄하여 오월쟁패(嗚越爭霸)라고 한다.

⊙ 십년생취(十年生聚) / 십년교훈(十年敎訓)

월 구천이 오 부차의 인질에서 풀려난 후, 원수를 갚기 위해 10년 간의 준비를 통하여 국민과 군대의 교육과 훈련에 박차를 가하며 국력을 크게 부흥시킨 계획을 의미한다.

⊙ 공성신퇴(功成身退)

공성신퇴는 "공을 이루면 스스로 물러가라."라는 의미이다. 원전인 『노자(老子)』 「도덕경(道德經)」에는 공수신퇴(功遂身退)로 나온다. 일반적으로 공성신퇴로 사용된다.

⊙ 토사구팽(兔死狗烹)

토사구팽은 교토사양구팽(狡兔死良狗烹) 혹 교토사주구팽(狡兔死走狗烹)에서 유래되었다. 의미는 토끼사냥이 끝나면 개를 삶아 먹는다는 뜻으로 필요할 때 요긴하게 사용하다가 필요가 없어지면 버린다는 뜻으로 사용된다. 범려가 월 구천을 떠나며 문종에게 암시한 말이다.

⊙ 서시빈목(西施矉目) / 효빈(效矉)

서시빈목(西施矉目) 혹은 효빈은 "눈살을 찌푸리는 것을 흉내 낸다."라는 뜻인데, 이는 쓸데없이 남의 흉내를 내어 세상의 웃음거리가 됨을 비유한다. 서시의 찡그리는 모습을 보고 동시가 모방하여 만들어진 고사성어이다.

⊙ 침어낙안(沈魚落雁) 폐월수화(閉月羞花)

물고기가 서시(西施)의 아름다움에 취해 물속으로 잠기고(沈魚), 하늘 높이 날던 기러기가 왕소군(王昭君)의 미모에 취해 숲으로 떨어졌다는(落雁) 고사에서 유래하였다. 그 외 달이 부끄러워 구름 뒤에 숨는다는 폐월(閉月)은 삼국지의 초선(貂蟬)을 형용하는 말이고, 꽃이 부끄러워 시들었다는 수화(羞花)는 당대 양귀비(楊貴

妃)를 가리키는 말이다.

⊙ 경국지색(傾國之色)

경국지색은 나라를 기울게 할 만한 미모를 의미하는 말이다. 즉 미모에 혹하여 임금이 나라를 망치게 하는 것을 통칭하며 일반적으로 절세미인을 일컬을 때 표현하는 말이다. 유사어로 경성경국(傾城傾國)이 있다.

⊙ 제자백가(諸子百家)

춘추전국시대에 다양한 학설로 일가를 이룬 여러 사상과 학자들을 총칭하여 부르는 말이다. 제자(諸子)란 말의 제(諸)는 선생이란 뜻이고 백가(百家)란 일가의 학설을 이룬 여러 학자와 학파를 총칭한다.

⊙ 상가지구(喪家之狗)

상가지구는 초상집의 개라는 뜻으로, 의탁할 곳이 없어 여기저기 떠돌아다니는 사람 또는 그런 신세를 비유한 말이다. 천하 주유로 초췌해진 공자의 모습을 풍자한 말에서 연유되었다.

⊙ 가정맹어호(苛政猛於虎)

가정맹어호는 가혹한 정치는 호랑이보다 더 무섭다는 뜻이다. 공자가 제자들과 함께 천하를 주유하다가 무거운 세금 때문에 호랑이의 피해도 감수한 채 산속에 숨어 사는 백성을 보고 한 말이다.

상가지구(喪家之狗)와 가정맹어호(苛政猛於虎)

상가지구(喪家之狗)

춘추시대 말엽 공자(孔子)는 노(魯)나라 정공(定公) 때 대사구(大司寇: 지금의 법무부 장관)를 역임하였으나, 왕족 삼환(三桓) 세력과의 갈등으로 정치에 환멸을 느끼고 노나라를 떠났다. 이후 공자가 십수 년 동안 천하를 주유하며 유세하다가 정(鄭)나라에 이르렀을 때의 일이다.

공자 일행이 어쩌다가 제자들과 길이 어긋나 동문 근처에서 막연히 기다리고 있었다. 이때 제자 자공(子貢)이 동분서주하면서 스승님을 찾아다녔다. 자공이 길가의 노인에게 인상착의를 대며 물어보니, 노인은 한 무리가 지나갔는데 그의 모습은 "이마는 요 임금과 같고, 목은 순·우 임금 때의 명재상 고요(皐陶)와 같으며, 어깨는 자산(子産)과 같은 사람이었소이다. 그러나 허리 밑으로는 우 임금보다 세 치나 짧았고, 초췌한 모습이 마치 상갓집 개와 같은 사람이 방금 지나갔다."(其顙似堯, 其項類皐陶, 其肩類子産, 然自要以下, 不及禹三寸, 纍纍若喪家之狗.)라고 이야기하였다. 그 말에 자공은 스승님임을 알아차리고 바로 공자가 있는 동문으로 달려갔다.

공자가 어찌 그리 빨리 찾았냐며 연유를 묻자, 자공은 길가의 노인에게서 들은 이야기를 그대로 들려주었다. 그러자 공자는 "외모는 그런 훌륭한 사람들에게 미치지 못하지만, 모습이 상갓집 개와 같다는 말은 맞는 말이다."(孔子欣然笑曰, 形狀未也, 而似喪家之狗, 然哉然哉.)라고 껄껄 웃으며 말하였다고 한다.

상가지구는 초상집의 개라는 의미로, 초상을 치르느라 주인이 개를 돌보지 않으니 굶주림에 수척해진 개의 형상과 천하 유세에 지친 공자의 초라한 모습을 비유한 말이다. 어려운 상황에서도 유머를 지닌 공자의 여유를 느끼는 일면이다.

가정맹어호(苛政猛於虎)

공자가 제자들과 함께 태산 기슭을 지나고 있을 때의 일이다. 어디선가 여인의 울음소리가 들려왔다. 공자는 제자 자로(子路)를 시켜 울음소리가 나는 곳에 가 보라고 하였다.

자로가 가서 보니 한 여인이 세 개의 무덤 앞에서 흐느껴 울고 있었다. 자로가 통곡하는 이유를 묻자, 여인은 "몇 해 전 저희 아버님이 호랑이에게 물려 세상을 떠나셨고, 지난해에는 남편이 호랑이에게 물려 목숨을 잃었습니다. 그런데 이번에는 아들이 호환(虎患)으로 이렇게 되었습니다."라고 말하였다.

그러면 왜 이 산을 떠나지 않고 사느냐고 묻자, 그 여인은 "이곳에 살면 가혹한 세금이나 혹독한 부역이 없습니다."라고 대답하였다. 이 말을 들은 공자는 제자들에게 "가혹한 정치는 호랑이보다 무서운 것이다."(苛政猛於虎)라고 말하였다. 가정맹어호라는 명언이 여기에서 유래되었으며 일반적으로 가렴주구(苛斂誅求)와 함께 사용된다.

제9강

춘추시대 春秋時代 에서
전국시대 戰國時代 로

— key word —

전국시대(戰國時代)·삼가분진(三家分晉)·전국칠웅(戰國七雄)·예양(豫讓)·악양(樂羊)

섭정(聶政)·오기(吳起)·사위지기자사, 여위열기자용(士爲知己者死, 女爲悅己者容)

칠신탄탄(漆身呑炭)·오기연저(吳起吮疽)·원앙지계(鴛鴦之契)

❖ 춘추시대(春秋時代)에서 전국시대(戰國時代)로

⊙ 소설 배경(제79회–제86회)

춘추시대와 전국시대를 구분하는 중요한 분기점이 바로 삼가분진
이다. 전국시대의 출발점을 삼가분진 이전으로 보는 시각인 기원
전 476년설, 그리고 진(晉)나라가 실질적으로 한(韓)나라·위(魏)나
라·조(趙)나라 3개국으로 독립한 시기인 기원전 453년설, 혹은 주
나라 천자가 한(韓)나라·위(魏)나라·조(趙)나라 3국을 공식적으로
책봉한 기원전 403년설 등으로 나눈다.

전국시대를 일명 전국 7웅이라 하는데, 전국 7웅은 전국시대에 중
원의 패권을 놓고 다툰 7대 강국을 말한다. 지리적으로 보면, 동방
의 제(齊)나라·남방의 초(楚)나라·서방의 진(秦)나라·북방의 연
(燕)나라가 위치하였고, 중앙에는 진(晉)나라에서 분가한 위(魏)나
라·한(韓)나라·조(趙)나라 등 7개국이 있었다. 이 시기는 부국강병
을 위해 치열한 약육강식과 적자생존의 시기이기도 하다.

춘추시대 말기부터 나타난 제자백가의 사상은 전국시대에 이르러
많은 인재들을 배출하는 계기가 되었다. 그러나 이러한 사상은 순
기능만 있지 않고 부작용도 따랐다. 즉 유가의 근본 사상을 잘못 이
해하여 잘못 실천하는 사람들이 나타났던 것이다. 이들이 바로 주

군을 대신하여 복수의 칼을 갈았던 예양(豫讓), 대의멸친을 외치며 아들을 삶은 국물까지 마신 악양(樂羊), 보복을 위해 협객 섭정(聶政)을 이용한 엄수, 출세를 위해 수단과 방법을 가리지 않았던 오기(吳起) 등이 그 부류이다.

특히 전국시대 초기 천하를 뒤흔든 오기(吳起)는 노(魯)나라·제(齊)나라·위(魏)나라·초(楚)나라의 정국을 뒤흔들어 파문을 일으킨 장본인이다. 그는 오기연저(吳起吮疽)라는 고사성어에서 보이듯이, 독특한 인생 역정을 살다 간 사람이다.

부패한 대신들을 물리치고 국가의 기강을 바로 세운 오기에게 찬사를 보내는 이들도 있지만, 반대로 오기의 비인간적인 행위와 비리로 인하여 부정적으로 평가하는 사람도 많다. 오기연저(吳起吮疽)처럼 부하의 종기를 입으로 빨며 극진한 사랑을 베푼 인간적인 휴머니스트 오기(吳起)로 평가해야 할지, 아니면 신뢰를 얻기 위해 자신의 목적을 달성하려는 위선적 선행의 오기(吳起)로 평가해야 할지는 독자의 판단으로 넘긴다.

전국시대(戰國時代)의 출발과
삼가분진(三家分晉)

❀ ― 전국시대의 출발점

춘추시대의 출발점은 기원전 770년, 즉, 주(周)나라 왕조가 낙양으로 천도한 시기를 기점으로 잡는 데는 역사가들 사이에 별 이견이 없다. 그러나 전국시대의 출발 시점에 대해서는 역사가마다 조금씩 다른 견해를 보인다. 이는 대략 3가지 설로 귀결된다.

기원전 476년설: 사마천이 자신의 저서 『사기』의 6국 연표(전국시대의 연표)에서 시작점을 기원전 476년으로 잡은 것에서 유래한다. 근거는 진(秦)나라 군주 여공공(厲共公)이 즉위한 시점을 기준으로 삼았다.

기원전 453년설: 기원전 453년설의 근거는 진(晉)나라에서 대부 조(趙)·위(魏)·한(韓)씨가 당시 최고 실권자였던 지백을 공격하여 제거하고 조나라·위나라·한나라 3국으로 분가하는 시점이다.

기원전 403년설: 기원전 403년설의 근거는 진(晉)나라의 내전이 끝나고 한(韓)나라·위(魏)나라·조(趙)나라 3국이 독립은 하였으나 주나

〈지백이 물길을 돌려 진양성을 수몰시키다〉

라 왕실의 공식적인 인정을 받지는 못하였다. 그러다가 기원전 403년에 주나라는 세 가문을 제후로 공식 인정하였는데, 이것을 기준으로 전국시대의 시작점으로 잡았다.

이 세 가지 설은 지금도 학자마다 견해를 달리하기에 필자는 대략 사마천 『사기』의 6국 연표에 근거한 기원전 476년을 기준으로 『열국지 인문학』을 집필하였다.

⚙ ― 삼가분진(三家分晉)

삼가분진이란 진(晉)나라가 내분으로 인하여 한(韓)나라 · 위(魏)나라 · 조(趙)나라 3국으로 독립한 것을 의미한다. 진 문공 이후에 막강했던 중원의 대국 진나라도 나날이 쇠퇴일로를 걸으며 분열의 조짐이 나타났다. 특히 이때 조정의 실권은 왕이 아닌 권문세가에 있었는데,

그중에서 지씨(智氏)·한씨(韓氏)·위씨(魏氏)·조씨(趙氏) 등 4대 문중이 장악하고 있었다. 이 중에서도 지씨의 지백요(智伯瑤)가 세력이 가장 강했으며 야심도 가장 컸다.

어느 날 지백은 한강자(韓康子)·위환자(魏桓子)·조양자(趙襄子) 등 세 대부를 집으로 초청하여 "진나라의 위엄을 다시 세워야 한다."라고 하면서 진(晉)나라 임금께 바칠 땅을 내놓으라고 요구하였다. 지백의 위세를 두려워한 한강자와 위환자는 그의 협박에 밀려 반강제적으로 허락을 하였다. 그러나 강직한 성품의 조양자는 즉석에서 거부하였다.

그 후 조양자에 앙심을 품은 지백은 한강자와 위환자를 선동하여 연합군을 만들고는 조양자를 공격하였다. 조양자는 중과부적으로 어찌하지 못하고 진양 땅으로 퇴각하여, 성문을 굳게 닫고 지구전을 펼쳤다. 싸움은 2년 동안 계속되었지만, 조양자는 완강히 저항하며 버텼다.

의외의 저항에 당황한 지백은, 어느 날 진양 땅 지형을 살피다가 묘수를 찾아냈다. 상류의 협곡을 막아 물이 만수위에 이르면 일시에 터트려 진양성을 수몰시키는 작전이었다.

과연, 작전이 성공하여 엄청난 강물이 진양성으로 밀려들자, 조양자는 진퇴양난에 빠졌다. 이때 참모인 장맹이 "지백과 연합군이 우리 성을 공격하였지만, 우리는 저들의 마음을 공격해야 합니다. 즉, 한씨와 위씨는 지백의 강요에 억지로 응하고 있는 것이니 그들을 우리 편으로 끌어들이는 전략을 써야 합니다."라며 묘책을 제안하였다.

조양자는 즉시 장맹을 위씨와 한씨의 병영으로 보내어 대책을 논의하였다. 평소 불만이 많았던 한강자와 위환자는 바로 조양자의 묘안에 찬동하였다. 이들이 사용한 계책은 조양자 진지 쪽으로 흐르던 강줄기를 막고, 반대로 지백의 진지가 있는 계곡 쪽으로 물꼬를 트는 전략이었다.

얼마 후 지백의 진지가 갑자기 물바다가 되자, 소스라치게 놀란 지백과 병사들이 우왕좌왕하며 대혼란이 일어났다. 이 혼란한 틈을 이용하여 조양자와 한강자 및 위환자 연합군은 총공세를 펼치며 지백 군대를 공격하였다. 지백 군사들은 순식간에 붕괴되었고 또 지백도 이 전투에서 목숨을 거두었다.

이렇게 하여 한씨·위씨·조씨 가문은 지씨 가문의 지백을 섬멸하고 진나라를 3등분을 하여 나눠 가졌다. 이때가 바로 기원전 453년으로 진(晉)나라가 한(韓)나라·위(魏)나라·조(趙)나라 3개국으로 독립한 것을 삼가분진(三家分晉)이라고 한다.

그 후 기원전 403년, 세 가문의 대표 한강자·조양자·위환자는 상읍(上邑)에 있는 주나라 천자를 배알하면서, 자신들을 제후로 책봉해 달라고 간청하였다. 실질적 세력이나 권한이 없었던 주나라 천자는 그들의 요구대로 정식으로 제후 책봉을 해주었다. 이때부터 한나라·위나라·조나라는 당당한 중원의 대국으로 성장하여 전국시대 칠웅(七雄)의 대열에 끼게 되었다.

춘추시대 말기, 전란이 빈번해지면서 경대부 세력의 굴기가 크게 일어났는데 삼가분진 역시 이러한 후유증의 결과라고 할 수 있다. 삼가분진은 후에 더 나쁜 영향을 끼쳤는데, 이것이 바로 전씨대제(田氏代齊)이다. 전씨대제는 기원전 379년, 제나라 강공이 죽고, 강(姜)씨의 제나라가 전(田)씨의 제나라로 바뀌는 사건을 말한다. 이것을 일컬어 전씨대제라고 한다. 즉 전완의 제9대손인 전화(田和)가 제 강공을 폐하고 스스로 국군(國君)에 오른 사건이다.

전국 7웅(戰國七雄)과
7국의 정세

전국칠웅이란? 전국시대에 중원의 패권을 놓고 다툰 7대 강국을 말한다. 지리적으로 보면, 동방의 제(齊)나라·남방의 초(楚)나라·서방의 진(秦)나라·북방의 연(燕)나라가 위치하였고, 중앙에는 진(晉)나라에서 분가한 위(魏)나라·한(韓)나라·조(趙)나라 등 7개국이 있었다.

먼저 전국시대 초기 크게 성장한 7대 강국의 정세를 간단히 알아보면 다음과 같다.

◉― 동방의 제(齊)나라 상황

제(齊)나라는 춘추오패의 제 환공 시절에 최고의 강대국으로 발돋움하였다. 제 환공 이후에는 다소 세력이 약해졌지만 그래도 남방의 초나라와 함께 전통적인 강대국이었다. 그러나 전국시대에 강씨(姜氏)의 제나라는 제 태공에 의해 전씨(田氏)의 제나라로 바뀌었다. 그래도 제나라는 이전보다는 약해졌지만 나름 강대국의 체면은 이어졌다.

전국시대로 들어와 제나라의 최고 전성기는 제 위왕과 제 선왕 시대라 할 수 있다. 이때 손빈이 병권을 잡고 위나라를 공략하여 위나라의 대장군 방연을 죽이며 위세를 떨쳤다. 또 제 선왕 때에는 맹자가 찾아와 왕도정치를 권하기도 하였다. 여기에서 유래된 고사성어가 바로 연목구어(緣木求魚)이다.

제나라 선왕(宣王)이 천하를 얻으려 맹자(孟子)에게 춘추시대의 패자(霸者)에 대하여 질문하였다. 맹자는 패도에 대하여 잘 모른다고 한 다음 "주공께서 하려는 큰 뜻이 단순히 영토를 확장하여 진나라나 초나라 같은 대국으로부터 문안을 받고 주변의 오랑캐를 제압하는 것이라면, 이는 나무에 올라가 물고기를 구하는(緣木求魚) 것과 같습니다. 무력(武力)으로 뜻을 이루고자 하면 반드시 백성을 잃고 나라를 망치게 될 것이니, 천하를 얻으려면 대도(大道)로 가시오."라고 한 데서 이 성어가 유래되었다.

그 외에도 제 선왕과 추녀 종리춘(鍾離春)의 고사는 후대에 많은 화제를 몰고 왔다. 무염 땅에 살던 추녀 종리춘은 제 선왕을 만나 자만에 빠진 제나라의 위기에 대하여 조목조목 지적하였다. 제 선왕이 문득 감동하여 종리춘을 왕비로 삼았다. 이때부터 그녀에게 무염군(無鹽君)이란 칭호를 내리고 선정을 베풀어 나라가 크게 안정되었다. 여기에서 나온 고사성어가 각화무염(刻畵無鹽)이다. 추녀 종리춘이 화장을 한다는 뜻으로 아무리 예쁘게 꾸며도 효과가 없음을 의미하는 말이다.

이러한 제나라의 강세는 제 민왕 초기까지 이어졌다. 이때가 전국 사군자 중 하나였던 맹상군 전문이 활약하던 시기였다. 그러나 제 민왕은 맹상군을 시기해서 재상직을 거두어들이는 등 내정의 한계를 드러냈고, 대외적으로는 지나친 욕심으로 인하여 외교적 고립을 초래하였다. 특히 송나라를 멸망시키면서 영토에 대한 욕심을 부려 타국의 분노를 일으켰다.

후에 연나라의 명장 악의가 5국 연합군을 이끌고 제나라를 침공하는 바람에 제나라는 멸망의 위기에 몰리기도 하였다. 그나마 전단(田單)의 화우지계(야밤에 소떼를 적진으로 내몰아 적진을 초토화시키는 전법)로 겨우 살아남았다. 하지만 결국, 기원전 221년 진시황에 의하여 멸망하였다.

✿ ─ 서방의 진(秦)나라 상황

진(秦)나라는 본래 서주(西周)의 땅에 자리한 나라인데 지리상 중원과 거리가 멀고 문화도 다소 달라 중원 국가들로부터 무시당했던 변방의 국가였다. 그러던 중 춘추오패로 진(秦) 목공(穆公)이 거론되면서 주목을 받기 시작하였다. 진나라는 지리적으로 서쪽의 변방에 있었기 때문에 타국의 관심이 적었기에, 상대적으로 타국과의 분쟁이 적었다.

전국시대로 들어와서 진 효공은 상앙을 중용해 법치국가로의 기틀을 마련하며 급속도로 발전하였다. 혜문왕 시기에는 파촉을 정벌하여 영토를 넓혔고, 소양왕 시기에도 개혁을 늦추지 않아 강대국으로 급성장하였다.

소양왕 이후 승승장구하던 진나라는 진시황제 시기에 이르러서는 6국을 정벌하여 명실상부한 전국시대의 최종승자로 천하통일의 대업을 이루었다. 그러나 진시황의 지나친 건축공사와 무리한 정책으로 민심이 동요하기 시작하였다. 결국, 진시황 서거 후 반란과 민란이 일어나면서 통일된 지 20년도 지나지 않아 망하게 된다. 이후 초나라 항우와 한나라 유방이 대치하며 세기적 결투를 벌이는 초한지의 무대로 옮겨가게 된다.

❀ ― 남방의 초(楚)나라 상황

초(楚)나라는 전국칠웅 중에서 유일하게 주나라의 봉지를 받지 않고 자체적으로 건국한 나라이다. 춘추시대인 기원전 8세기 중반에 이미 자체적으로 왕호를 사용하여, 제 환공을 비롯한 여러 나라의 견제를 받기도 하였다.

춘추오패인 초 장왕 때에 이미 중원의 강자로 등극한 이래 전국시대에 이르러서는 장강 중하류에 이르는 땅을 지배하였다. 초나라는 땅도 넓고 인구도 많아 강국이 될 만한 조건을 두루 갖춘 나라였고, 이러한 저력으로 오나라와 월나라까지 병합하였다. 초 도왕 시절에는 『오자병법』의 저자 오기와 함께 최강을 자랑했으나 오기가 죽고 다시 쇠퇴기에 돌입하였다.

초 도왕의 아들이 바로 초 선왕이다. 초 선왕에서 연유된 고사성어가 호가호위(狐假虎威)이다. 초 선왕은 북방의 나라들이 왜 재상 소해휼(昭奚恤)을 두려워하는지 이상하게 여겨 신하에게 물어보았다. 이때 신하 강을이 "호랑이가 여우 한 마리를 잡았는데, 여우는 꾀를 내어 자신이 천제(天帝)로부터 백수의 왕에 임명되었다고 사기를 쳤습니다. 그러면서 자신 말이 진실인지 거짓인지 내 뒤를 따라오면 알 것이라며 앞장서서 나갔습니다. 여우의 말을 듣고 호랑이가 그 뒤를 따라가니, 과연 만나는 짐승마다 모두 달아났습니다. 다른 짐승들이 호랑이가 무서워 달아난 것이지 여우가 무서워 달아난 것이 아닙니다. 사실 북방의 제국이 소해휼을 두려워하는 것이 아니라 배후에 있는 초나라의 군세를 두려워하는 것입니다."라고 대답한 데서 호가호위(狐假虎威)라는 고사성어가 연유되었다.

이처럼 초 선왕까지 초나라의 위세는 여전했으나, 다음 왕으로 이어지면서 국세는 급격하게 쇠퇴하였다. 특히 초 회왕 때에는 왕이 진(秦)나라의 포로가 되기도 하였고, 경양왕과 고열왕 때에는 수도를 잃어천도하는 등 거듭해서 수모를 당하기 시작하였다. 이렇게 계속 쇠퇴일로를 걷다가 결국에는 진(秦)나라에 멸망하였다.

✱ ─ 북방의 연(燕)나라 상황

춘추전국시대가 시작된 연(燕)나라는 수도가 연경이었다. 또 연경은 베이징을 가리키는 별명으로 쓰인다. 조선과도 연관이 있어 베이징에 가는 것을 연행(燕行)이라고 불렀을 정도로 밀접한 관계였다.

전국시대에 연나라는 산융족의 침공으로 제나라의 도움을 받아 산융족을 물리치기는 하였으나 제나라의 영향권에서 벗어나지 못하는 약한 나라였다. 연나라의 전성기는 연 소왕이 집권하고, 명장 악의를 등용한 이후부터이다. 연 소왕은 악의를 기용하여 강대국이었던 제나라를 멸망 직전의 위기로 몰아넣은 장본인이다. 악의의 선조는 위나라(魏)의 명장 악양(樂羊)이다.

당시 연나라는 제나라의 공격을 받아 수세에 몰려 있었다. 이때 연 소왕은 악의를 전격 기용하였다. 악의는 기원전 284년 조(趙)나라 · 초(楚)나라 · 한(韓)나라 · 위(魏)나라 · 연(燕)나라 5개국 연합군의 사령관이 되어 제나라를 공격하였고, 순식간에 제나라 수도는 물론 70여 개의 성을 함락시키는 전과를 거두었다. 악의의 공격으로 제나라는 거의 멸망 직전까지 몰렸다.

그러나 기원전 279년, 악의를 신뢰하던 연 소왕이 죽자, 연나라 내

〈연 소왕이 악의를 기용하여 군사 강국이 되다〉

부에서 악의를 모함하기 시작하였다. 악의는 모함을 견디지 못하고 결국 조나라로 망명하였다. 명장 악의가 없는 연나라 군대는 제나라에게 참패하고 본국으로 철수하였다. 후대 악의에 관한 이야기를 묘사한 『악의도제7국춘추평화(樂毅圖齊七國春秋平話)』가 있고 또 이를 재가공한 연의소설 『악의연의(樂毅演義)』가 전해지고 있다.

이처럼 연나라는 소왕이 죽은 이후에 몰락의 길을 걸었다. 이후 태자 단과 번오기 및 형가가 중심이 되어 진나라 왕을 암살하려다 미수에 그치면서 연나라도 진(秦)나라에 의하여 멸망당하였다.

⦿─ 삼가분진(三家分晉)한 위(魏)나라 상황

삼진에서 분열한 위나라는 가장 먼저 나라의 기반을 정립하여 안정을 찾았다. 중원의 한복판에 자리한 위나라는 지리적 이점과 위 문후와 위 무후라는 명군의 등장으로 주변 소국들을 병탄하면서 빠르게 강국으로 부상하였다. 그러나 중원 한복판이라는 지리적 이점은 외부 공격으로부터의 방어가 불리하다는 약점으로 작용하기도 하였다.

전성기는 위 문후 시절로, 당시 맹장 악양이 중산국을 점령하여 위 세를 떨쳤다. 위 문후의 주변 인물 중에는 오기·이극·서문표 등 인재가 즐비하였다. 위 문후는 재위 기간이 50여 년이나 되어 위나라의 최고 전성기를 누렸다.

위 무후와 위 혜왕 시기에도 이 기세는 면면히 이어졌다. 위 혜왕이 바로 양 혜왕이다. 즉 국호를 양나라로 바꾸었기에 양 혜왕이라고 하였다. 양 혜왕에서 연유된 고사성어로 와우각상(蝸牛角上)·오십보백보(五十步百步)·필부지용(匹夫之勇) 등이 있다.

먼저, 와우각상(蝸牛角上)과 관련하여 다음과 같은 고사가 전해진다. 양나라 혜왕(惠王)이 제(齊)나라의 위왕(威王)과 우호조약을 맺었으나, 제 위왕이 배반하자 자객을 보내 죽이려 하였다. 현자인 대진인(戴晉人)이 양 혜왕을 만나 이에 대하여 설득하였다. 대진인이 말하길 "달팽이의 왼쪽 뿔 위에 촉씨(觸氏)라는 나라가 있고, 오른쪽 뿔 위에는 만씨(蠻氏)라는 나라가 있어 이들이 서로 영토 싸움을 벌여 많은 희생자가 나왔습니다. 이 넓은 우주와 비교하여 제나라와 위나라가 다를 것이 무엇일까요?"라고 하자 그때에서야 양 혜왕은 크게 탄복하였다고 한다. 이 고사의 출전은 『장자(莊子)』이다.

또 오십보백보(五十步百步)는 양 혜왕과 맹자(孟子)의 대화에서 연유되었다. 혜왕이 선정을 베푸는 방법을 물어보자, 맹자가 "전쟁에서 오십 보를 도망친 자가 백 보를 도망친 자를 비웃을 수 없듯이, 양자의 차이가 별로 없다."라고 대답한 데서 유래되었다. 작은 차이에 연연하지 말고 문제의 본질을 보는 시각을 가지라는 의미이다.

그 외에도 필부지용(匹夫之勇)이 있는데 이 역시 맹자와 양 혜왕의 대화에 나온다. 맹자가 왕도정치의 실현을 위해 양나라에 갔을 때, 양 혜왕이 용기에 대하여 질문을 하자, 맹자는 "칼을 매만지고 눈을 부라리며 너는 나의 적수가 아니라고 윽박지르는 것은 필부(匹夫)의 용기(勇氣)에 불과합니다."라고 대답하였다. 즉, 필부지용이란 깊은 생각 없이 혈기만 믿고 함부로 하는 소인배의 용기라는 뜻이다.

특히 위(양) 혜왕은 부국강병을 위하여 대단한 노력을 하였으나 실효는 별로 없었다. 위나라는 제나라 손빈에게 대군이 전멸에 가깝게 패하면서 국력이 급속도로 쇠퇴하였다. 그나마도 안희왕 시절에는 신릉군의 활약으로 버티다가 신릉군마저 사라지자 결국 진나라에 통합되었다.

◉─ 삼가분진(三家分晉)한 조(趙)나라 상황

조나라는 삼진 중에서 최약체였지만 무령왕 시기에 이르러 강국으로 발전하였다. 무령왕이 무기체계와 병법 및 군복을 호복(유목민 스타일의 호복기사) 스타일로 변경하면서 국방력이 크게 증강되었다. 또한 당시 조나라의 수도는 한단(邯鄲)으로 경제와 문화의 중심이 되기도 하였다. 여기서 나온 고사가 "한단에서 걸음걸이를 배운다."라는 한단학보(邯鄲學步)이다.

일명 邯鄲之步(한단지보)라고도 하는 이 고사는 『莊子(장자)』에서 나온 말이다. 魏牟(위모)와 명가 공손룡(公孫龍)의 문답에서, "그대는 燕(연)나라 수릉지방의 한 젊은이가 조나라 수도 한단에 가서 세련된 걸음걸이를 배우려 하였으나, 완전하게 배우지 못하여 원래 걸었던 걸음걸이마저 잊고 기어서 고향으로 돌아갔다는 말을 들어보지 못했는가?"라고 한 데서 유래되었다. 이는 당시 조나라가 연나라보다도 큰 나라이며 문화 중심지였을 정도로 번창하였던 나라였음을 의미한다.

하지만 무령왕은 갑자기 태자 조장을 폐하고, 왕위를 막내아들 조하(혜문왕)에게 넘겨준 후 자신은 일선에서 물러났다. 이는 무령왕 자신은 진나라와의 전쟁에 주력하는 한편, 아들 혜문왕에게 힘을 실어주기 위함이었다. 그러나 이에 불만을 품은 폐 태자 조장이 반란을 일으켰고, 공자 성이 조장의 반란을 미리 알고 격파시켰다. 위기에 몰린 조장은 무령왕에게로 도망쳐 살려달라고 구걸하였다. 무령왕은 이를 측은하게 여겨 자신의 궁궐에 숨겨주었으나, 공자 성은 후환을 없애기 위해 무령왕이 거처하고 있던 궁궐을 유폐하고 조장은 주살하였다. 무령왕의 아들을 죽인 공자 성은 무령왕의 추궁이 두려워 무령왕을 감금하였다. 3개월의 유폐로 인하여 무령왕은 굶어 죽었다고 한다. (사구정변)

무령왕의 아들 혜문왕 조하(제7대 국군, 제2대 왕)는 기원전 296년에 중산국을 멸망시켰고, 또 임호와 누번 등을 무찔러 그 세력이 서방의 진(秦)나라를 압박할 정도로 강해졌다. 무령왕의 아들 중 하나가 전국 사군자 중 하나인 평원군 조승이며, 무령왕의 뒤를 이은 혜문왕 시절에는 혜문왕의 동생인 평원군뿐만 아니라 염파·인상여·조사 등 걸출한 인재들이 나라를 지탱하였다.

특히 조(趙)나라와 진(秦)나라 양측의 군대가 격돌한 적은 있었지만, 조나라는 인상여와 염파 장군 등이 건재하여 나라를 보존할 수 있었다. 다행히도 나라가 위기에 처할 때마다 교묘하게 위기를 타개해 나갔다. 조 효성왕의 뒤를 이은 조 도양왕 역시도 나름 선방한 편이다. 그러나 인상여와 염파 장군이 죽은 후에는 쇠퇴일로를 걷다가 결국에는 진(秦)나라에 통합되었다.

❀ — 삼가분진(三家分晉)한 한(韓)나라 상황

삼가분진한 나라 가운데 가장 약한 나라가 한(韓)나라였다. 사방이 적국인 지리적인 위치로 인하여 외부로부터의 공격에 취약하였다. 또 한비자(韓非子) 같은 유능한 인재가 있었으나 제대로 활용하지도 못하였다.

그나마 번영기를 꼽으라면 신불해가 재상으로 있었던 기원전 355년부터 기원전 341년까지를 꼽을 수 있다. 신불해는 기원전 375년에 정나라가 망하자, 한나라로 망명하여 재상이 되었던 사람이다. 그는 전국시대의 학자이자 정치가이며 법가(法家) 사상가이기도 하였다.

신불해는 본래 정(鄭)나라의 미관말직이었으나, 한(韓)나라 소후(昭侯)의 재상이 되어 두각을 나타내기 시작하였다. 15년간 나라를 다스리며 부국강병의 태평성대를 이루었다. 사마천은 "신불해는 법가 사상 중 술(術)을 강조하였으며, 학문은 황로(黃老)에 근거를 두고 형명(刑名)을 주로 하였다."라고 높게 평가하였다. 정사 『삼국지』의 저자 진수는 조조의 정치가 바로 "신불해와 상앙의 법술을 본받았다."라고 평가하였다.

신불해가 죽자, 국력은 급속도로 쇠퇴하기 시작하였다. 결국, 전국 칠웅 가운데 가장 먼저 망한 나라가 되었다.

유가 사상의
부작용(예양/악양/섭정)

　춘추시대 말엽에 나타난 제자백가 사상 가운데 공자의 유가 사상이 잔잔한 파동을 일으키며 널리 퍼져나가기 시작하였다. 당시 공자는 노(魯)나라의 권세가인 삼환(三桓)의 세력에 밀려 끝내 실각하였다. 공자는 자신의 이상이 노나라에서는 실현될 수 없음을 자각하고 제자를 데리고 천하 유세를 하였지만 끝내 뜻이 맞는 군주를 찾지 못해 꿈을 펼치지 못하였다. 공자는 만년에 고향인 곡부로 돌아와 후학 양성에 전념하였다. 이후 맹자(孟子)와 순자(荀子) 등의 유능한 인재가 나와 유가의 대통을 이어갔다.

　그러나 유가의 사상은 순기능만 있지 않고 부작용도 따랐다. 즉 유가의 근본 사상을 잘못 이해하여 잘못 실천하는 사람들이 나타났다. 즉 예양(豫讓) · 악양(樂羊) · 섭정(聶政) · 오기(吳起) 등이 바로 그 부류이다.

⊛ ─ 주군을 대신하여 복수한 예양(豫讓)

예양은 춘추전국시대 유명한 협객으로 사마천의 『사기』 중 「자객열전」에 나오는 인물이다. 그는 진(晉)나라에서 지씨가문의 지백(智伯)을 주군으로 모셨는데, 지백이 조양자에게 제거되자 앙심을 품고 주군을 대신하여 복수를 준비하였다.

예양은 먼저 조양자의 집으로 들어가 화장실에 잠입하여 암살할 기회를 노렸다. 그러나 조양자가 이상한 낌새를 눈치채고 수색을 시키니 과연 예양이 거기에서 붙잡혔다. 자초지종을 들은 조양자는 그의 충성심에 감탄하며 예양을 풀어주었다.

그러나 예양은 포기하지 않고 얼굴엔 옻칠하여 모습을 위장하고, 또 숯을 먹어 목소리까지 변형시켰다. 우연히 그를 알아보게 된 친구가 그렇게까지 행동할 필요가 있느냐고 묻자, "모름지기 선비는 자신을 알아주는 사람을 위해 죽고, 여자는 자신을 기쁘게 해주는 남자를 위해 화장을 한다."(士爲知己者死 女爲悅己者容)라는 명언을 남겼다. 또 여기에서 칠신탄탄(漆身吞炭)이라는 고사성어가 유래되었다. 즉 "몸에 옻칠하고 숯을 삼킨다."라는 뜻으로 복수를 위해서는 자신 몸조차도 돌보지 않는다는 의미이다.

얼마 후 조양자는 새롭게 단장한 다리를 준공하였는데, 예양은 다리 밑에서 시체로 분장하고 조양자가 지나가기만을 기다리고 있었다. 그러나 조양자의 말이 살기를 느껴 멈추자, 이에 이상한 낌새를 느낀 조양자는 병사들을 시켜 다리 밑을 수색하니 과연 또 예양이 거기에 있었다.

조양자는 예양에게 "예양, 너는 처음에 다른 주군을 섬겼는데 그 주군을 죽인 사람이 지백이었다. 어찌 옛 주인들을 죽인 지백을 위해 이렇게 목숨을 걸어 충성하고, 그 지백을 죽인 나에겐 이렇게 가혹한가?"라고 물었다. 그러자 예양은 "예전에 나는 범씨와 중항씨를 주군으로 섬겼지만, 그들은 나를 보통 사람으로 여겼다. 그러나 지백은 나를 선비로 여겼기에 나도 마땅히 선비의 도리로 보답하려는 것이다."(國士遇之, 國士報之)라고 하였다.

이 말을 들은 조양자는 예양의 충의에 감탄하였다. 그러자 예양이 "이제 나는 죽어 마땅하나, 마지막으로 그대의 옷이라도 벨 수 있게 해주길 청한다."라고 하자 조양자가 겉옷을 벗어 바닥에 던져주었다. 그러자 예양은 그 옷을 베고는 목숨을 끊었다. 그러자 묘하게도 옷에 선혈이 묻어났다고 한다.

그 모습에 충격을 받은 조양자는 얼마 되지 않아 시름시름 앓다가 죽었다고 한다. 이 부분은 『열국지』에서만 나타나는 이야기이다. 예양에 관한 이야기는 『열국지』 제79회와 제84회에 나온다.

❀― 아들 삶은 국물을 마신 악양(樂羊)

악양(樂羊)은 『오자병법』으로 유명한 오기(吳起)와 동일 시대의 인물이다. 악양은 위나라(魏)의 군주 문후(文侯)에게 기용되어 중산국(中山國)을 정벌한 장수로 그에 관한 이야기는 『열국지』 제85회에 나온다.

당시 악양의 아들이 중산국에서 벼슬을 하고 있었기에, 악양은 출정 당시 많은 관료의 견제를 받았지만 위 문후는 그를 믿고 출정을 허락했다. 다만 위 문후는 악양에게 "중산국을 단순히 무력으로 정복하지 말고 완전히 위나라가 흡수통합 할 수 있도록 민심을 얻어가며 정복"하라고 당부하였다.

중산국에서는 악양의 아들 악서를 이용해 오히려 악양을 포섭하려

〈악양이 아들의 삶은 국물을 마시다〉

하였지만 완강한 악양은 조금도 흔들리지 않았다. 다만, 아들의 요청에 따라 항복할 기한을 조금씩 늘려주자, 위나라 신하들은 벌떼처럼 일어나 악양을 탄핵하였다. 그러나 위 문후는 여전히 악양을 신임하였다.

그러자 중산국에서 악양의 아들을 인질로 삼아 악양을 협박하였으나, 악양은 오히려 화살로 아들을 쏘아 죽이려 하였다. 중산국에서는 다시 악양을 동요시킬 목적으로 악양의 아들 악서를 삶아 국을 만들어 악양에게 보냈다.

그러나 악양은 이번에도 초연하게 그 국을 전부 먹어버렸다. 이처럼 악양의 대의멸친(大義滅親) 정신에 기가 죽은 중산국은 전의를 상실하고 항복하였다. 기원전 408년 악양은 3년에 걸친 전쟁 끝에 중산국을 완전히 정복하였다. 개선장군이 되어 돌아온 악양은 위 문후에게 많은 찬사와 재물을 받았다. 동시에 위 문후는 봉해진 상자 하나를 주면서 집에 가서 열어보라고 하였다. 악양이 집으로 돌아와 상자를 열어보니, 그 안에는 대신들이 올린 탄핵상소문이 가득 들어 있었다.

전쟁터에서 악양이 아들의 삶은 국물을 마셨다는 소식을 전해 들은 위 문후가 "악양이 나를 위해 자기 아들의 고기까지 먹었구나."라고 탄식하자, 측근의 신하가 말하길 "아들의 고기까지 먹을 정도니, 누구의 고기인들 먹지 못하겠습니까?"라고 말하였다고 한다.

이후 위 문후는 악양을 중용하지 않았다. 후대에 위 문후의 무덤에서 발굴된 글에 의하면 "악양이 뛰어난 인물임은 사실이나 자기 자식까지 먹은 냉정하고 잔인한 인간인지라 한 번 기용으로 족하다."라는 평가가 있었다고 한다. 훗날 연나라(燕)의 명장으로 천하에 명성을 떨친 악의(樂毅)가 바로 악양의 후손이다.

⊛ ― 보복을 위해 자객 섭정(聶政)을 이용한 엄수(嚴遂)

협루는 빈천하던 시절 부자인 엄수와 교분을 쌓으며 팔배지교(八拜之交)를 맺었다고 한다. 재능이 부족한 엄수는 협루에게 투자하여 먼저 협루를 출세시키고 자신도 그를 이용하여 권세를 얻으려 하였다.

과연 이 계획이 성공하여 협루는 마침내 한(韓)나라에서 상국의 지위에 오르게 되었다. 협루는 권력을 틀어쥐자 일절 사사로운 접견을 사절하며 위세를 부리기 시작하였다.

한편 엄수는 한나라에 가서 협루를 만나려 십분 노력하였으나, 협루가 엄수를 기피하는 바람에 끝내 만나지 못하였다. 결국, 엄수는 한 열후 측근에게 뇌물을 주어 벼슬을 매수하려고 하였다. 그러자 협루는 한 열후에게 엄수를 모함하며 그의 등용을 방해하였다. 그 말을 듣고

〈엄수가 보복을 위해 자객 섭정을 이용하다〉

엄수는 극도로 분노하여 원한을 품기 시작하였다.

엄수는 각지를 돌아다니며 협루를 죽일 협객을 구하였다. 원한을 풀기 위해 자객을 구하던 중, 우연히 협객 섭정을 발견하고는 찾아가 빈주지례(賓主之禮)로 술자리를 베풀며 과도한 은혜를 베풀기 시작하였다.

이와 같은 엄수의 지극정성에 탄복한 섭정은 엄수를 위해 대신 보복해 주기로 약속하였다. 섭정은 먼저 한나라의 관부(官府)에 들어가 재상 협루를 칼로 찔러 죽이고, 스스로 자신의 형체를 알아볼 수 없도록 얼굴 가죽을 벗기고 난도질하고는 자결하였다. 상황이 이러하니 아무도 섭정의 시체를 알아보는 이가 없었다. 한나라 관부에서는 섭정의 시체를 저잣거리에 가져다 놓고 그의 신원을 수소문하였으나 그를 아는 사람이 아무도 없었다. 또 상금을 걸고 신원을 조회하여도 소득이 없었다.

후에 섭정의 누나 섭영(聶榮)이 이 소문을 전해 듣고 달려와 확인하
니 과연 섭정이었다. 그녀는 시체 위에 엎드려 슬피 울다가 섭정의 곁
에서 죽었다고 한다.

후대의 사람들은 "단지 섭정만이 대단한 것이 아니라, 그의 누나 역
시 열녀이다. 엄수도 사람을 알아보고 현사(賢士)를 얻었다고 이를 만
하다."라고 평가하고 있으니 현대적 관점에서 이들을 이해하기란 다소
불편한 감정이 앞선다. 엄수와 섭정에 관한 이야기는『열국지』제86
회에 나온다.

오기연저(吳起吮疽)와
오자병법(吳子兵法)

⊛ ─ 중국의 양대 병법서

중국에서 병법의 양대 산맥이라 하면 손무의 『손자병법』과 오기의 『오자병법』을 꼽을 수 있다. 그중 『손자병법』은 병법의 교과서라 칭할 정도로 지금까지 널리 애독되는 고전이다.

『손자병법』의 「시계편(始計篇)」에는 "전쟁이란 한 국가의 대사로 죽음과 삶의 바탕이고 존망을 결정하는 도리이니 살피지 않을 수 없다."(兵者, 國之大事 死生之地 存亡之道 不可不察也.)라는 전쟁의 중요성을 설명하고 있고, 또 전쟁의 기본적 방법론으로 "전쟁(혹은 용병)이란 바로 속임수"(兵者 詭道也.)라고 언급하고 있다. 일반적으로 도가(道家)에 기초한 속임수 전술이 『손자병법』이라고 한다.

반면 유가(儒家)에 기초한 정공법 전략이 『오자병법』으로 알려져 있다. 오기의 『오자병법』은 대체로 오기가 위 문후나 위 무후와 나누었던 문답을 주로 수록한 병법서이다. 『한서』「예문지」에 따르면 본래

48편이었으나 지금은 도국(圖國) · 요적(料敵) · 치병(治兵) · 논장(論將) · 응변(應變) · 여사(勵士) 등의 6편 정도만이 전해지고 있다.

먼저 앞에서 언급한 바와 같이 손무는 제(齊)나라 전완(田完)의 후예인데 선조가 손씨 성을 하사받아서 손씨(孫氏)가 되었다. 그는 오나라로 들어와 오왕 합려(闔廬)에게 신임을 얻어 오나라의 대장군이 된 인물이다.

손무는 오나라 군대를 단기간에 최강의 군대로 만들었다. 그리고 숙적 초나라와의 전쟁에서 치밀한 교란작전으로 초나라 국력을 탕진시킨 다음, 정예군을 이끌고 기습으로 공격하여 초나라 군대에 결정적 타격을 입히며 대승을 거두었다.

손무의 활약으로 약소국 오나라는 일약 강국의 반석 위에 올랐고, 제나라 · 진나라 · 월나라 등의 인접국에 위협적인 존재로 부상하였다. 결국, 손무와 오자서의 활약으로 오왕 합려는 패자(覇者)의 꿈을 이룰 수 있었다.

손무는 합려의 아들 부차를 보좌하여 월나라를 크게 무찔렀다. 그러나 오 부차가 초심을 잃자, 손무는 돌연 은퇴하여 종적을 감추었다. 그가 저술한 『손자병법』은 아직도 최고의 병법 교과서이며, 지금까지 환영받고 있는 최고의 군사 지침서이다. 이 책은 전쟁에서의 단순한 전략과 전술을 소개한 병법서가 아니라, 국가경영의 지침서로도 애독되는 중요한 고전으로 자리하고 있다.

⊛ ― 오기의 삶과 오기연저

춘추시대 말기와 전국시대 초기에 2명의 명장이 나타나 세상을 뒤흔드는 사건이 발생하였다. 한 명은 현란한 병법으로 초(楚)나라 · 월(越)나라 · 제(齊)나라 등을 제압하여 세상을 놀라게 하였고, 또 한 명은 노(魯)나라 · 제(齊)나라 · 위(魏)나라 · 초(楚)나라 정국을 뒤흔들며 파문을 일으킨 장본인이다. 전자는 『손자병법』을 쓴 손무(孫武)이고, 후자는 『오자병법』을 쓴 오기(吳起)이다.

오기는 본래 위나라(衛) 사람이다. 그는 출세에 욕심을 가지고 가산을 털어 관직을 사려고 하였으나 실패하여 망신거리가 되었다. 화가 난 오기는 자신을 비방한 30여 명을 살인하고 노나라로 도망쳤다. 그리고 유가의 대학자였던 증자(曾子) 문하로 들어가 학문에 전념하였다. 어느 날 오기는 고향에서 어머니가 죽었다는 소식을 접하고도 고향에 돌아가 초상을 치르지도 않고 학업에만 전념하였다. 이 모습을 본 증자는 그를 냉혈한이라며 문하에서 파문시켰다.

그 후 오기는 노나라(魯)의 관료가 되었다. 이때 제(齊)나라와 노(魯)나라 사이에 전쟁이 일어났다. 오기는 대장군으로 출전하고자 하였으나, 조정에서는 오기의 아내가 제나라 사람이라며 반대하였다. 그러자

〈오기가 부인을 죽이고 대장군에 오르다〉

오기는 의심을 해소하기 위해 자기 아내를 죽이는 일까지 서슴없이 자행하였다. 그렇게 결백을 인정받아 노나라의 장군이 된 오기는 제나라 군대를 크게 격파하여 큰 전공을 세웠다.

개선장군이 된 오기는 그 후 많은 부정부패와 비리에 개입하였다. 그러다 보니 과거에 살인했던 일, 어머니의 장례식에 불참했던 일, 그리고 아내를 잔인하게 죽인 일 등의 여러 가지 비리들이 폭로되면서 결국에는 위(魏)나라로 망명하였다.

위 문후는 오기가 용병에 능하고 통솔력이 강한 모습을 보고는 그를 중용하였다. 이렇게 위나라 장수가 된 오기는 늘 병사들과 더불어 입고 마시며 동고동락하였다. 어느 날은 종기(疽)가 난 병사의 고름을 자신의 입으로 직접 빨아주며 치료해 주었다. 이 소식을 들은 병사의 어머니가 달려와 대성통곡을 하자 주위 사람들이 깜짝 놀라 그 연유를 물었다. "오공(오기)께서 이전에 제 남편의 종기를 빨아주었더니 남편이 전투에서 뒤도 돌아보지 않고 싸우다가 죽고 말았습니다. 그런데 이번에는 오공께서 제 아들의 종기를 빨아주었다고 하니, 제 아들이 또 어디서 죽을지 몰라서 미리 우는 것입니다."라고 대답하였다. 이 일화에서 "연저지인(吮疽之仁) 혹은 오기연저(吳起吮疽)"라는 고사성어가 유래하였다.

오기의 연전연승으로 위나라는 영토를 크게 확장시키며 일약 강대국으로 부상하였다. 그러나 이러한 전공에도 불구하고 오기는 또다시 다른 신하들의 시기와 각종 비리에 연루되어 탄핵의 위기에 처하였다. 그러자 오기는 다시 위나라에서 탈출하여 초나라로 망명하였다.

초나라 도왕은 오기의 명성과 능력을 잘 알고 있었기에 그를 바로 재상으로 삼았다. 초나라의 재상이 된 오기는 귀족들을 대상으로 대대적인 개혁을 시행하여 왕권을 크게 강화시켰다. 또 오기는 병력을 조련하여 남쪽으로는 백월(百越)을 평정하고, 북쪽으로는 진(陳)나라와 채(蔡)나라를 병합하였으며, 서쪽으로는 진나라(秦)를 정벌하여 초나라를 강대국으로 만들었다.

그러나 초 도왕이 갑자기 죽는 바람에 정세는 급변하였다. 이전부터 오기의 개혁 정책을 반대하던 초나라 귀족들과 대신들이 반란을 일으켜 오기를 공격하였다. 궁지에 몰린 오기는 궁전으로 들어와 초 도왕의 시신을 방패로 삼아 저항하다가 결국에는 전사하였다. 이때 초나라 귀족들과 대신들이 오기를 죽이려 날리던 화살이 도왕의 시신까지 맞추고 말았다.

초 도왕의 장례를 치르고 즉위한 초 숙왕은 초 도왕의 시신에 박힌 화살을 증거로 이와 연관된 자들을 모두 처형하였다. 이 사건에 연루되어 멸족당한 집안이 70여 가구나 되었다고 한다.

이처럼 부패한 대신들을 물리치고 국가의 기강을 바로잡은 오기에게 찬사를 보내는 이들도 있지만, 반대로 오기의 비인간적인 행위와 각종 비리로 인하여 부정적으로 평가하는 사람도 많다. 특히 증자의 문도가 되어 유가 사상을 공부하였던 오기, 그리고 그가 살았던 실제 삶의 모습을 살펴보면 왠지 씁쓸한 여운이 남는다. 오기에 관한 이야기는 『열국지』 제85회부터 제86회까지에 걸쳐 나온다.

오기연저(吳起吮疽)라는 고사성어에서 오기의 참모습을 찾을 수 있다. 오기연저(吳起吮疽)는 몸에 난 종기를 직접 입으로 빨아주는 인자함이란 뜻으로, 아랫사람에 대한 극진한 사랑을 비유할 때 쓰이는 말이나, 반대로 상대방에게 신뢰를 얻어 자신의 목적을 달성하려는 위선적 선행이라는 부정적 의미도 있다.

그러면 오기는 과연 어디에 속하는 인물이었을까?

❀ 故事成語와 名言名句

⊙ 삼가분진(三家分晉)

삼가분진은 진나라를 셋으로 나누어 독립하였다는 뜻으로 기원전 453년, 진(晉)나라가 한(韓)나라·위(魏)나라·조(趙)나라 3개국으로 독립한 것을 일컬어 삼가분진(三家分晉)이라 하였다.

⊙ 전국칠웅(戰國七雄)

전국칠웅은 전국시대에 중원의 패권을 놓고 다툰 7대 강국을 말한다. 동방의 제(齊)나라·남방의 초(楚)나라·서방의 진(秦)나라·북방의 연(燕)나라와 중앙에는 진(晉)나라에서 분가한 위(魏)나라·한(韓)나라·조(趙)나라 등 7개국을 말한다.

⊙ 전씨대제(田氏代齊)

전씨대제란 기원전 379년에 제나라 강공이 죽고, 강(姜)씨의 제나라가 전(田)씨의 제나라로 바뀌는 사건을 일컫는다. 즉, 전완의 제9대손인 전화(田和)가 제나라 강공을 폐하고 자신이 국군(國君)에 오른 사건을 말한다.

⊙ 연목구어(緣木求魚)

연목구어는 나무에 올라가 물고기를 구한다는 뜻이다. 제나라 선왕(宣王)의 무력(武力) 정치에 맹자가 반대하며, 천하를 얻으려면 무력을 버리고 대도(大道)를 가라고 한 데서 유래되었다.

⊙ 각화무염(刻畵無鹽)

각화무염은 무염 땅 추녀 종리춘이 화장을 한다는 뜻으로, 아무리 예쁘게 화장하여도 원래가 추녀이기에 별 효과가 없음을 비유하여 만들어진 말이다.

⊙ 호가호위(狐假虎威)

호가호위는 "여우가 호랑이의 위세를 빌리다."라는 뜻으로, 남의 권세를 빌려 허세를 부리는 것을 비유한 고사성어이다. 이 말은 초선왕과 재상 소해휼 사이에서 유래하였다.

⊙ 와우각상(蝸牛角上)

와우각상은 달팽이 뿔 위에서 서로 싸운다는 뜻으로 인간이 고뇌하고 집착하는 일들을 대자연의 관점에서 보면 티끌처럼 부질없다는 것을 말할 때 쓰이는 말이다. 양 혜왕과 대진인의 대화에서 연유되었다.

⊙ 오십보백보(五十步百步)

오십보백보는 미세한 정도의 차이는 있으나 본질을 보면 별 차이가 없음을 이르는 말. 양 혜왕과 맹자가 국정에 관하여 논하면서 언급한 말이다. 작은 차이에 연연하지 말고 문제의 본질을 보는 시각을 가지라는 의미이다.

⊙ 필부지용(匹夫之勇)

필부지용이란 깊은 생각 없이 혈기만 믿고 함부로 행동하는 소인

배의 용기라는 뜻이다. 『맹자』의 「양혜왕(梁惠王)」에 나오는 말로, 양혜왕과 맹자의 대화에서 언급된 말이다.

⊙ 한단지보(邯鄲之步)

한단지보는 자기의 근본도 잊고 남의 흉내를 내는 어리석음을 경계하는 말이다. 『장자』에 나온 말로, 연나라 수릉의 한 젊은이가 조나라 수도 한단에 가서 세련된 걸음걸이를 배우려다가 원래 자신의 걸음걸이마저 잊고 기어서 고향으로 돌아갔다는 고사이다. 또 한단학보(邯鄲學步)라고도 한다.

⊙ 사위지기자사, 여위열기자용(士爲知己者死 女爲悅己者容)

사위지기자사, 여위열기자용의 의미는 "선비는 자신을 알아주는 사람을 위해 목숨을 바치고, 여자는 자신을 기쁘게(사랑) 해주는 남자를 위해 화장을 한다."라는 뜻의 명언이다.

⊙ 칠신탄탄(漆身吞炭)

칠신탄탄은 "몸에는 옻칠을 하고 숯을 삼킨다."라는 의미로, 몸에 옻칠하여 얼굴을 변장하고 숯을 삼켜 목소리를 변화시킨다는 뜻이다. 즉 복수를 위해서 자신 몸을 돌보지 않는다는 의미로 쓰인다.

⊙ 오기연저(吳起吮疽) 혹은 연저지인(吮疽之仁)

오기연저는 "몸에 난 종기를 직접 입으로 빨아 치료해 준다."라는 뜻으로 아랫사람에 대한 극진한 사랑을 비유할 때 쓰이는 말이기도 하지만, 역으로 상대방에게 신뢰를 얻어 자신의 목적을 달성하려는 위선적 선행이라는 의미도 있다.

⊙ 원앙지계(鴛鴦之契)

원앙지계는 부부 사이가 좋은 부부를 의미한다. 새 중에서 원앙이

특히 암수 사이가 좋다고 하여 예로부터 좋은 부부의 상징적인 새

가 되었다. 유사어로 잉꼬부부라고도 하고 또 유사어로 금슬상화

(琴瑟相和)가 있다.

원앙지계(鴛鴦之契)

원앙지계라는 고사성어는 『수신기(搜神記)』의 한빙부부(韓憑夫婦)에서 유래된 이야기이다. 전국시대 송나라 강왕(康王) 때에 한빙(韓憑)이라는 자는 하씨(河氏)라는 아리따운 부인을 아내로 맞아 행복하게 살고 있었다. 이 부부는 서로 은혜하고 사랑하는 사이로 많은 사람의 부러움을 샀다.

그런데 어느 날 강왕이 하씨의 미모에 반하여 권력을 이용해 이 여인을 강탈하여 자신의 부인으로 삼아버렸다. 한빙이 이를 원망하자 강왕은 그를 죄인으로 몰아 변방의 노예로 보내버렸다. 분노를 참지 못한 한빙은 결국 자살하였다.

이 소식을 전해 들은 하씨 부인은 큰 슬픔에 잠기었다. 그리고 날마다 자신의 옷가지를 태양의 직사광선에 노출시켜 삭히었다. 그러던 어느 날 하씨 부인은 강왕과 함께 높은 성벽 근처로 산책하던 중, 갑자기 투신자살을 시도하였다. 주변의 신하들이 그녀의 옷소매를 잡아당겼지만, 옷이 삭아 찢어지는 바람에 옷소매만 남고 하씨는 떨어져 죽었다.

하씨의 유품을 살펴보니, 그녀는 유언에 이르길 "소원이니 제 시신을 한빙과 합장해 주십시오."라고 씌어 있었다. 왕은 크게 분노하여 합장하지 않고 일부러 그녀의 시신을 한빙의 무덤과 마주 보는 자리에 묻어버렸다.

그런데 신기하게도 그 무덤 사이에 나무 두 그루가 크게 자라더니 가지가 서로를 향해 엉겨 붙고(일명 연리지(連理枝)라 한다.) 뿌리도 서로 엉겨 붙어 성장하였다. 그리고 날마다 원앙 한 쌍이 나무 위에 집을 짓고 조석으로 그 자리에서 구슬피 울었다고 한다.

이를 본 송나라 사람들은 원앙이 한빙부부의 영혼이라고 여기고 그 나무를 상사수(相思樹)라 불렸다. 여기에서 원앙지계(鴛鴦之契)라는 고사성어가 유래하였다. 이 이야기는 간보(干寶)가 편찬한 『수신기(搜神記)』에 실려 전해진다.

제10강

귀곡자 鬼谷子의 4제자와
꿈꾸는 영웅들

— **key word** —

귀곡선생(鬼谷先生)의 4제자(손빈 / 방연 / 소진 / 장의) · 위위구조(圍魏救趙)

감조지계(減竈之計) · 종횡가(縱橫家) · 단오절(端午節) · 화씨지벽(和氏之璧) · 완벽귀조(完璧歸趙)

노발충관(怒髮衝冠) · 문경지교(刎頸之交) · 부형청죄(負荊請罪) · 교주고슬(膠柱鼓瑟)

누란지위(累卵之危) · 원교근공(遠交近攻)

❋ 귀곡자의 4제자와 꿈꾸는 영웅들

⊙ 소설 배경(제87회-제97회)

전국시대는 그야말로 군웅할거(群雄割據) 시대이다. 전국시대로 들어서자, 영웅을 꿈꾸는 4명의 인재들이 나타났는데 이들이 바로 귀곡선생의 제자들이다. 이 4명의 제자가 바로 손빈과 방연 그리고 소진과 장의를 말한다. 방연과 손빈 그리고 소진과 장의는 귀곡선생의 문하생으로 들어와 함께 동문수학한 동기생들이다. 이 중 손빈과 방연은 군사학을 위주로 배웠다고 하고, 소진과 장의는 처세술을 위주로 공부한 것으로 알려져 있다.

방연과 손빈은 같은 스승 밑에서 배웠지만 가는 길이 서로 달랐다. 방연은 오직 자신의 야망과 꿈을 실현하기 위해 친구를 희생시키려다가 오히려 자신의 꿈을 펼치지도 못하고 죽었고, 손빈 또한 라이벌 의식에 가득 찬 친구로 인하여 힘들게 살다 간 외로운 영웅이었다.

합종설과 연횡설로 무장한 소진과 장의의 책략 대결에서, 초반에는 소진의 합종설이 대세를 이루었으나 소진이 죽자, 소진의 합종설은 장의의 연횡설에 밀리기 시작하였다.

장의의 연횡설을 채택한 진나라의 공격으로 초나라는 점점 위기에 몰리게 된다. 초나라 충신 굴원은 쓰러져 가는 조국과 주군을 향한 일편단심으로 충성을 다하였으나, 자신의 뜻과 반대로 가는 세상에 비관하여 결국 멱라강에 몸을 던져 자살한다. 굴원이 멱라강에 투신하여 죽은 날이 바로 음력 5월 5일 단오의 유래가 되었다.

이러한 혼란 속에서도 조나라가 진나라에게 밀리지 않은 것은 혜문왕(惠文王) 때에 조나라를 상징하는 대표적 영웅 인상여(藺相如)와 염파(廉頗) 장군이 있었기 때문이다. 인상여는 문인이며 염파는 무인으로 조나라를 지켜낸 양대 산맥이었다. 이들에게서 유래된 고사성어로 화씨지벽(和氏之璧)·완벽귀조(完璧歸趙)·노발충관(怒髮衝冠)·문경지교(刎頸之交) 등이 있다.

어지러운 정국에 야망을 품고 나타난 또 하나의 인재가 바로 책사 범수였다. 진 소양왕을 접견하면서 그가 제시한 외교정책이 바로 원교근공책으로 "먼 나라와는 가깝게 지내면서 가까운 나라를 먼저 공격한다."라는 계책이었다. 이 원교근공책과 법가사상은 후에 진나라가 천하통일을 이루는 데 초석이 되었다.

귀곡자(鬼谷子)의
4제자

귀곡자(鬼谷子)는 기원전 4세기경 전국시대의 정치가로 제자백가 가운데 종횡가(縱橫家)의 대표사상가이다. 귀곡자는 합종연횡가인 소진과 장의의 스승이기도 하다. 그가 귀곡지방에서 은거했기 때문에 귀곡자 또는 귀곡선생(鬼谷先生)이라 부른다. 귀곡자에 대한 기록이 별로 없어 자세히는 알 수 없지만, 대략 성(姓)은 왕(王)이고 이름은 후(詡)로, 제(齊)나라(혹은 초나라 사람이라는 설도 있다.) 사람이라 전해진다.

특히 군웅할거(群雄割據) 시대에 영웅을 꿈꾸던 4명의 인재가 바로 귀곡선생의 제자들이다. 귀곡선생의 4명의 제자는 바로 손빈(기원전 382년~기원전 316년)과 방연(기원전 ?~기원전 342년) 그리고 소진(생졸년 미상: 대략 기원전 334년~기원전 320년 경 활약)과 장의(생졸년 미상: 대략 기원전 328년~기원전 309년 경 활약)를 말한다.

〈귀곡선생의 수제자 손빈이 학업을 마치고 하산하다〉

1. 방연과 손빈

⑧ — 방연의 음모

방연과 손빈, 그리고 소진과 장의는 귀곡선생의 밑에서 동문수학한 클래스메이트로 알려져 있다. 이 중 손빈과 방연은 군사학과 병법을 위주로 배웠다고 하고, 소진과 장의는 정치외교 및 처세술을 위주로 배웠다고 한다.

손빈과 방연은 귀곡자 밑에서 동문수학하면서 의기투합하여 의형제를 맺었던 절친한 사이였다. 특히 방연은 손자의 후예(손빈(孫臏)은『손자병법』의 저자인 손무(孫武)의 후손으로서 근래에 발굴된『손빈병법』의 저자이기도 하다.)인 데다가 천재인 손빈에게 라이벌 의식이 특히 강했다. 이러한 지나친 라이벌 의식으로 방연과 손빈은 비록 같은 스승 밑에서 배웠지만 가는 길은 서로 달랐다. 이들은 오직 자신의 야망과 꿈을 실현하기 위해 살다가 죽은 외로운 영웅들이다.

본래 서자 출신으로 출세에 강한 욕망이 있었던 방연이 먼저 하산하여 위나라에 들어갔다. 방연은 각고의 노력 끝에 마침내 위(魏)나라 고위 관직으로 입각하여 위 혜왕(惠王)의 특급 참모가 되었다. 특히 방연은 군사학 방면에 두각을 나타내며 위나라 군대를 강력한 군대로 조련시켰다.

나중에 하산한 손빈은 동문수학한 친구를 찾아 위나라로 들어갔다. 손빈의 정계 진출에 다리를 놓아준 사람이 묵적이었다. 이 묵적이라는 인물이 바로 겸애설을 주장한 묵자이다. 일설에는 묵자와 귀곡자는 친구였다는 설도 있다. 묵자에 대한 여러 가지 이야기는 『열국지』 제87회와 제88회에 나온다.

그러나 시기심 많았던 방연은 자기의 정치적 입지가 위태해짐을 의식하여 손빈을 모함하기 시작하였다. 결국, 손빈은 제나라의 첩자로 몰려 무릎 연골을 파내 앉은뱅이로 만드는 형벌과 발꿈치를 자르는 형벌을 받았고, 거기에다 이마에 죄목을 문신하는 형벌까지 받았다. 그리고 방연은 항시 손빈을 감시하며 그의 동향을 살폈다.

이러한 내막을 몰랐던 손빈은 나중에 방연의 의도와 본심을 알아채고 그를 속이기 위해 거짓으로 미친 체하며 폐인처럼 행동하였다. 그리고 은밀히 외부와 연락하며 탈출의 기회를 노리던 중, 우연히 제나라의 금활이라는 사신과 연결이 되어 극적으로 제나라로의 탈출에 성공하였다. 여기서 나온 금활은 바로 묵자의 제자이다.

⚜ — 손빈과 방연의 지략대결과 위위구조(圍魏救趙)

제나라로 탈출에 성공한 손빈은 어느 날 전기 장군을 만나 기발한 지략을 과시하였다.

"비슷한 수준의 상·중·하 말이 있는 경우, 항상 이기는 방법이 있습니다. 즉 적이 상급의 말을 내보내면 나는 최하급의 말을 내보내어 패하게 합니다. 그다음 적이 중급의 말을 내보내면 나는 상급의 말을 내보내어 이기게 됩니다. 또 마지막으로 상대가 하급의 말을 내보내면 나는 중급의 말만 내보내도 가볍게 이기게 됩니다. 이러면 항상 2:1로 승리를 할 수 있습니다."

손빈이 이러한 기발한 지략을 제시하자 전기 장군은 그를 군사 참모로 임명하였다. 한번은 위(魏)나라 방연이 조(趙)나라를 공격하여, 조나라가 위기에 빠졌다. 그러자 조나라는 제나라에게 구원을 요청하였다. 이에 제나라는 전기 장군을 파견하였다. 그러자 손빈은 조나라로 향하는 전기 장군에게 조나라로 가지 말고 위나라 수도가 비었으니 차라리 위나라 본국을 공격하는 척만 하고 돌아오라고 하였다. 과연 손빈의 말대로, 갑작스러운 제나라의 침략에 다급해진 위나라 군사 방연이 황급히 자신의 부대를 조나라에서 회군하는 바람에 조나라를 구할 수가 있었고, 전쟁은 이렇게 싱겁게 끝났다. 오히려 위나라 방연의 군대만 적잖은 손실이 있었다.

이것이 바로 유명한 계릉 전투(桂陵 戰鬪)이고, 또 여기에 사용된 병법이 위위구조(圍魏救趙)이다. 즉, "위나라를 포위하여 조나라를 구한다."라고 알려진 유명한 병법으로, 후대에 많이 사용되고 있는 병법 용어이다.

다시 세월이 지나 위(魏)나라와 조(趙)나라가 연합하여 한(韓)나라를 공격하자 이번에는 한나라가 제(齊)나라에게 구원을 요청하였다. 이렇게 하여 손빈과 방연은 또다시 정면승부를 펼치게 되었다.

전쟁이 벌어지자, 손빈의 제나라 군대는 고의로 후퇴하면서 아궁이 화덕 수를 줄여(감조유적(減竈誘敵) 병법)나갔다. 그것을 본 방연은 제나라 군영에 필히 문제가 발생했다고 판단하여 주야로 추격하였다. 이윽고 방연의 주력부대가 어느 계곡에 이르렀을 때, 거기에 "방연이 이 나무 밑에서 죽다."(龐涓死于此樹之下)라고 새겨진 문구를 발견하고 방연은 깜짝 놀랐다. 이때 갑자기 매복하고 있던 손빈의 군대가 출현하여 방연을 공격하였다. 위기에 몰린 방연은 결국 회생이 불가하다고 판단하고 자결하였다고 한다. 손빈과 방연에 관한 이야기는 『열국지』 제87회부터 제89회까지에 걸쳐 나온다.

여기에서 손빈이 쓴 병법이 감조지계(減竈之計)이다. 또는 감조유적(減竈誘敵)이라고도 한다. 즉 고의로 아궁이 화덕자리를 줄여, 방연으로 하여금 방심하여 공격하도록 위장하는 병법을 말한다. 이와 반대되는 병법이 감병첨조(減兵添竈)이다. 감병첨조는 날마다 아궁이 화덕자리를 늘려, 병력이 늘어나는 것처럼 위장하고는 몰래 철수하는 계책으로 『삼국지』에 나오는 병법이다. 즉, 제갈량이 죽자, 촉나라가 사마의를 속이고 몰래 철수하기 위하여 쓴 병법으로 유명하다.

2. 소진의 합종설과 장의의 연횡설

종횡가(縱橫家)는 전국시대의 제자백가 사상 가운데 하나이다. 종횡가란 열국(列國)을 주유하며 특유의 변설로 책략을 도모하는 사람들로 소진의 합종설과 장의의 연횡설이 대표적이다. 열국 간의 연합체를 만들어 그 힘의 균형을 이용해서 권력을 쟁취하려는 사상가들을 통칭하여 종횡가라고 한다. 소진과 장의에 관한 이야기는 『열국지』 제87회부터 제92까지에 나온다.

❀ ― 소진의 합종설

전국시대 최고의 웅변가를 꼽으라면 소진(蘇秦)과 장의(張儀)를 빼놓을 수가 없다. 소진과 장의 역시 귀곡자의 문하생이다. 그런데 소진이 먼저 하산하여 정계에 진출하려고 여기저기를 찾아다녔다.

소진은 처음에 진(秦)나라의 혜왕(惠王)을 비롯하여 여러 제후 밑에서 유세하였으나, 그의 이론이 채용되지 않았다. 그리하여 소진은 전략을 수정하였다. 당시 강국인 진(秦)나라가 약체인 한(韓)나라를 침략하여 서로 교전하는 국면을 이용하였다. 당시 약소국들은 진(秦)나라의 침략을 모두 두려워하고 있었기 때문에, 먼저 연(燕)나라의 문후(文侯)에게 6국 합종(合縱)의 필요성과 득실을 설명하여 강력한 지지를 받았다.

그리하여 결국에는 비슷한 처지에 있는 조(趙)나라 · 한(韓)나라 · 위(魏)나라 · 제(齊)나라 · 초(楚)나라 등의 여러 나라를 설복시키기에 성공하면서 소진은 출세 가도를 달렸다. 드디어 기원전 333년에는 연(燕)나라부터 초(楚)나라에 이르는 남북선상의 6국 합종에 성공하면서 국제적 명성을 쌓아갔다. 국제적 명성만큼 그와 연관된 고사성어도 많은데, 미생지신(尾生之信) · 전화위복(轉禍爲福) · 계구우후(鷄口牛後) 등이 있다.

미생지신(尾生之信)은 소진이 연(燕)나라 왕의 의심을 풀기 위해 미생의 이야기를 풀어 놓은 것에서 유래한다. 미생이라는 한 남자가 어느 여인과 다리 밑에서 만나기로 약속하였다. 미생이 홍수가 나서 물이 불어났음에도 불구하고, 약속을 지키기 위하여 다리 밑에서 그녀를 기다리다가 결국에는 익사했다는 고사이다.

소진은 "나는 증삼(曾參) 같은 효도도 없고, 백이(伯夷) 같은 청렴도 없고, 미생 같은 신의도 없습니다. 사람들이 나를 불효하고 청렴하지 못하고 신의가 없다고 욕하지만, 그러하기에 저는 부모를 버리고 여기까지 와서, 약한 연나라를 도우려 하는 것입니다."라며 설득했다.

이처럼 미생지신은 우직하고 융통성 없는 신의라는 의미로 사용된다.

다음은 전화위복(轉禍爲福)으로, 재앙이 오히려 복이 되어 돌아온다는 의미이다. 이는 소진이 6국을 연합하면서 한 말로, "옛날에 일을 잘 처리했던 사람은 재앙을 오히려 복이 되게 바꾸고(轉禍爲福) 또 실패를 성공으로 바꾸었다."라며 소진 자신을 믿어달라고 호소한 데서 연유되었다. 불행한 일이라도 강인한 의지와 노력만 있으면 얼마든지 불행을 행복으로 바꿀 수 있다는 의미이다.

그 외 계구우후(鷄口牛後)가 있는데 의미는 "닭의 부리가 될지언정 소의 꼬리는 되지 마라."라는 뜻이다. 즉, 소진이 합종책을 펼치기 위해 여러 나라를 유세하다가 한나라에 도착하였다. 한 선왕은 강한 진나라와 손을 잡고 전쟁을 피하려 하였다. 이때 소진이 "속담에 '닭 부리가 될지언정, 소 꼬리는 되지 마라.'라는 말이 있습니다. 지금 한나라가 진나라를 섬기면 진나라의 요구는 끝없이 계속될 것입니다."라고 한 선왕을 설득한 데서 유래되었다. 즉, 큰 단체의 따까리보다는 작은 단체의 우두머리가 낫다는 말이다.

그러나 소진의 명성 뒤에는 그의 행태를 비웃는 사람들도 많았다. 국제정세에 따라서 어제의 적이 오늘의 친구가 되고, 또 어제의 친구가 오늘의 적이 되는 냉정한 사회와, 또 인간의 신의가 무너진 당시 사회를 통탄한 부류가 있던 것이다.

그런 이들 중 하나가 맹자이다. 맹자는 그들을 시대의 영웅이 아니라 시대의 역적이라고 멸시하였다. 특히 맹자는 종횡가는 물론, 병가(兵家)와 법가(法家)까지도 개인적인 야욕을 위해서 쓸데없이 국가 간의 전쟁을 부추기는 세력이라고 극언을 서슴지 않았다.

그러나 그러함에도 불구하고 소진의 합종설은 주로 진나라와 같은 강력한 국가에 대항하기 위해 여러 제후국이 연합할 필요성이 대두되면서, 나름 탄력을 받으며 발전하였다. 합종설의 강점은 강력한 진(秦)나라 세력을 견제하고, 각국의 독립성을 유지하기 위한 최상의 방법이기 때문이었다. 당시 소진의 합종설은 진나라의 세력 확장을 저지하기 위한 유일한 대책으로, 한동안 각국의 공통된 지지를 받았다.

그러나 소진의 최후에 대하여 『열국지』에서는 다소 의외의 반전이 일어났다. 연나라에 있을 당시, 소진은 왕의 모후와 사통하는 관계로 발전한다. 부담을 느낀 소진은 제나라에 볼일이 있다며 피신한다. 그러나 제나라에 들어온 소진은 의문의 자객에게 암살당하고 만다. 소진의 말로에 대해서는 무언가 황당한 느낌을 지울 수 없다.

소진도 대단한 인물이지만 동생 소대(蘇代) 역시 명성이 자자하였다. 바로 어부지리(漁父之利)의 고사성어가 그에게서 연유되었다. 제(齊)나라에 많은 군대를 파병한 연(燕)나라에 기근이 찾아왔다. 이 틈을 이용하여 조(趙)나라 혜문왕은 침략을 준비하였다. 연나라 소왕은 황급히 소진의 동생 소대(蘇代)에게 조나라 혜문왕을 설득해 달라고 부탁하였다.

소대는 조 혜문왕을 만나 말하길, "역수를 지나다가 문득 강변에서 조개가 햇볕을 쬐고 있었는데, 갑자기 도요새가 날아와 부리로 조갯살을 쪼았습니다. 깜짝 놀란 조개는 조가비를 굳게 닫고 부리를 놓아주지 않았습니다. 다급해진 도요새가 '비가 오지 않으면 너는 말라죽을 것이니 어서 놓아라.'라고 하자, 조개는 또 '내가 놓아주지 않으면 너는 굶어 죽을 것이다.'라고 말하였습니다. 서로 양보 없이 옥신각신하는 사이에 지나가던 어부가 둘 다 잡아갔습니다. 전하께서는 지금 연나라를 치려고 합니다만, 연나라와 조나라 두 나라가 싸운다면 옆에 있는 진(秦)나라가 어부가 되어 모두를 차지할 것입니다."라고 하였다.

이에 혜문왕은 소대의 말에 감탄하여 침공 계획을 멈추었다고 한다. 도요새와 조개의 싸움을 말하는 방휼지쟁(蚌鷸之爭)이라는 고사성어가

〈소진의 합종설에 장의가 연횡설로 대응하다〉

여기에서 나왔다. 어부지리(漁父之利)는 도요새와 조개의 싸움에 제3자인 어부가 이득을 취한다는 의미이다.

⚜ ― 장의의 연횡설

막강했던 소진의 합종책이 깨진 것은 바로 장의의 연횡책 때문이었다. 장의는 위(魏)나라 소진의 주선으로 진(秦)나라에서 벼슬살이를 시작하여, 진 혜문왕 때에는 재상까지 올라갔던 사람이다. 그는 연횡책을 주창하면서, 위(魏)나라·조(趙)나라·한(韓)나라 등 동서로 연결하는 6국을 설득하여, 진(秦)나라를 중심으로 하는 동맹 관계를 주장하였던 사람이다.

젊은 시절 장의는 하는 일마다 실패의 연속이었다. 한번은 뒤늦게 출세를 위해 여러 나라를 떠돌며 유세하던 장의가 초나라 재상의 식객으로 있다가 도둑으로 누명을 쓴 일이 있었다. 도둑으로 몰려 체형을 받는 바람에 온몸이 만신창이가 되어 집으로 돌아온 그가 돌연 아내에게 입을 벌려 혀를 쑥 내밀더니 말하길, "내 혀가 아직도 그대로 붙어 있소?", "아직 그대로 있습니다."라고 아내가 대답하자 장의는 크게 안심하며 "다른 것은 없어도 되지만 혀만 있다면 됐소."라고 했다는 일화가 전해진다. 즉 유세가는 다른 건 몰라도 혀만 살아 있으면 된다는 일화로 '설상재(舌尚在)'라는 고사성어가 여기에서 유래되었다.

한번은 친구 소진에게 찾아가 도움을 받으려고 하였다. 그러나 소진은 냉담하게 장의를 대하였다. 심지어 소진은 장의에게 심한 굴욕과 모욕감을 주며 배신하였다. 이렇게 소진에게 배신을 당한 장의는 복수를 다짐하였다. 그리하여 장의는 최후의 선택으로 당시 최강국이었던 진나라로 발걸음을 옮겼다. 특히 진나라로 간 것은 바로 소진의 합종책(合從策)을 깨기 위한 것이었다. 그러나 사실은 소진이 사람을 시켜 장의가 진나라에서 중용될 때까지 돌봐주었던 것이었다. 결국, 장의는 진나라 왕을 설득하여 높은 벼슬을 얻었다.

어느 날 우연히 장의는 뒤에서 장의를 도와주던 사람에게서 친구 소진이 그동안 뒤에서 자신을 돌봐주었던 자초지종을 듣게 되었다. 그때에서야 진실을 알게 된 장의는 자신의 무능을 크게 뉘우치며, 소진이 죽기 전까지는 절대 그의 합종책을 깨지 않겠다고 마음먹었다. 즉, 이는 친구 소진을 위한 최소한의 배려였다. 사실 소진은 장의가 작은 성공에 안주할 것을 염려해, 고의로 박대하였던 것이었다.

그 후 소진이 죽자, 장의는 본격적으로 소진이 구축한 합종책을 무너뜨리기 시작하였다. 장의가 위나라 애왕(哀王)에게 합종을 탈퇴하고 연횡에 가담할 것을 권하였으나, 위 애왕은 거부하였다. 그러자 장의는 본보기로 진나라 군대를 이끌고 한나라를 공격하고 초토화시켰다. 이 소식을 들은 위 애왕은 두려워 잠을 이루지 못하였다. 장의는 이때 위 애왕에게 "만약 진나라와 동맹을 맺게 되면 초나라나 한나라가 위나라를 쳐들어오는 일은 없을 것입니다. 그렇게 되면 주군께서는 베개를 높이 하고 편히 잘 주무실 수 있습니다."(高枕安眠)라고 하였다.

위 애왕은 결국 진나라와 동맹 관계를 맺고 합종책에서 탈퇴하였다. 장의는 이 일을 기점으로 나머지 다섯 나라를 차례로 방문하여 그의 연횡설을 성공시켰다.

이것이 바로 장의의 연횡책(連橫策)이다. 즉, 소진의 합종책에 대응하여 진나라가 횡으로 6국과 각각 외교 관계를 수립하고, 약한 나라부터 하나씩 각개격파하는 계책이 바로 연횡책이다. 이 연횡책은 후대에 범수(范雎)가 제시했던 원교근공(遠交近攻) 계책과 함께 진나라 외교정책의 근간이 되었다.

2

굴원(屈原)의
이소(離騷)와 단오(端午)

굴원은 중국 호북성(湖北省) 자귀현(秭歸縣)에서 출생하였다. 그는 전
국시대 초(楚)나라의 왕족과 동성이며, 이름은 평(平), 자는 원(原)이다.
굴원에 관한 이야기는 『열국지』 제92부터 제93회까지 나온다.

기원전 278년, 진(秦)나라가 초(楚)나라를 공격하자, 굴원은 조국이
침략받는 것에 참을 수가 없었다. 이에 그는 장의의 연횡설에 반대하
였고 초나라 왕의 노여움을 사게 되어 귀양을 떠났다. 귀양 생활을 하
던 굴원은 음력 5월 5일에 인생의 마지막 작품 '회사(懷沙)'를 써 놓고
멱라강(汨羅江)에 투신하여 생을 마감하였다. 지금도 국민 시인으로 유
명한 굴원은 대표작으로 『이소(離騷)』가 있으며, 초 회왕(懷王)을 추모
하며 쓴 시가 바로 「사미인(思美人)」이다.

우리나라 고려나 조선시대에는 굴원의 시문학과 절개를 기리는 문
인들이 많이 나왔다. 특히 조선시대의 문인 정철이 자신의 신세와 굴
원의 신세를 동일시하여 쓴 시가 많은데, 대표작으로 굴원의 「사미인

(思美人)」을 모방한 「사미인곡(思美人曲)」이 유명하다.

⊛ ― 국민시인 굴원과 이소

굴원이 추방당한 후 유랑 중에 쓴 대표적인 작품이 바로 『이소(離騷)』이다. 이 작품은 천고에 빛나는 낭만주의의 걸작이라고 할 수 있다. 모두 373행 2,490자로, 내용은 그의 이상과 행적을 서술하고 있다. 이소(離騷)라는 뜻은 "이(離)는 어려움을 만나는 것이고, 소(騷)는 근심거리를 말한다."(離, 遭也, 騷, 憂也.)라는 의미이다. 즉, 초나라의 회왕(懷王)과 충돌하여 물러나야 했던 실망과 우국충정을 노래한 것이다.

『시경(詩經)』이 북방 문학을 대표한다면, 『초사(楚辭)』는 남방 문학을 대표하는 작품으로, 낭만주의 문학의 대표작이다. 이 작품은 한나라 이후의 시부(詩賦) 문학에 지대한 영향을 끼쳤다.

굴원은 젊어서부터 학식이 뛰어나, 초나라 회왕(懷王)의 신임을 받으며 정계에 입문하였다. 그는 내정과 외교의 중책을 맡으며 정적들과 자주 충돌하였다. 특히 굴원이 지지했던 합종설은 연횡설을 지지하는 국왕과 멀어지게 되는 단초가 되었다.

당시 초(楚)나라는 제(齊)나라와 진(秦)나라와 함께 3강 체계를 구축하며 서로 대립하였던 시기였다. 굴원은 제(齊)나라와 동맹을 맺으며 강국인 진(秦)나라에 대항해야 한다는 소진의 합종설(合縱說)을 지지하였다. 그러나 초나라 회왕과 중신들은 장의의 연횡설(連衡說)을 지지하였다. 결국, 진나라 장의(張儀)의 계략에 속아 굴원은 오히려 정계에서 실각당하고 말았다.

후에 초나라는 장의의 연횡설을 채택하면서 제나라와 단교하는 우를 범하였다. 초나라는 나중에야 자신이 진나라에게 기만당하였다는 사실을 알게 되었다. 이에 화가 난 초(楚)나라는 출병하여 진(秦)나라와 전쟁을 시작하였지만, 오히려 대패하여 위기를 불러왔다. 이때 굴원이 다시 등용되어 정사를 맡게 되었다.

초나라는 진나라와의 화평조건으로 장의의 목숨을 요구하였다. 그러자 장의가 자진하여 초나라에 들어와 인질이 되었지만, 굴원의 정적들과 왕의 애첩에게 로비하는 바람에 장의는 결국 석방되었다. 당시 굴원은 장의를 죽여야 한다고 계속해서 진언하였으나, 장의는 이미 진나라로 달아난 뒤였다.

그 후 진나라에서 화평을 제시하며 초나라 왕을 진나라로 초대하는 사건이 벌어지자, 굴원은 급구 반대하였다. 그러나 이를 무시한 초나라 왕이 진나라로 들어갔다가 목숨을 잃고 말았다. 초나라 왕이 진나라에서 객사하자, 장남이 대를 이어 경양왕(頃襄王)으로 즉위하였다. 그후 굴원은 또다시 모함받고 결국 멱라강(汨羅江) 근처로 유배되었다.

여기서 나오는 경양왕은 초 양왕이라고도 하는데, 무능한 왕으로 전해진다. 그 와 연관된 고사성어가 무산지몽(巫山之夢)이다.

어느 날 초 양왕은 꿈에서 무산의 신녀인 요희(瑤姬)와 만나 뜨거운 사랑을 하였는데, 그녀가 이별하며 말하길, "저는 아침에 구름이 되었다가 저녁에는 비가 되어 내립니다. 그리고 무산의 폭포에서 조석으로 당신을 그리워할 것입니다."라고 작별 인사를 한 데서 유래하였다. 또는 운우지정(雲雨之情)이라고도 한다.

❀── 굴원과 단오(端午)

쓰러져 가는 조국과 주군을 향한 일편단심, 그러나 자기의 뜻과 정반대로 가는 세상에 비관하여 결국 굴원이 선택한 것은 멱라강에 몸을 던져 자살하는 것이었다. 굴원이 멱라강에 투신하여 죽은 날이 바로 음력 5월 5일 단오날이다.

굴원이 죽자, 초나라의 백성들은 슬픔에 잠겨 굴원을 추모하고자 하였다. 백성들은 배를 타고 그의 시신을 찾았지만 발견하지 못하였다. 조급해진 백성들은 혹 물고기들이 굴원의 시신을 손상시킬까 우려하여 주먹밥을 강에 뿌리기도 하였다. 이러한 풍속이 점차 발전하여 오늘날의 종자(粽子)가 된 것이다. 또 웅황주를 강물에 뿌리기도 하였는데, 이는 물고기들이 술에 취해 굴원의 시신을 손상하지 못하도록 하려는 배려였다. 그 외 용선(龍船) 경주 시합도 하였는데, 이는 굴원의 시신을 빨리 건져내기 위한 것에서 유래되었다. 그 후 해마다 음력 5월 5일이면 용선경기(龍船競技)를 펼치며, 종자(粽子)를 먹고, 또 웅황주를 마시면서 애국 시인 굴원을 추모하였다.

2005년 강릉단오제가 유네스코 세계문화유산에 등재되자 중국에서는 한국이 중국의 단오절을 훔쳐 갔다며 난리가 났었다. 이 문제는 국제적 문제로 비화되기도 하였다. 당시 유네스코 회의장에서 행한 한국 대표의 기조연설이 인상적이다.

"유럽문화의 원류는 헤브라이즘과 헬레니즘에서 기원한다. 만약 문화의 종주국을 따진다면 모두 이집트와 그리스 및 로마 문명에서 나온 것이기에, 유럽 각국에 있는 모든 세계문화유산은 이들에게 돌려줘야 한다. 단오가 중국의 굴원에게서 연유된 것은 부인할 수 없는 사실이다. 그러나 수천 년 계승되는 과정에서 많은 문화적 차이가 생겨, 이제는 완전히 다른 문화성을 지니게 되었다. 문화란 처음 발명하고 창조한 나라가 종주국은 될 수 있으나 그들의 몫은 아니다. 문화란 새롭게 계승시키고 또 새롭게 발전시킨 자의 몫이기 때문이다."

인상여와 염파장군의
문경지교

조나라 혜문왕(惠文王) 때에 조나라를 상징하는 대표적 영웅이 바로 인상여(藺相如)와 염파(廉頗) 장군이다. 인상여는 문인이며 염파는 무인으로 조나라를 지켜낸 양대 산맥이다. 이들과 연관된 고사성어로 화씨지벽(和氏之璧)·완벽귀조(完璧歸趙)·노발충관(怒髮衝冠)·문경지교(刎頸之交) 등 다수가 있다. 인상여와 염파에 관한 이야기는『열국지』제95부터 제105회까지에 걸쳐 나온다.

인상여는 조나라 말기에 활약한 대표적인 인물 중 한 사람으로, 조(趙)나라의 재상을 지냈다. 특히 완벽(完璧)·노발충관(怒髮衝冠)·문경지교(刎頸之交)가 모두 인상여로부터 유래되었다.

◈ ─ 인상여의 화씨지벽(和氏之璧)과 완벽귀조(完璧歸趙)

『한비자』에 따르면 초나라의 변화(卞和)라는 사람이 강가에서 벽옥(璧玉)을 발견하고 초 여왕에게 바쳤으나 가짜 돌이라고 판정이 나는 바람에, 분노한 여왕은 변화의 한쪽 다리를 잘라 버렸다. 여왕이 죽고 무왕이 즉위하자, 변화는 다시 돌을 바쳤으나 이번에도 가짜라는 판정을 받는 바람에 나머지 다리도 잘렸다. 다시 무왕이 죽고 문왕이 즉위하였는데, 문왕이 우연히 이 이야기를 듣고 원석을 가져다 반을 갈라 보니 진짜 옥으로 판명이 났다고 한다.

그 뒤 세월이 흘러 화씨지벽이 조나라 혜문왕의 손에 들어갔는데, 이 소문을 들은 진나라 소양왕이 15개 성과 화씨지벽을 바꾸자고 요청하였다. 조나라 혜문왕은 혹 진나라 소양왕이 약속을 어길까 걱정되어 대책 회의를 열었다. 이때 지모와 용기가 있는 인상여를 적임자로 결정하여 파견하였다.

인상여가 화씨지벽을 가지고 진나라에 가서 소양왕께 바쳤으나, 소양왕은 옥만 받고 15개 성에 대한 언급은 없었다. 이에 다급해진 인상여는 "구슬에 한 군데 흠집이 있으니 알려 드리겠습니다."라고 속여 돌려받은 후, 즉시 "저는 신의를 지키느라 벽옥을 가지고 왔으나, 왕께서는 약속을 지키지 아니하니, 이 구슬은 일단 제가 보관하고 있겠습니다. 그렇지 않으면 저의 머리와 더불어 이 구슬을 부숴 버리겠습니다."라고 하였다.

진 소양왕은 화가 났으나 신의 없는 왕이라는 비난이 두려워 어찌하지 못하고 그냥 놓아주었고, 옥도 온전하게 조나라로 돌아왔다. 여기에서 유래된 것이 완벽귀조(完璧歸趙)이다. 화씨지벽이 처음의 완전한 상태로 조나라로 돌아간 것처럼 완벽이라는 말도 여기에서 나왔다.

그리고 이때 인상여가 진나라 소양왕의 무례한 행동에 격노하여 머리털이 곤두서는 바람에 머리털이 갓을 추켜올리며 나왔다고 하여 노발충관(怒髮衝冠 혹은 怒髮上衝冠)이라는 고사성어가 유래되었다.

⊛ ― 인상여와 염파의 문경지교(刎頸之交)

이처럼 화씨지벽을 진나라로부터 잘 보존해서 돌아오자, 그 공이 인정되어 인상여는 승승장구하며 승진하였다. 그러나 염파 장군은 이를 시기하여 인정하지 않았다. 이후 또 인상여는 민지 회담에서 혜문왕을 잘 보좌하여 큰 공을 세우니 벼슬이 상경에 이르게 되었는데, 그 지위가 염파 장군보다도 더 높았다.

염파는 전쟁터에서 목숨을 바쳐 나라를 지킨 자신보다 그저 말만 잘하는 인상여가 더 높은 직위에 있다는 사실에 불만을 품고 "인상여를 만나면 반드시 가만두지 않으리라."라고 벼르고 있었다. 이 말을 전해 들은 인상여는 그 후부터 염파를 피하여 다녔다.

그러나 인상여의 부하들은 염파보다도 높은 직위에 있는 인상여가 오히려 염파가 두려워 피해 다닌다는 사실에 크게 실망하고 부끄러워

〈조 무령왕의 양대 충신 인상여와 염파 장군〉

하였다. 그러자 인상여는 "이웃의 강한 진나라가 감히 조나라를 어찌 하지 못하는 것은 오직 염파 장군과 나 인상여 두 사람이 있기 때문이다. 만약 이 두 마리 호랑이가 서로 싸우면 그중에 하나는 살아남지 못할 것이다. 내가 이렇게 염파를 피해 다니는 것은 바로 나라의 공적인 일이 먼저이고 사사로운 원한은 나중이기 때문이다."라고 하였다.

이 말을 전해 들은 염파는 대오각성하였다고 한다. 그리고 웃옷을 벗고 가시나무를 등에 진 채 인상여의 집으로 찾아가 사죄하였다고 한다. 마침내 두 사람은 서로 상대를 위해 목을 내놓아도 아깝지 않은 우정을 나누었는데, 여기에서 문경지교(刎頸之交) 혹은 문경지우(刎頸之友)라는 고사성어가 유래되었다. 또한, 염파가 웃옷을 벗고 가시나무를 등에 지면서 죄를 청하였다는 고사에서 육단부형(肉袒負荊)·부형청죄(負荊請罪)의 고사성어도 생겨났다.

그 후 기원전 260년, 진나라의 장군 왕흘(王齕)이 조나라를 공격하면서 장평 대전이 일어났다. 이에 조 효성왕은 염파 장군을 파견하였다. 진나라는 몇 차례 조나라 군대를 공격하였으나 철벽같은 염파 장군의 보루를 뚫어내지 못하였다. 그러자 진나라 측에서는 첩자를 보내 "진나라가 가장 걱정하는 것은 오로지 조괄(趙括)이 대장군이 되는 것 뿐이다."라는 유언비어를 퍼트리며 심리전을 펼쳤다.

이 유언비어를 믿은 조나라 효성왕은 조괄 장군으로 대장군을 교체하려고 하였다. 이때 병상에 있던 인상여가 조 효성왕에게 "왕께서 명성만 믿고 조괄을 쓰려고 하시는데, 이는 아교로 거문고의 발을 붙이고 연주하는 것과 같습니다. 조괄은 그저 그의 부친이 전한 책만 달달 외웠을 뿐, 임기응변을 잘 모르는 사람입니다."라 하며 반대하였다. 여기에서 교주고슬(膠柱鼓瑟)이라는 고사성어가 유래하였다. 이 고

사성어의 의미는 거문고의 현주(絃柱)를 아교로 붙이면 다시는 조율을
할 수가 없듯이, 융통성이 없고 고지식함을 이르는 말이다.

이와 유사한 고사성어가 지상담병(紙上談兵)이다. 조괄의 아버지 조
사는 "전쟁은 사람이 죽고 사는 문제인데 조괄은 이를 너무 가볍게 여
긴다."라며 장수의 그릇이 아니라고 말하였다. 주변에서도 조괄은 똑
똑하지만, 실전경험은 전무하며 전쟁을 종이 위에서 병법을 논하듯 너
무 쉽게 생각한다고(紙上談兵) 말한 데서 유래하였다.

그러나 조나라 효성왕은 충신 인상여의 반대에도 불구하고, 장평 전
투에서 조괄에게 조나라 군사 지휘권을 넘겨주었다. 젊고 경험이 부
족한 조괄은 진군의 총사령관인 백기(白起)에게 후방을 뚫리는 바람에,
조괄 자신은 물론 45만 명의 조나라 병사들까지 몰살당하였다. 이 사
건으로 인하여 조나라는 국세가 크게 기울었고, 그 후 30여 년이 지난
기원전 229년에 진시황의 침공으로 멸망하였다.

4

범수(范睢)의 누란지위와
원교근공

❀ ― 범수의 누란지위(累卵之危)

범수는 위나라 사람으로 당시 중대부(中大夫) 수고(須賈)를 섬기고 있었다. 어느 날 수고가 위나라 왕의 명을 받들어 제나라에 사신으로 갈 때 범수도 동행하였다. 이때 제나라 양왕이 범수에게 특별히 금 10근과 소와 술을 하사하였는데, 범수는 이것을 받지 않고 거절하였다. 우연히 이 모습을 지켜본 수고는 혹시 범수가 위나라의 비밀을 제나라에 팔아넘긴 것이 아닌가 하고 의심하였다.

위나라로 돌아온 수고는 재상 위제(魏齊)에게 이 일을 보고하였다. 그러자 재상 위제는 범수의 죄를 추궁하였다. 범수는 잔인한 고문으로 인하여 갈비뼈와 이빨이 부러지며 실신하였다. 이때 범수가 죽은 척하자, 관원들은 그를 변소 근처에 버렸다. 정신이 든 범수는 간수에게 "나를 도망칠 수 있게 도와준다면 후일 반드시 사례하겠다."라고 간청하였다. 간수는 재상 위제에게 범수가 죽었기에 시신을 버렸다고 거짓

보고하였다. 그 후 범수는 진나라로 도망쳐서 장록(張祿)이라는 이름으로 바꾸어 살았다.

진(秦)나라 사신 왕계(王稽)가 위나라에 왔을 때, 범수는 그를 이용해 진나라로 도망쳤다. 진나라에 들어간 왕계는 진 소양왕(昭陽王)에게 범수를 천거했지만 바로 등용되지는 않았다.

후일 다시 왕계가 진 소양왕에게 범수를 천거하면서 말하기를 "범수가 진나라 정세를 평하여 말하길, 위여누란(危如累卵)이라고 하였습니다. 의미는 진나라는 알을 포개놓은 것만큼 위태롭다는 것인데, 그를 기용하면 능히 국태민안(國泰民安)을 얻을 수 있다고 합니다."라고 말하자 소양왕이 범수에게 관심을 보이게 되었다고 한다. 여기서 유래된 고사성어 위여누란(危如累卵)은 후에 누란지위(累卵之危) 혹은 누란위기(累卵危機)라고도 한다.

⊛ ― 범수의 원교근공(遠交近攻)

범수가 진 소양왕에게 계속해서 상소를 올리자, 마침내 왕계의 주선으로 진나라 소양왕(昭襄王)과 접견을 할 수 있었다. 범수는 소양왕에게 원교근공책(遠交近攻策)을 말하였다. 그러자 소양왕은 일단 범수에게 낮은 직책을 주고 그의 능력을 시험하기로 하였다. 그리하여 소양왕은 범수의 계책대로 위나라를 먼저 공격하여 영토를 빼앗고 다시 한나라를 압박하였다. 과연 성과가 있었다. 성과에 만족한 소양왕은 범수를 본격적으로 신임하기 시작하였다.

한번은 위(魏)나라에서 진(秦)나라가 한(韓)나라와 위(魏)나라를 토벌하려 한다는 정보를 얻어, 수고(須賈)를 진나라에 보냈다. 진나라에 사신으로 온 수고는 범수가 자신이 죽음으로 몰아넣었던 재상 장록인지를 전혀 몰랐다. 범수는 몰래 사신 수고(須賈)의 숙소로 찾아갔다. 이에 깜짝 놀란 수고가 그의 안부를 묻자, 범수는 날품팔이로 먹고산다고 거짓말을 하였다.

이에 수고는 범수가 측은하였는지 음식을 대접하고 또 자신이 가지고 온 고급 솜옷을 주며 "진나라 재상 장록을 만나고 싶다."라고 하였다. 그러자 범수는 자신 주인이 장록을 잘 알고 있다며 수고를 장록의 저택으로 데리고 갔다.

알고 보니 범수가 바로 재상 장록이었다. 깜짝 놀란 수고가 몹시 당황하며 범수에게 과거 일을 사과하였다. 그러나 범수는 수고가 자신에게 음식을 대접하고 고급 명주 솜옷을 준 것을 생각하여 용서하였다. 그리고 수고에게 "즉시 위제의 머리를 가져오라고 위나라 왕에게 전하라. 불응하면 위나라를 토벌하겠다."라고 하였다. 수고가 귀국하여 위제에 사실을 고하자, 이에 놀란 위제는 황급히 조나라의 평원군에게 도망쳤다.

그러자 진 소양왕이 평원군을 진나라로 불러, 위제를 죽이거나 추방하라고 위협하였으나 평원군은 거절하였다. 화가 난 소양왕은 다시 조나라 효성왕을 위협하였다. 이에 놀란 조 효성왕이 평원군 저택을 포위하자, 위제는 도망쳐 위나라 신릉군에게 도움을 청하였다. 그러나 신릉군도 주저하자, 위제는 비관하여 자결하였다. 조 효성왕이 위제의 목을 진나라에 보내는 바람에 평원군은 겨우 풀려났다.

세월이 흘러, 백기(白起)의 명성이 점점 높아지자, 범수는 백기를 견제하기 시작하였다. 범수는 정치적으로 여러 번 위태로워졌지만, 범수에 대한 소양왕의 신뢰는 변함이 없었다. 범수에 관한 이야기는『열국지』제97부터 제101회까지에 걸쳐 나온다.

❀ 故事成語와 名言名句

⊙ 위위구조(圍魏救趙)

위나라를 공격하여 조나라를 구한다는 뜻으로, 위나라 방연이 조
나라를 공격하자 제나라 손빈은 조나라에 지원병을 보낸 것이 아
니라, 오히려 위나라를 공격하는 척하였다. 이에 놀란 방연이 황
급히 조나라에서 회군하는 바람에 조나라는 무사할 수 있었다. 위
위구조는 적에 대한 직접적인 공격 방법보다는, 적의 약점을 찔러
무찌르는 병법이다.

⊙ 감조지계(減竈之計)

감조유적(減竈誘敵)이라고도 한다. 즉 고의로 아궁이 화덕자리를
줄여 적군이 방심하여 공격하도록 유인하는 병법을 말한다. 감조
지계(減竈之計) 병법은 손빈이 방연에게 사용한 계책으로 유명하
다.

⊙ 종횡가(縱橫家)

종횡가는 합종설(合從說)과 연횡설(連橫說)의 합칭이다. 소진(蘇
秦)의 합종설은 강한 진(秦)나라에 대항하여 연(燕)·위(魏)·제
(齊)·조(趙)·초(楚)·한(韓)의 6국이 연합하여 진(秦)을 견제하자
는 학설이고, 장의(張儀)의 연횡설은 진나라가 횡으로 6국과 각각
외교 관계를 수립하고 약한 나라부터 하나씩 각개격파하는 계책

을 말한다.

⊙ 미생지신(尾生之信)

미생지신은 우직하고 융통성 없는 신의라는 의미로 사용된다. 소
진이 연나라 왕의 의심을 풀기 위해 한 이야기이다. 미생이라는 남
자가 어느 여인과 다리 밑에서 만나기로 약속했는데, 홍수가 나서
물이 불어났음에도 불구하고 약속을 지키려 다리 밑에서 익사했
다는 고사에서 연유되었다.

⊙ 전화위복(轉禍爲福)

전화위복은 재앙이 오히려 복이 되어 돌아온다는 의미이다. 종횡
가 소진이 6국을 연합하면서 한 말로, 재앙을 오히려 복이 되게 바
꿀 수 있으니 소진 자신을 믿어달라고 호소한 데서 연유되었다.

⊙ 계구우후(鷄口牛後)

계구우후는 "닭의 머리가 될지언정 소의 꼬리는 되지 마라."라는
뜻이다. 즉, 소진이 합종책을 펼치기 위해 여러 나라를 유세하면
서 한 말이다. 강한 나라에 붙어서 목숨을 구하려 하지 말고, 차라
리 6국이 연합하여, 그 우두머리가 되자고 호소하면서 한 말이다.

⊙ 어부지리(漁父之利)

어부지리는 도요새와 조개의 싸움에 지나가던 제3자인 어부가 모
든 이득을 취하였다는 의미이다. 도요새와 조개의 싸움을 말하는
방휼지쟁(蚌鷸之爭)이라는 고사성어도 같은 의미로 쓰인다. 이 고
사성어는 소진의 동생 소대가 조 혜문왕을 만나서 한 말이다.

⊙ 고침안면(高枕安眠)

고침안면은 "베개를 높이 하여 편히 잘 잔다."라는 의미이다. 이 말은 장의가 위나라 애왕에게 한 말로, 만약 위나라가 진나라를 섬기게 되면 초나라나 한나라가 쳐들어오는 일은 없기에, 베개를 높이하고 편히 잘 수 있다고 회유한 데서 나온 말이다.

⊙ 무산지몽(巫山之夢)

무산지몽은 무산의 꿈이란 뜻으로, 남녀 간의 은밀한 사랑을 가리키는 말이다. 초 경양왕이 꿈속에서 무산의 신녀인 요희와 만나 뜨거운 사랑을 나눈 데서 유래되었다. 일명 운우지정(雲雨之情)이라고도 한다.

⊙ 단오절(端午節)

단오절(端午節)은 춘절(春節)·중추절(仲秋節)·청명절(淸明節)과 함께 중국의 4대 명절이다. 단오절은 음력 5월 5일로, 전국시대 초나라의 애국 시인이며 정치가였던 굴원이 멱라강에 투신한 날을 기리는 날이다.

⊙ 화씨지벽(和氏之璧)

전국시대 화씨(和氏)가 발견한 구슬로 천하의 명옥(名玉)을 이르는 말이다. 초나라 화씨가 옥돌 원석을 왕에게 바쳤으나 돌로 판정되는 바람에 양다리를 모두 잘렸다고 한다. 이 소문을 들은 문왕이 다시 확인하니 천하에 둘도 없는 옥으로 판정된 데서 유래하였다.

⊙ 완벽귀조(完璧歸趙)

인상여가 진나라 소양왕의 협박을 물리치고 진나라에서 화씨벽을 완벽하게 조나라로 가지고 왔다고 하여, 물건이 완전한 상태로 원래의 주인에게 돌아옴을 의미한다. 보통 줄여서 완벽(完璧)이라고 쓴다.

⊙ 노발충관(怒髮衝冠)

인상여와 연관된 고사성어로 진나라 소양왕이 약속을 어기자, 화가 난 인상여가 노여움으로 머리카락이 서서 모자를 찌르고 나온다는 뜻으로, 매우 격노함을 이르는 말이다.

⊙ 문경지교(刎頸之交)

문경지교는 조나라 인상여와 염파 장군에서 유래한 고사성어로, 친구를 위해 대신 목숨을 바칠 정도의 우정을 말한다. 즉, 죽음을 함께 할 수 있는 막역한 사이를 이르는 말이다.

⊙ 부형청죄(負荊請罪)

인상여의 깊은 뜻에 감동한 염파가 웃옷을 벗고 또 가시나무를 등에 지고 인상여 집에 찾아와 자신의 죄를 청하였다는 고사에서 유래되었다. 혹 육단부형(肉袒負荊)이라고도 한다.

⊙ 교주고슬(膠柱鼓瑟)

교주고슬은 아교로 거문고의 발을 붙이고 연주한다는 뜻이다. 즉, 거문고의 현주(絃柱)를 아교로 붙이면 다시는 조율을 할 수가 없듯이, 융통성이 없고 고지식함을 일컫는 말이다.

⊙ 지상담병(紙上談兵)

지상담병은 종이 위에서 병법을 논한다는 말이다. 즉 실제적인 쓰임에는 무의미한 탁상공론을 비유한 말이다. 이 고사성어의 기원은 똑똑하긴 하지만 실전 경험이 부족한 조괄을 비유하여 한 말이다.

⊙ 누란지위(累卵之危)

위여누란(危如累卵) 혹은 누란위기(累卵危機)라고도 한다. 의미는 진나라의 정세가 알을 포개놓은 것처럼 위태롭다는 뜻으로, 범수의 말을 왕계가 인용하여 진 소양왕에게 올린 말이다.

⊙ 원교근공(遠交近攻)

책사 범수가 진 소양왕을 접견하면서 제시한 외교정책으로 먼 나라와는 가깝게 지내면서 가까운 나라를 먼저 공격한다는 책략이다. 원교근공 책략은 진 소양왕이 범수를 신임하면서 진나라의 외교정책으로 채택되었다.

화씨지벽(和氏之璧)과 전국옥새(傳國玉璽)

　전국옥새란 나라에서 나라로 전해지는 옥새라는 뜻이다. 이 말은 천하를 통일한 진(秦)나라 시황제(始皇帝)가 화씨지벽(和氏之璧)으로 옥새를 만든 데서 유래되었다. 조나라를 멸망시킨 진시황은 천하의 명옥인 화씨지벽을 손에 넣는다. 그리고 재상 이사(李斯)에게 "수명어천, 기수영창"(受命於天, 旣壽永昌 : 하늘에서 받은 명이여, 그 수명이 길이 번창하리라)이라는 명문구를 받아 전서체(篆書體)로 옥새를 만들었다고 한다.

　그 후 이 옥새는 진시황의 손자인 자영에게 전해지다가 함양을 함락시킨 한나라 유방(劉邦)에게 이어졌다. 그 후, 중국을 통일한 한(漢)나라 황제에게 대대로 전해지다가 왕망(王莽)이 세운 신(新)나라에 잠시 옥새를 빼앗겼으나, 후한(後漢)의 광무제(光武帝)가 되찾았다. 신나라의 왕망이 옥새를 강압적으로 빼앗으려 하자 당시 태황태후였던 왕정군(효원황태후)이 옥새를 땅에 집어 던지는 바람에

〈그림은 전국옥새의 모습을 상상하여 만든 것이다〉

전국옥새는 손잡이 부분인 모퉁이가 깨졌다고 한다. 훗날 이 깨진 부분이 진짜 전국옥새를 구분하는 증거가 되었다고 한다.

옥새는 후한 말기의 혼란기에 다시 유실되었다가 오나라의 손견이 동탁을 칠 때, 불타버린 낙양 궁궐의 우물에서 이 전국옥새를 찾아내 오나라 영지로 갖고 돌아왔다. 그 후 손견(孫堅)이 죽자, 아들 손책에게 전수되었다가 다시 원술을 거쳐 조조(曹操)의 손에 들어갔다.

이후 옥새는 위나라에서 사마염의 진나라를 거쳐 남북조의 남조(南朝) 6국에 대대로 전해졌다. 전국옥새는 다시 수나라에서 당나라로 이어졌고, 당나라가 망하자 옥새는 다시 오대십국의 후량(後梁)과 후당(後唐)으로 전해졌다고 한다.

그런데 후진(後晉)의 출제(出帝)가 요나라 태종에게 붙잡힌 946년에 돌연 유실되면서 다시는 보이지 않게 되었다. 이후 몇 차례 전국옥새를 찾았다는 기록이 있었지만 모두 가짜인 것으로 판명되었다.

제11강

천하통일天下統一을 꿈꾸는
진시황秦始皇의 대야망

— key word —

진시황(秦始皇) · 사군자(四君子)(맹상군/신릉군/평원군/춘신군) · 여불위(呂不韋)

계명구도(鷄鳴狗盜) · 교토삼굴(狡兔三窟) · 명불허전(名不虛傳) · 모수자천(毛遂自薦)

낭중지추(囊中之錐) · 절부구조(竊符救趙) · 이목지신(移木之信) · 기화가거(奇貨可居)

일자천금(一字千金) · 방약무인(傍若無人)

❖ 진시황의 정복 전쟁과 천하통일

◉ 소설 배경(제93회~제108회)

전국 4군자인 제나라의 맹상군(孟嘗君)·조나라의 평원군(平原君)·위나라의 신릉군(信陵君)·초나라의 춘신군(春申君)은 전국시대를 대표하는 명문 귀족의 종주(宗主)들로, 수천 명의 식객을 거느리며 막강한 세력을 구축하였다. 그들은 신의와 선행으로 많은 명성을 떨치기도 하였지만, 반대로 군주들의 집중적인 견제를 받기도 하였다.

이러한 혼란의 전국시대에 단연 두각을 나타낸 나라가 진나라였다. 진나라의 통치 이념은 법가사상으로, 진(秦)나라가 6국을 통일할 수 있었던 원동력이 바로 상앙(商鞅)이 세운 부국강병의 법가사상이라고 해도 과언이 아니다. 그 후 한비자와 이사 등이 출현하여 법가사상은 진나라의 통치 이념으로 정착되었다.

진시황의 천하통일에 혜성처럼 나타난 사람이 바로 킹메이커 여불위이다. 그러나 킹메이커로서 성공한 여불위와, 또 진시황의 출생 비밀과 관련하여 군주를 농락한 부분에 대해서는 후세에 많은 논란거리를 제공하였다.

킹메이커 여불위의 활약으로 왕위에 오른 장양왕이 요절하자, 13

살의 진시황이 등극하였다. 이틈을 이용하여 킹메이커 여불위 역시 막강한 세력을 구축하였다. 그러나 진시황은 조태후와 간통한 노애의 반란 사건을 빌미로 삼아 여불위를 축출하면서 무소불위의 권력을 장악하였다. 그리고 본격적인 천하통일의 정복 전쟁을 시작하였다. 진시황은 먼저 6국의 대신들을 미리 매수하여 연횡설로 각국 사이를 이간시키고, 상앙(商鞅)·장의(張儀)·범수(范雎)·이사(李斯) 등의 인재들을 기용하여 통일의 토대를 마련하였다.

이후 진시황은 범수의 원교근공(遠交近攻) 정책을 수용하여 인접 국가인 삼진(한·조·위)부터 공격하고 초나라·연나라·제나라를 정복하면서 마침내 천하를 통일하였다.

전국(戰國)
4군자(君子)의 꿈

전국 4군자란 제나라의 맹상군(孟嘗君, 기원전 ?~기원전 279년), 조나라의 평원군(平原君, ?~기원전 250년), 위나라의 신릉군(信陵君, ?~기원전 244년), 초나라의 춘신군(春申君, ?~기원전 238년)을 지칭한다. 이들은 전국시대를 대표하는 명문 귀족의 종주(宗主)들로, 널리 인재들을 우대하여 대규모로 인재군단을 만들었다. 이와 같은 식객들이 수천 명에 이르렀기에 막강한 세력을 구축하였다. 또 신의와 선행으로 많은 명성을 떨쳤던 세력 집단이지만, 반대로 군주들의 집중적인 견제를 받기도 하였다. 이들은 주로 진나라의 중국통일(기원전 221년) 직전까지 활동하였던 시대의 현사들이다.

◉ ─ 명불허전(名不虛傳)의 맹상군

맹상군은 전국 4군자 중 가장 이른 시기의 인물이며, 다른 인물들보다도 한 세대 위의 사람이다. 그는 제나라 왕족 출신으로, 제 위왕의

〈전국 4군자인 맹상군·평원군·신릉군·춘신군〉

막내아들인 전영의 넷째 아들이다. 그는 전국 4군자 가운데 식객이 가
장 많았고 명성도 가장 높았다. 맹상군에게서 유래된 고사성어로는 계
명구도(鷄鳴狗盜)·교토삼굴(狡兎三窟)·명불허전(名不虛傳) 등이 있다.

　먼저 계명구도를 살펴보면, 진나라 소양왕이 맹상군을 초빙하였는
데, 진나라 대신들이 돌연 맹상군을 탄핵하는 바람에 맹상군은 위험에
직면하였다. 이때 맹상군의 식객은 주군을 구출하려고 소양왕의 총비
인 연희에게 접근하여 로비를 벌였다. 총비는 맹상군이 소양왕에게 선
물한 여우 털 코트인 호백구를 자기에게도 달라고 요구하였다. 소양왕
에게 바친 호백구는 딱 한 벌인지라 맹상군은 난감해졌다.

　그러나 맹상군의 식객 하나가 소양왕의 침실로 몰래 들어가 호백구
를 훔쳐냈다. 그리고 그 호백구를 은밀히 총비에게 준 결과, 로비에 성
공하였다. 로비 덕택으로 긴급히 탈출에 성공한 맹상군은 진나라 국경
인 함곡관에 겨우 도착했으나, 아직 이른 새벽이라 성문이 닫혀 있었

다. 아침 닭이 울어야만 성문을 여는 진나라 법 때문에 주저하던 중 식객 중 한 명이 닭 우는 소리를 냈다. 그러자 문지기가 아침이 된 줄 알고 성문을 여는 바람에 무사히 탈출할 수 있었다.

그러나 후대 북송(北宋)의 재상 왕안석(王安石)은 그의 저서 『독맹상군전(讀孟嘗君傳)』에서 "맹상군은 닭 울음소리나 내고, 개 짖는 소리나 내는 무리의 우두머리일 뿐이다. 그러니 그의 문하에 진짜 바른 선비가 나오지 않았던 까닭이 여기에 있다."라고 혹평하였다.

그리고 맹상군에게서 유래된 또 하나의 고사성어가 교토삼굴(狡兔三窟)이다. 맹상군의 식객 중 풍환이라는 자가 말하길, "교활한 토끼는 위급한 상황에서 도망치기 위해 굴을 세 개나 만들어 둡니다. 하지만 주공께서는 도망칠 동굴이 영지 한 곳밖에 없습니다. 제나라 민왕이 언젠가는 맹상군을 핍박할지 모르니 다른 동굴 두 개를 더 만들어 놔야 합니다."라고 말한 데서 유래하였다.

그리고 식객 풍환은 우선 위나라로 가서 양왕(襄王)을 알현하고, "맹상군은 지금 명성이 높고 지혜로우니, 그를 불러 기용하시면 나라가 부국강병으로 이어질 것입니다."라고 진언하였다. 그러자 위 양왕은 흔쾌히 맹상군을 위한 높은 자리를 만들어 주었다. 맹상군이 이 자리에 취임하려고 하자, 풍환은 이를 만류하며 "민왕께서 달려오실 때까지 기다리셔야 합니다."라고 저지하였다. 그 후 위나라 사신이 빈번하게 맹상군의 집에 드나들자, 이 사실을 안 제 민왕은 오히려 맹상군에게 제발 제나라에 머물러 달라고 사정하였다. 이 말을 전해 들은 풍환은 맹상군에게 웃으면서 "이제 겨우 동굴이 두 개 생겼습니다."라고 하였다.

그 외 사마천의 『사기』에 맹상군에 대한 평가가 있다. "세상에 전하기를 맹상군이 객을 좋아하고 스스로 즐거워하였다고 하니, 그 이름이 헛된 것이 아니었다."(世之傳孟嘗君好客自喜, 名不虛矣)라고 언급하였다. 여기에서 "이름은 헛되이 전(傳)해지지 않는다."라는 뜻의 고사성어 명불허전(名不虛傳)이 유래되었다. 맹상군에 관한 이야기는 『열국지』제 91부터 제95회까지에 걸쳐 나온다.

❀ ― 낭중지추(囊中之錐)의 평원군

평원군(平原君)은 본명이 조승으로 조나라 무령왕(武靈王)의 아들이며 혜문왕(惠文王)의 동생이다. 평원군은 휘하의 식객을 모아 형인 혜문왕과 조카인 효성왕(孝成王)을 보좌하였다. 그는 인사(人士)를 좋아해서 식객이 3천 명이나 되었다고 한다. 그중 유명 인물로 공손룡(公孫龍)·추연(鄒衍)·모수(毛遂) 등이 있었다.

평원군과 관련된 고사성어로 모수자천(毛遂自薦)과 낭중지추(囊中之錐)가 유명하다. 기원전 263년, 진(秦)나라가 한(韓)나라를 공격해 한나라 북쪽 상당군이 고립되자, 상당군은 조(趙)나라에 귀부하였다. 이 사실을 안 진나라는 분노하여 전면전으로 조나라를 공격하였다. 이것이 바로 장평 전투(기원전 260년)인데, 이 전투에서 진나라 백기 장군이 조나라 군대 45만 명을 생매장한 것으로 유명한 전투이다. 이로 인해 조나라의 국력은 급격히 쇠락하였다.

다음 해 진나라가 재차 조나라를 침략하여 조나라 수도 한단이 포위되었다. 상황이 절박해지자, 평원군은 초나라에 구원을 요청하는 사신을 보내기로 하였다. 사신을 선발하던 중, 모수(毛遂)라는 식객이 자신도 가겠다고 자원하였다.

이때 평원군은 "모름지기 현명한 선비는 주머니 속에 있는 송곳과 같아서, 가만히 있어도 그 끝이 금세 드러나 보이는 법이오."(夫賢士之處世也, 譬若錐之處囊中, 其末立見.)라고 하며, 모수가 자신의 빈객으로 있은 지 3년이나 되었으나 명성을 들어본 적 없다며 거절하였다.

그러자 모수는 "저는 오늘에서야 처음으로 주군의 주머니 속에 넣어달라고 부탁하는 것입니다. 저를 좀 더 일찍 주머니 속에 넣었다면, 그 끝만이 아니라 송곳 자루까지 밖으로 뛰어나왔을 것입니다."라고 응수하였다.

이것이 바로 낭중지추(囊中之錐)라는 고사성어의 유래이다. 이를 눈여겨본 평원군은 결국 모수를 일행으로 합류시켰다. 과연 그는 초나라와의 교섭에서 큰 활약을 하였다. 평원군에 관한 이야기는『열국지』제93부터 제99회까지에 걸쳐 나온다.

⚜ ─ 절부구조(竊符救趙)의 신릉군

신릉군(信陵君)은 전국시대 위나라 사람으로 위 소왕(魏昭王)의 아들이며 본명은 위무기(魏無忌)이다. 신릉군은 저명한 정치가이며 군사가로, 합종설을 주장하였던 인물이기도 하다. 그는 인재를 소중히 여기고 자신을 낮추는 겸손한 인물로 신망이 높았다.

진(秦)나라가 조(趙)나라를 침략하여 위급한 상황이 되자, 그는 조나라가 망하면 이웃 위(魏)나라도 망한다는 사실을 인지하고 위나라 군주의 인수를 훔쳐 위나라 군대를 가지고 조나라를 구하였다. 신릉군이 조나라 지원에 나섰다는 소문을 들은 초나라에서는 춘신군(春申君)에 군사를 주어 신릉군과 연합하여 조나라를 구원하도록 하였다.

이렇게 신릉군은 초나라·위나라·조나라 군사들을 연합하여 단숨에 진나라 군사들을 물리쳤다. 이것이 바로 유명한 절부구조(竊符救趙)

이다. 즉 "위나라 병부를 훔쳐 조나라를 구하였다."라는 고사성어이다.

이렇게 병부를 훔치고 조나라를 구한 신릉군은 위나라 안리왕이 무서워 전쟁이 끝난 다음에도 귀국하지 못하고 조나라에 머물렀다. 그로부터 10년이 지난 기원전 247년에 진나라는 원수를 갚으려고 위나라를 침략하였다. 이에 기겁한 위나라 안리왕은 여러 차례 신릉군에게 돌아오라고 권유하였지만, 신릉군은 핑계를 대고 귀국하지 않았다. 그러다가 안리왕이 모든 군권을 주겠다고 약속하자 그때에서야 위나라로 돌아왔다.

그 후 위나라로 돌아온 신릉군은 전력을 다해 위나라를 침략한 진나라를 물리쳤다. 그러나 신릉군의 높은 공적과 명성으로 인해 다시 위나라 왕의 견제를 받고 결국 파직되었다. 관직에서 물러난 신릉군은 비관하여 술만 마시다가 숨을 거두었다고 한다. 신릉군에 관한 이야기는 『열국지』 제94부터 제102회까지에 나온다.

전국 사군자 중에서 병법은 물론 군사, 그리고 전략 전술이 가장 뛰어났다고 평가되는 인물이 바로 신릉군이다. 특히 위나라를 위해 많은 공적을 세웠으며, 위태롭고 어지러운 시국을 잘 헤쳐간 정치가로 평가된다. 후대 한나라 고조 유방이 가장 존경했던 인물이라고도 한다.

❀ ― 평민 출신 춘신군의 충성과 야망

춘신군은 본명은 황헐이며 전국 4군자 가운데 유일하게 평민 출신이라고 한다. 전국 사군자의 나머지 셋은 모두 왕족인 게 확실하지만, 춘신군의 경우에는 이설이 존재한다. 춘신군(春申君)은 여러 나라를 유학하여 박학다식하였고 대담한 성격과 함께 변설에도 능하였다고 한다.

진(秦)나라 소왕이 초나라를 공격하려 하자, 춘신군은 초나라 태자 (고열왕)와 함께 진나라에 볼모로 들어갔다. 그 후 그는 인질로 잡혀 있던 태자를 구출한 뒤 자신은 진나라에 붙잡혔다. 진나라 왕이 황헐의 용기에 감탄하여 다시 풀어주었다는 일화도 있다.

그는 초나라 고열왕을 태자 시절부터 섬겼는데, 초나라 경양왕 사후 고열왕이 즉위하자 재상으로 임명되었다. 춘신군은 합종책을 주장하며 다른 6국과 연합하여 진나라를 쳤지만 크게 성공하지 못하였다. 그 뒤 진나라에 맞서 많은 활약을 한 끝에, 그가 재상으로 있는 동안 초나라는 예전의 강대국으로 복원되었다.

그 후 고열왕이 후계가 없자, 식객 이원의 여동생을 취하여 임신시키고 그녀를 고열왕에게 선물하였다. 춘신군은 고열왕이 죽고 그 아들이 왕이 되면, 모든 사실을 밝히고 자신이 권력을 독차지할 속셈이었다. 그러나 고열왕이 죽자, 첩의 오빠였던 이원이 보낸 자객에 의해 암살되었다. 이 이야기는 장양왕과 여불위의 고사와 유사한 부분이 있다. 춘신군에 관한 이야기는 『열국지』제96부터 제107회까지에 걸쳐 나온다.

상앙의 법가사상과
진나라의 통치 이념

◉ ─ 법가사상의 출현과 상앙과 한비자

천하를 다스리는 원리에 대해, 유가는 인의(仁義)에 바탕을 둔 덕치(德治)를 주장하였지만, 법가에서는 엄격한 법치(法治)와 술치(術治) 그리고 세치(勢治)가 치세의 근본이라고 주장하였다. 대표적인 법가 사상가는 관중(管仲)·상앙(商鞅)·신불해(申不害)·한비자(韓非子) 등이 있다. 제왕에 있어서는 진나라의 효공과 소양왕, 그리고 진시황이 법가 통치이념에 충실하였다.

그중 대표적인 인물이 상앙(商鞅 ? ~기원전 338년)이다. 그의 본명은 위앙(衛鞅)으로 법가사상을 대표하는 인물이다. 그는 본래 위나라 사람이었으나 관직을 얻지 못하자 진나라로 귀의한 인물이다. 상앙에 관한 이야기는 『열국지』 제87회부터 제89회까지에 중점적으로 나온다.

진(秦)나라의 재상이 된 상앙은 어느 날 남문 앞에 큰 나무를 베어놓고 이 나무를 북문으로 옮기는 자에게 50냥을 내리겠다고 포고하였다. 그러자 한 사람이 반신반의하며 나무를 옮겼는데, 정말 그에게 50 냥을 내렸다고 한다. 이 소문이 전국으로 퍼지자, 이때부터 사람들은 나라에서 공포한 법에 대해서는 믿음을 가지게 되었다. 여기서 이목지신(移木之信)이라는 고사성어가 생겨났다.

그 후 상앙은 부국강병 정책을 시행하기 위하여 대대적인 변법(變法)을 추진하였다. 작은 고을을 통합하고 중앙집권 체제를 강화하며 세제를 전면적으로 개편하였다. 이렇게 상앙은 10여 년간 진나라 재상을 하면서 엄격한 법치 정책을 구축하였다. 이 법가 통치는 후일 진나라가 전국 통일을 하는 데 토대가 되었다.

그러나 기원전 338년 효공이 죽고 아들인 혜문왕이 즉위하자 상앙은 수레에 사지가 찢기는 거열형 형벌을 당하였다. 상앙의 엄격한 법치가 부메랑이 되어 자신에게로 돌아온 것이다. 상앙에 관한 이야기는 『열국지』 제87부터 제89회까지에 나온다.

상앙의 뒤를 이은 사상가가 바로 한비자(기원전 280경~기원전 233년)이다. 그는 전국시대 말기 한(韓)나라 출신의 사상가였다. 젊었을 때 순자(荀子)에게서 배웠는데, 동문수학한 이사(李斯)가 그의 친구이다. 후대 진시황은 상앙의 법(法), 신불해(申不害)의 술(術), 신도(愼到)의 세(勢)를 종합한 한비자의 정치 전략을 모두 수용하며 전국 통일의 기반을 마련하였다.

사마천은 『사기』에서 "한비자는 일을 단호하게 잘 처리했고 일의 시시비비가 명쾌하였다. 하지만 그의 사상은 너무 가혹하고 야박하여 은덕이 부족하다."라고 평가하였다.

❀ ─ 진나라의 통치 이념

　진나라의 통치 이념은 법가사상이다. 진시황은 강력한 법가사상으로 일사불란하게 제국을 통치하였다. 진(秦)나라가 6국을 통일한 원동력은 바로 상앙(商鞅)이 세운 부국강병의 법가사상 덕분이라고 해도 과언이 아닐 것이다.

　상앙의 본명은 공손앙(公孫鞅)으로 원래 위(魏)나라 재상인 공숙좌(公叔座)를 섬겼었다고 한다. 공숙좌는 임종에 이르러 위 혜왕(惠王)에게 공손앙을 강력히 추천하면서, 만약 기용하지 않을 것이면 죽이라고 진언하였다. 그러나 위 혜왕은 공숙좌의 진언을 받아들이지 않았다. 그러자 공숙좌는 다시 공손앙을 불러 빨리 도망치라고 하였다. 마침 진나라 효공(孝公)이 인재를 널리 구한다는 말을 듣고 그는 진나라로 들어갔다.

　상앙(공손앙)의 유세를 들은 진 효공은 그의 계책을 받아들여 변법(變法)을 단행하였다. 법이 시행되어 10년이 지나자, 도둑은 물론 길가에 떨어진 물건도 줍는 사람이 없어졌다. 상앙은 이처럼 강력한 법 집행을 통하여 진나라를 강성하게 만들었다. 그러나 진 효공이 죽고 태자가 즉위하자, 평소 원한을 품고 있었던 공자 건은 상앙을 모반죄로 몰아 거열형(車裂刑)의 형벌을 내렸지만, 그의 법가 사상은 그대로 유지하였다.

　그 후에는 한비(韓非)와 이사(李斯)가 법가사상을 주도하였다. 한비의 저서 『한비자』가 진나라에서도 유행하게 되었는데, 이때 이 책을 읽은 진시황이 "이 책을 쓴 사람을 만나 사귈 수만 있다면 죽어도 여한이 없겠다."라고 한 기록이 있을 정도로 높이 평가하였다. 그러나 한비를 알아본 진시황의 안목으로 인해 오히려 한비는 불행에 빠졌다.

사실 진시황의 핵심 참모인 이사(李斯)와 한비는 순자(荀子)의 제자로 동문수학한 학우였다. 진시황이 찾고자 하는 인물이 한비라는 사실을 안 이사는 은밀하게 진시황에게 한비를 모함하기 시작하였다. 이는 이사가 혹시 한비의 재능에 가려 자신의 앞길에 장애가 될 것을 우려했기 때문이다. 진시황은 결국 이사의 모함에 빠져, 한비에게 독약을 보내 자결하도록 만들었다.

　　진나라의 법가 사상가이자 정치가로 한 시대를 풍미했던 이사는 그후 여불위의 천거로 출사하여 진시황을 모셨던 측근이다. 이사는 시황제가 천하를 통일한 후에는 도량형의 통일과 분서갱유(焚書坑儒) 및 군현제도의 시행 등 중앙집권제 확립에 많은 참여를 하며 정책을 주도하였다.

　　그러나 시황제 사후, 이사는 환관 조고와 함께 시황제의 유서를 조작하여 둘째 아들 호해를 진 이세황제(秦 二世皇帝)로 즉위시키는 음모에 가담하였다. 그리고 최후에는 조고의 모략에 의해 누명을 쓰고 참형을 당하였으며, 가족마저 삼족이 멸문지화를 당하는 비참한 최후를 맞이하였다.

킹메이커
여불위의 꿈

⬡ ― **여불위의 꿈과 기화가거**(奇貨可居)

여불위(?~기원전 235년)는 전국시대 한(韓)나라의 거상이자 진(秦)나라의 정치가였다. 어느 날 아버지와 한 대화에서 여불위의 야망을 읽을 수 있다.

"농사를 지으면 몇 배의 이문을 남길 수 있나요?"
"열 배 정도 가능하다."
"보석을 구하여 좋은 가격에 팔면 몇 배의 이문을 남길 수 있나요?"
"백 배 정도 가능하다."
"그러면 한 나라의 왕을 만들면 몇 배의 이익이 날까요?"
"그건 계산할 수가 없단다."

이때부터 여불위는 킹메이커가 되려는 대야망을 키우기 시작하였

〈킹메이커 여불위와 법가의 대가 상앙〉

다. 어느 날 여불위는 조나라로 장사를 떠났다가 우연히 절호의 기회
를 맞게 된다. 즉, 진나라 소양왕의 손자이며 안국군(安國君)의 아들인
이인(異人)이 조나라에 볼모로 잡혀 있다는 사실을 알게 되었다. 이인
은 후에 자초(子楚)로 개명하였다.

이인을 만난 여불위는 "이 진귀한 물건은 가히 사둘 만하구나!"(奇貨
可居)라고 하고는 그동안 장사로 모은 전 재산을 이인에게 투자하기로
마음먹었다. 그리고 로비를 시작하여 이인을 진나라로 귀국시키고, 또
정치적인 지원 끝에 그를 진나라의 왕으로 만들었다. 이처럼 진기한
물건을 사서 훗날 더 큰 이익을 얻을 수 있다는 의미의 고사성어 기화
가거(奇貨可居)가 바로 여기에서 유래하였다.

먼저 여불위는 이인을 조나라로 귀국시킨 다음, 막강한 재력을 이용
하여 이인을 효문왕의 적통자로 만들었다. 여불위에게는 행운까지 겹

쳐, 진 효문왕이 일찍 죽자, 이인이 진나라의 왕이 되었는데 그가 바로 장양왕이다.

어느 날 장양왕이 여불위의 집에 놀러 왔는데, 장양왕이 여불위의 첩 조희(趙姬)에게 관심을 보이자, 여불위는 그녀를 장양왕에게 선물하였다. 그러나 그때 조희는 이미 임신한 상태였다고 한다. 그리하여 후대에 진시황이 여불위의 자식이라는 말이 나오게 되는 계기가 되었다.

장양왕 또한 얼마 못 가 요절하는 바람에, 진시황은 불과 13세의 나이에 왕위를 이어받았다. 여불위는 진시황을 대신하여 진나라의 정치와 군사는 물론, 경제와 문화 방면에까지 절대적 권력을 차지하며 킹메이커의 꿈을 이루었다.

여불위는 진시황에게 권력을 빼앗기기 전까지 진나라에 군림했던 실세 중의 실세였다. 이러한 점에서 중국 역사는 물론, 세계의 역사에서도 그 유래를 찾아보기 힘든 킹메이커로 인정을 받고 있다.

한편 진나라의 장양왕이 죽자, 지나치게 남자를 밝힌 진시황의 어머니 조 태후는 여불위를 다시 찾았다. 본래가 조 태후는 여불위의 첩이었다가 장양왕에게 선물된 여인이기에, 과부가 된 이후에는 자주 여불위를 침전으로 불러들였다.

그러나 여불위는 선왕의 정비와 간통했다는 사실이 밝혀질까 노심초사하였다. 그리하여 은밀히 자신을 대신할 상대를 수소문하였다. 마침내 대 정력가 노애(嫪毐)를 발견하고는, 그를 거짓 환관으로 위장시켜 입궁시켰다. 정력이 대단했던 노애는 단숨에 조 태후의 총애를 받았으며, 급기야 조 태후와 노애 사이에 아이까지 태어났다.

이때부터 노애는 자기 자식을 왕으로 만들려는 욕심이 생겨나기 시작하였고, 급기야 반란까지 일으키려다 발각되어 사형당하였다. 이 반란에 가담했던 조 태후는 비록 참형은 면하였지만, 죽을 때까지 별궁에 유폐되었다고 한다. 여불위 또한 이 사건에 연루되어 정계에서 파직되었다. 진시황은 이 사건을 이용해 여불위를 완전히 중앙정부에서 축출시켰다. 더 이상의 재기가 어렵다는 사실을 깨달은 여불위는 결국 독약을 마시고 자살하였다.

❋ ― 여불위의 여씨춘추(呂氏春秋)와 일자천금(一字千金)

진나라의 천하통일이 상앙의 변법과 개혁에서 시작되었다고 보는 시각과 진시황의 역동적인 리더십에 의하여 가능했다는 시각도 있지만, 킹메이커 여불위의 역할도 부인하기는 어렵다.

지정학적 측면에서 당시 진나라는 서쪽 변방에 있었기에 문화적으로 소외되어 있었다. 여불위는 진나라가 문화·사상 면에서 그들만 못한 것을 매우 부끄럽게 여기고, 전국 4군자(맹상군·평원군·신릉군·춘신군)의 활동에 주목하였다. 그리하여 여불위도 이들을 모방하여 식객을 모아, 문화 및 학술 방면도 주도하고자 하였다. 그리하여 모은 식객이 3천여 명이나 되었다고 한다.

어찌 보면 여불위는 장사꾼이라는 콤플렉스에서 벗어나기 위하여 학술 쪽에 더 집착했을 가능성도 있다. 그는 식객을 이용하여 20여 만자에 이르는 책을 출간하였는데, 내용은 천지와 만물, 그리고 고금의 사건을 총망라하였다. 그리고 『여씨춘추(呂氏春秋)』라는 서명을 붙였다. 자신의 이름을 영원히 남기기 위해, 일종의 백과사전에 해당하는 유서에 여씨라는 성씨를 삽입한 것이다. 사실 공자(孔子)의 저서 『춘추(春秋)』라는 서명을 모방한 사실도 매우 도발적이며 당돌한 행위이다.

특히 여불위는 자신의 빈객을 모아 저술한 『여씨춘추』를 보고 매우 자신감과 긍지가 생긴 듯하다. 그리하여 그는 "누구라도 이 책의 문장에서 한 글자라도 더하거나 뺄 수 있는 오류를 찾아낸다면, 일 천금을 주겠다."라고 선포하였다. 여기서 빼어난 문장을 가리키는 고사성어 일자천금(一字千金)이 유래되었다.

여불위의 이러한 행동은 아마도 자신의 과시욕도 있었겠지만, 유능한 인재를 확보하려는 의도도 있었던 것으로 보인다. 그런데 흥미로운 사실은 후대에 상금을 받아 갔다는 기록은 없다는 것이다. 또 그렇다고 이 책이 대단한 명저로 인정받고 있지도 않다는 사실이다. 이는 『여씨춘추』의 내용이 여불위의 관점에서 기존의 사상과 학술을 억지로 통합하고 절충하려는 의도가 여기저기 보이기 때문이다. 그러기에 그의 사상을 제자백가에서 잡가(雜家)로 분류하는 이유이기도 하다. 여불위에 관한 이야기는 『열국지』 제99부터 제104회까지에 나온다.

여불위에 관한 평가는 사마천의 『사기』와 유향의 『전국책』, 그리고 『설원』 등에서 확인된다. 특히 『사기』에서는 "소위 이름만 알려진 자"(所謂聞者)라며 다소 부정적으로 평가하고 있다.

그러나 일개 상인의 신분으로 왕과 황제를 만드는 킹메이커가 된 점과, 또 자신이 진나라 정계의 최고 실력자가 되었다는 점을 보면, 그가 비범한 인물임에는 틀림이 없어 보인다. 그러나 비록 킹메이커로서 성공한 여불위이지만, 진시황의 출생 비밀과 관련하여 군주를 농락한 부분에 대해서는 후세의 평이 그리 긍정적이지 않다. 그러함에도 불구하고 그의 독특한 인생 역정은 오히려 독자들에게 더 많은 흥미로움은 물론 또 다른 신비감을 불러일으키고 있다.

진시황의
천하통일

야사에서는 진시황이 여불위의 아들로 묘사되고 있다. 여불위는 장양왕에게 자신의 애첩 조희를 임신시킨 채로 주었는데, 그 아이가 바로 진시황이라고 한다. 이로 인하여, 여불위는 진시황의 생부(生父)로 알려지게 되었으나 정사(正史)의 기록에는 이에 대한 기록이 없다.

장양왕이 왕위에 오르자, 여불위는 재상이 되었다. 그리고 장양왕이 등극한 지 2년도 안 되어 요절하자, 13살의 진시황이 등극하였다. 그러자 여불위는 진나라를 다스리는 섭정이 되어 모든 실권을 장악하였다. 그러나 정치적 야심과 욕망이 가득한 진시황은 조 태후와 간통한 노애의 반란 사건을 빌미로 여불위를 축출하고, 급기야 자살에 이르도록 하였다. 그리하여 진시황은 모든 권력을 장악하며 본격적인 정복 전쟁에 뛰어들었다. 진시황에 관한 이야기는 『열국지』 제99부터 제108회까지에 나온다.

⊛ ― 진시황의 정복 전쟁과 천하통일

진시황(秦始皇)은 군사를 일으켜 6국을 통일할 원대한 꿈을 수립하였다. 먼저 6국의 대신들을 미리 매수하여 연횡설로 각국 사이를 이간시켰다. 또 상앙(商鞅) · 장의(張儀) · 범수(范睢) · 이사(李斯) 등 각국의 인재들을 기용하여 통일의 토대를 마련하였다.

이후 진시황은 본격적인 정복 전쟁을 시작하였는데, 특히 범수의 원교근공(遠交近攻) 정책을 수용하여 인접 국가인 삼진(한 · 조 · 위)부터 공격하였다.

제일 먼저 공격의 대상은 삼진 중에서 제일 약체인 한(韓)나라가 되었다. 진나라는 한나라를 전면적으로 공격하여 기원전 230년에 단숨에 멸망시켰다.

그다음의 대상이 조(趙)나라였다. 조나라는 삼진 중에서 가장 강했

〈천하를 통일한 진시황과 그리고 이사와 조고〉

〈진나라로 통일되기 직전의 전국시대(출처: 위키백과 우리/ko.wikipedia.org)〉

으며, 또 진나라가 동쪽으로 진출하는 데 장애가 되었기 때문이다. 조나라는 인상여와 염파 장군이 있을 때는 국력이 막강하였으나, 그들이 물러난 후에는 급격히 쇠락하였다. 기원전 228년에 진나라가 왕전 장군을 보내어 수도 한단을 함락시키자 조나라는 이내 항복하였다.

그다음의 대상이 위(魏)나라였다. 위나라도 이미 기울고 있는 상황인지라 기원전 225년에 진시황은 왕전 장군의 아들인 왕분을 시켜 위나라를 간단하게 정벌하였다.

그 뒤 진나라는 20만 대군을 이끌고 초(楚)나라를 공격하였으나, 초나라의 명장 항연에 막혀 주춤하였다. 그러나 심기일전하여 다시 왕전의 계책대로 60만 대군을 이끌고 전면전을 한 결과, 기원전 223년에 초나라를 멸망시킬 수 있었다. 이 전투에서 궁지에 몰린 항연(항우의 조부) 장군은 자결하였다.

그다음 대상이 연(燕)나라였다. 한때 진나라의 볼모였다가 탈출한 연나라 태자 단(丹)은 자객 형가(荊軻)를 보내 진시황의 암살을 시도하였으나 실패로 돌아갔다. 진나라는 이를 빌미로 연나라를 침략하였다. 연나라 왕이 태자 단의 목을 바치면서까지 용서를 구하였으나, 진나라는 왕분 장군을 보내어 기원전 222년에 완전히 멸망시켰다.

이제 마지막 남은 나라가 제(齊)나라였다. 진나라는 기원전 221년에 왕분 장군을 파견하여 간단하게 항복을 받았다. 이렇게 진나라는 마지막 제나라를 멸망시키며 천하통일의 꿈을 이루었다. 이때가 진시황의 재위 27년이고 진시황 나이 39살이었다. 진시황은 정복 전쟁을 시작한 지 불과 10년 만에 천하를 통일시키는 대 위업을 달성하였다.

◉ ― 황제의 유래와 진시황의 업적

천하를 통일시킨 진나라 왕 영정은 기존에 사용하던 진왕(秦王)이라는 명칭을 좋아하지 않았다. 기존에 누구나 쓰고 있는 왕(王)이라는 명칭보다는 한 단계 위의 호칭으로 차별화하기를 원했다. 신하들은 패왕(霸王) 혹은 태황(太皇)이라는 호칭 등 여러 가지를 제안하였으나, 진왕 영정은 모두 탐탁하게 생각하지 않았다.

그러다가 문득 누군가가 중국 전설상에 나오는 삼황오제(三皇五帝)에서 삼황의 황과 오제의 제를 따로 떼어내어 황제란 칭호를 제시하자 흡족해하였다. 즉, 황제의 의미는 "덕은 삼황보다 낫고 공적은 오제보다 높다."라는 뜻을 담고 있다.

그리고 자신은 진나라의 첫 번째 황제인 진시황제(秦始皇帝)라 하였다. 즉, 진나라 황제는 자신부터 시작하여 시황제(첫 번째 황제), 진2세 황제(제2대 황제), 진3세 황제 순으로 천년만년 이어지기를 염원하였다. 그러나 진시황의 간절한 염원에도 불구하고 진나라는 진3세에 그치

〈천하통일의 야망을 실현한 진시황제〉

고 멸망하였으니, 이 또한 역사의 아이러니라고 할 수 있다.

진시황의 업적으로는 먼저 중앙집권제를 꼽을 수 있다. 즉, 기존의 봉건제도를 폐하고 나라의 행정구역을 군과 현으로 나누어 중앙에서 직접 파견한 관리들이 다스리는 군현제를 시행하였다. 군현제는 이후 진나라의 멸망으로 잠시 사라졌지만, 한 무제 시기에 부활하여 중국 행정제도의 근간이 되었다.

그 외에도 진시황의 업적으로 도량형 및 문자 통일, 그리고 만리장성 축조 등을 꼽을 수 있다. 일반적으로 진시황에 대해 최초로 중국 전역을 통일시킨 군주로 평가하지만, 그중에서 문자와 언어의 통일은 재평가되어야 할 중요한 업적 중의 하나이다.

그렇다고 진시황의 업적이 모두 긍정적인 것만 있는 것은 아니다. 특히 사상을 통제하는 과정에서 경서를 태우고 유학자를 묻어버린 분서갱유(焚書坑儒)는 그에게 폭군이라는 멍에를 씌웠다. 또 분서갱유는 민심의 이반과 함께 각지에서 반란이 일어나는 도화선이 되었다.

그 외에도 진시황은 대규모 토목 공사로 만리장성 축조는 물론 호화로운 아방궁의 건설과 자신의 무덤인 여산릉 건설 등 무리한 공사를 펼쳤다. 이러한 무리한 토목 건축공사는 결국 경제의 도탄과 민심의 이반으로 이어져 진나라 붕괴를 재촉하는 계기가 되었다.

❊ 故事成語와 名言名句

⊙ 계명구도(鷄鳴狗盜)
 계명구도는 하찮은 재주를 가진 사람도 때로는 쓸모 있을 때가 있다는 의미이다. 이 고사성어는 맹상군과 관련된 고사성어로, 닭울음소리를 잘 내는 사람과 개처럼 변장하여 도둑질을 잘하는 사람을 뜻한다.

◎ 교토삼굴(狡兎三窟)
교토삼굴은 교활한 토끼는 자신이 숨을 세 개의 굴을 파놓고 위험에 대비한다는 뜻이다. 맹상군과 관련된 고사성어로, 그의 측근 풍환이라는 자가 제나라 민왕이 맹상군을 견제하고 있으니 이에 대비하라고 한 말이다.

◎ 명불허전(名不虛傳)
명불허전은 맹상군과 관련된 고사성어로 이름이 헛되이 전해지지 않는다는 뜻으로, 명성이 널리 알려진 데에는 그럴 만한 까닭이 있다는 의미이다. 사마천의 『사기』에서 맹상군에 대한 평가를 명불허전(名不虛傳)이라 하였다.

◎ 모수자천(毛遂自薦)
모수자천은 평원군과 관련된 고사성어로 평원군의 식객 모수가 스스로 자신을 추천한 데서 유래되었다. 즉 부끄러움 없이 자기를 내세우는 사람을 빗대어 이르는 말로 사용되고 있다.

◎ 낭중지추(囊中之錐)

낭중지추는 주머니 속의 송곳이라는 뜻으로 평원군과 관련된 고사성어이다. 의미는 뾰족한 송곳은 가만히 있어도 스스로 뚫고 나오듯이 뛰어난 재능을 가진 사람은 가만히 있어도 반드시 드러나게 되어 있다는 의미를 비유한 말이다.

◎ 절부구조(竊符救趙)

절부구조는 신릉군이 조나라를 구하기 위하여 위나라 병부를 훔쳐 조나라를 구한 데서 연유되었다. 즉, 신릉군이 초나라·위나라·조나라 군사들을 연합하여 진나라 군사들을 물리친 데서 유래된 고사성어이다.

◎ 이목지신(移木之信)

법가 사상가 상앙이 남문 앞에 나무를 베어놓고 북문으로 옮기는 자에게 50냥을 내리겠다고 포고하자, 반신반의한 어떤 사람이 나무를 옮기자 그에게 진짜 50냥을 내렸다는 고사에서 연유하였다. 의미는 "백성들을 대상으로 한 약속이나 법령은 반드시 지켜야만 백성들이 믿고 따른다."라는 뜻이다.

◎ 기화가거(奇貨可居)

기화가거는 여불위가 한 말로, 진기한 물건으로 사둘 만한 가치가 있다는 뜻이다. 이는 여불위가 왕자 이인을 보고 한 말로, 사람이나 물건에 투자하여 나중에 큰 이익을 얻을 때 이르는 말이다.

◎ 일자천금(一字千金)

 일자천금은 여불위가 한 말로 『여씨춘추』에 나온다. 즉 여불위가 『여씨춘추』를 편찬하고 이 책에서 한 글자라도 더하거나 뺄 수 있는 오류가 나온다면 천금을 주겠다고 호언장담한 데서 연유하였다. 글자 한 자에 천금의 가치가 있다는 뜻으로 매우 빼어난 문장을 비유할 때에 쓰인다.

◎ 방약무인(傍若無人)

방약무인은 다른 사람을 전혀 의식하지 않고 제멋대로 행동하는 것을 이르는 말이다. 이 고사성어는 자객 형가와 고점리 사이에서 유래되었다. 본래는 거리낌 없는 당당한 행동을 의미하였는데 현재는 제멋대로 방종하여 행동하는 의미로 쓰인다. 또 안하무인(眼下無人)과 유사하다.

조희(趙姬)와 노애(嫪毒)의 꿈

여불위는 진나라 장양왕이 자신의 애첩 조희에게 관심을 보이자, 임신이 된 상황에서 장양왕에게 선물하였다고 앞서 언급하였다. 문제는 장양왕 사후에 벌어졌다. 즉, 태후(太后)가 된 조희는 다시 여불위를 침전으로 끌어들여 정사를 나누었다. 조희의 과감한 행동에 여불위는 이 일이 진시황에게 알려질까 두려웠다.

여불위는 자신의 역할을 대신할 인물을 암중모색하였다. 그리하여 발탁된 인물이 바로 노애(嫪毒, ?~기원전 238년)였다. 여불위는 노애를 내시로 위장하여 조희에게 넘겨주었다.

이렇게 조희를 모시게 된 노애는, 자신의 정력을 유감없이 발휘하여 조희의 총애를 얻기 시작하였다. 결국, 임신까지 하게 된 조희는 이목이 두려워 잠시 궁을 떠나 거처를 별궁으로 옮겼다. 이후에도 노애는 태후 조희를 모시면서 부귀영화를 누리었다. 노애의 집에 기거하는 노복과 식객만도 수천 명이나 되었다고 한다.

그 후, 노애는 장신후(長信侯)로 봉해지면서 산양(山陽) 땅에 살게 되었다. 기원전 238년에 누군가가 밀고하길 "노애는 사실 환관이 아니며, 조희와 간통하여 아들을 둘이나 낳았으며, 조희와 노애의 아들을 후계자로 삼으려는 역적모의를 준비하고 있다."라며 고발하였다. 이에 진시황이 은밀히 조사를 해보니 과연 음모가 사실로 확인되었다.

반란음모가 들통난 노애는 옥새와 태후의 인장을 도용하여 난을 일으켰다. 이에 진시황은 급히 군대를 일으켜 노애를 사로잡았다. 진시황은 노애를 포박하여 감옥에 가두고 수염을 기르게 하였다. 얼마 후 노애의 수염이 어느 정도 자라자, 진시황은 사신들을 모아놓고 "환관이 수염이 났다."라며 노애를 조롱하였다. 그리고 사지를 찢어 죽이는 거열형(車裂刑)으로 노애를 죽였다.

　노애와 조희 사이에서 낳은 2명의 아들은 자루에 담아 몽둥이로 쳐 죽였다고 한다. 이렇게 끔찍한 형벌로 모두가 죽음의 굴레에서 벗어나지 못하였다. 어머니 조희조차도 부정한 자와 간통한 죄로 유폐되었다가 후에 중신들의 만류로 겨우 사면되어 목숨은 건졌다. 또 이 사건에 간접적으로 연관이 있는 여불위는 살아남기가 불가함을 인지하고 조용히 자결하였다. 조희와 노애에 관한 이야기는 『열국지』 제104회에 나온다.

제12강

에필로그

준비된 자가 천하를 경영한다

분구필합,
합구필분(分久必合, 合久必分)

천하대세란 분열이 오래되면 반드시 통합되고,

통합이 오래되면 반드시 분열되기 마련이다.

(天下大勢, 分久必合, 合久必分)

이 말은 소설 『삼국지』 제1회에 나오는 명언이다. 여기에서 分久必
合(분구필합)은 초(楚)·한(漢)에서 한(漢)나라로 통일됨을 의미하고, 合久
必分(합구필분)은 한나라에서 삼국시대로 분열됨을 암시하는 부분이다.
이 명언의 의미는 무엇이든 영원한 것은 없다는 뜻이다.

영원할 것 같았던 주(周)나라는 결국 38대 873년 만에 멸망하고 또
한동안의 분열 과정을 거쳐 새로운 통합의 기운이 나타나기 시작하였
다. 즉 진(秦)나라의 새로운 부각이다. 이처럼 주나라를 멸망시킨 진나
라는 승승장구하였다. 진나라의 천하통일 기운이 무르익자, 또 이를
저지하려는 새로운 세력들이 등장하였다. 즉 떠오르는 태양 진나라를

저지시키려는 자객들이 끊임없이 이어졌다. 그러나 운명은 오히려 진나라 편에 있었다.

⊛ ― 주나라를 멸망시킨 진나라

서주시대에서 동주시대로 접어들자, 주나라 왕실의 권위는 땅에 떨어지기 시작하였다. 그나마 춘추시대에는 패자들이 존왕양이(尊王攘夷)와 계절존망(繼絶存亡)을 외치며 왕실을 보호했지만, 전국시대에 이르자 주나라의 권위는 더욱더 추락하였다. 다만 주나라 왕실이 가지는 상징성과 제후 간의 경쟁 심리 때문에, 그나마 주나라는 멸망하지 않고 대략 873년이나 더 존속할 수 있었다.

특히 춘추시대에는 주나라와 혈연관계가 없었던 초나라만 왕의 호칭을 사용하였지만, 춘추시대 말기에 오나라의 합려와 월나라의 구천이 왕의 명칭을 사용하면서 주나라 왕실의 권위는 더욱 추락하였다. 심지어 스스로 주나라의 왕실과 동격으로 놓는 왕들도 생겨났다.

전국시대로 접어들면서 주나라의 몰락은 가속화되었다. 특히 기원전 403년에 주나라 왕실이 한나라·조나라·위나라를 독립 국가로 인정하면서 주나라 천자와 격을 같이하여 왕이라는 호칭을 공식적으로 사용하기 시작하였다.

이를 계기로 제후들은 자신들이 더 이상 주나라의 봉신들이라고 생각하지도 않았다. 또 주나라는 국제적인 문제에 관여하지도 못했고 천자로서 역할도 수행하지 못하였다. 주나라는 거의 유명무실한 존재가 되어버렸다.

주나라의 마지막 왕은 난왕(赧王)이었다. 기원전 256년, 진(秦)나라가 한(韓)나라와 조(趙)나라를 정벌하며 위세를 떨치자, 이에 두려웠던 주나라 난왕은 다른 제후들과 연합하여 진나라를 치려고 하였다. 이에 격노한 진나라 왕이 장군 규(摎)를 보내 공격하니, 주나라 왕은 진나라로 직접 들어와서 사죄하고 읍(邑) 36개와 인구 3만을 바쳤다. 진나라는 땅과 백성은 수용하고 난왕은 주나라로 돌려보냈다. 그 해 난왕이 병사하면서 주나라는 완전히 멸망하였다.

진나라는 주나라 왕실의 상징인 구정(九鼎)을 진의 수도로 옮겼고, 동주의 정공을 동주군(東周君)으로 격하하였다. 이후 몇몇 왕족들이 주나라의 천자를 자칭하며 잃어버린 왕국을 복원하고자 하였으나 이마저도 기원전 249년 진(秦)나라에 멸망 당하였다. 그리하여 주나라는 완전히 역사 속으로 사라졌다.

◉ ─ 진시황의 저격수 형가

주나라를 멸망시킨 진나라는 6국을 통합하고 천하를 통일하는 과정에서 수많은 원수를 만들게 되었다. 또 나라를 잃은 망국의 충신들은 진시황을 암살하여 나라를 재건하려고 온갖 심혈을 기울였다. 그중의 대표적인 인물이 바로 연(燕)나라의 태자 단과 한(韓)나라 귀족 출신인 장량(張良)이다.

진나라의 영정과 연나라의 태자 단은 어렸을 적에 의형제를 맺었던 친한 사이였다고 한다. 훗날 영정은 진나라로 돌아가 진시황이 된 인물이다. 진나라가 최강국이 되자 조나라에 있던 태자 단을 다시 진나라로 데려와 인질로 삼았다.

연나라 태자 단이 인질이 되어 진(秦)나라에 들어오자, 진왕(진시황으로 취임하기 전에는 진왕이라 하였다)은 태자 단을 차갑게 대우하며 감시까지 하였다. 태자 단은 진왕(영정)에게 옛정을 생각해서 연나라로 보내

달라고 여러 번 요청하였으나 진왕은 끝내 들어주지 않았다. 그러자 화가 난 태자 단은 몰래 연나라로 도망쳐 버렸다.

그 후 배신감과 복수심에 불타던 태자 단은 은밀히 진왕을 암살할 계획을 세웠다. 그러던 중 의협심이 강한 전광을 만나게 되었고, 전광은 형가(荊軻)라는 협객을 소개해 주었다.

자객 형가에 대해 전해 내려오는 고사성어가 바로 방약무인(傍若無人)이다. 즉 형가는 연나라 비파(琵琶)의 명수인 고점리와 단짝이었다. 그들은 한 번 술판이 벌어지면 마치 주변에 아무도 없는 것처럼 개의치 않고 행동하였다고 한다. 여기서 방약무인(傍若無人)이란 고사성어가 나왔다.

이는 본래 거리낌 없이 하는 당당한 행동을 의미했는데, 지금은 제멋대로 방종하는 부정적 의미가 강하게 쓰인다. 이렇게 비범하면서도

〈태자 단이 형가와 진시황의 암살을 모의하다〉

자유분방한 형가를 전광(田光)이라는 사람이 눈여겨보고 있다가 연나라 태자 단에게 소개한 것이다.

태자 단을 만난 형가는 마침내 자객이 되기로 마음을 먹고 진왕 영정을 암살할 방법을 모색하였다. 진왕 영정의 관심을 끌기 위해서는 첫째, 연나라 기름진 땅인 독항을 바치고, 둘째로 과거 진나라 장군이었다가 배반하고 연나라로 도망친 번오기 장군의 목을 바치면 진왕 영정이 관심을 보일 것으로 생각하였다.

그리하여 자객 형가가 번오기를 찾아가 이러한 계획을 이야기하자, 번오기는 선뜻 그놈 진시황을 죽이는 데 내 목이 필요하면 가져가라며 스스로 목숨을 끊었다. 그리하여 형가는 번오기의 머리를 상자에 넣고, 또 독항 지도를 가지고 진나라로 출발하였다.

형가가 진나라로 떠나던 날, 태자 단을 비롯한 수많은 사람이 소복을 입고 역수(易水) 부근에서 형가를 전송하였다. 그리고 형가의 친구 고점리는 비파(琵琶)를 연주하고, 형가는 비장한 심정을 담아 최후의 노래를 불렀다.

風蕭蕭兮易水寒　(바람은 쓸쓸하고 역수 물은 차구나)
壯士一去兮不復還　(장사는 한 번 가면 돌아오지 못하리)

이 가사(歌詞)는 오늘날까지 인구에 회자(膾炙)되는 유명한 문장이다. 이윽고 형가는 배를 타고 떠나면서, 끝내 뒤를 돌아보지 않고 비장한 마음으로 떠났다고 한다.

진나라에 도착한 형가가 "연나라에서 항복하러 온 사람들이 번오기의 목과 독항 지도를 가지고 왔다."라고 소문을 내자, 진왕 영정은 기

〈형가가 진시황을 암살하려다 실패하는 장면이다〉

뻐하며 형가 일행을 맞이하였다.

　그러나 의심 많은 진왕은 형가만 단상에 올라오도록 하였다. 이윽고 형가가 지도를 펼치는 척하면서 동시에 칼자루를 빼내어 진왕의 소매를 잡고 찔렀으나 진왕이 잽싸게 피하는 바람에 저격에 실패하였다. 또다시 형가가 단검을 진왕을 향해 던졌으나 단검이 빗나가 기둥에 박히고 말았다. 결국, 형가는 암살에 실패하고 본인은 그 자리에서 죽었다. 연나라 태자 단과 자객 형가의 이야기는 『열국지』 제106회부터 제107회까지에 나온다.

　암살을 당할 뻔했던 진왕은 격노하여 기원전 226년에 연나라를 쳐서 수도를 함락시켰다. 궁지에 몰린 연나라는 주모자인 태자 단의 머리를 바쳐 사건을 수습하려 하였으나, 분노한 진왕이 또다시 연나라를 공격하여 결국 기원전 222년에 완전히 멸망시켰다.

　그 후 또 다른 자객이 등장하니 바로 창해역사(蒼海力士)이다.

　진시황을 제거하기 위해 천하장사를 찾아다니던 한(韓)나라 충신 장량(張良)은 동방국에서(일설에는 강원도 강릉이라 하는 전설이 국내에 있다.) 창해군이라는 천하장사를 발견하였다. 그의 비범함을 안 장자방(張子房, 장량의 호)은 그와 뜻을 도모하여 진시황을 저격할 계획을 구상하였다.

그리하여 창해역사는 철퇴를 들고 진시황이 행차하는 박랑사 부근에서 진시황의 수레를 공격하였으나, 진시황이 다른 수레에 타고 있었기 때문에 결국 실패하였다.

이처럼 수많은 자객이 등장하며 새롭게 부상하는 진시황을 저격하려 하였으나 떠오르는 태양 진시황을 어찌할 수는 없었다. 역사는 이미 주(周)나라를 멸한 진(秦)나라 편에 서 있었기 때문이다.

분열이 오래되면 반드시 통합되고, 통합이 오래되면 반드시 분열되듯(分久必合, 合久必分) 천하통일의 역사 앞에는 이미 진(秦)나라가 대기하고 있었다.

2

준비된 자가
천하를 경영한다

통솔력이란 무엇인가?

리더의 자질이란 무엇인가?

한 나라의 군주는 어떤 자질을 갖추어야 하는가?

이 문제는 동서고금을 막론하고 수천 년간 이어온 뜨거운 화두였다.

이는 현대적 관점에서 오너의 자질 혹은 리더의 자질이라고 할 수
있다.

어느 날 제나라 환공이 군주의 자질에 대하여 관중에게 물었다.

관중은 "군주의 자질에는 일곱 가지 원리가 있습니다. 그것은 바
로…

(1) 매사를 원리원칙대로 처리하는가? (則)

(2) 현실을 직시하는 능력이 있는가? (象)

(3) 법대로 통치하는 능력이 있는가? (法)

(4) 백성을 교화할 수 있는 능력이 있는가? (化)

(5) 중요사안에 판단하고 결정하는 능력이 있는가? (決塞)

(6) 타인의 심리를 활용할 수 있는 능력이 있는가? (心術)

(7) 미래를 보는 예지능력이 있는가? (計數)

군주가 법을 시행할 때는 물 흐르듯이 해야 하고, 한 국가를 경영함에 있어서는 마치 가축을 기르듯 자연의 이치에 맞게 해야 합니다."라고 하였다.

그러면 군주는 과연 어떤 통치철학과 리더십을 가지고 있어야 할까?

예전부터 훌륭한 군주에게는 자신의 독특한 통치 이념이 있었다. 이것을 우리는 리더의 통치 철학이라 한다. 또 리더에게는 그 통치 이념을 실행하는 각자만의 통치 방식이 있는데 이것을 우리는 통솔력 혹은 리더십이라고 한다.

통솔력이란? 어떤 무리를 거느리고 다스리는 능력을 말하며 영어로는 리더십(Leadership)이라고 한다. 그러나 리더십을 실행하는 방법은 매우 다양하다. 즉 전통적인 방식으로 힘의 원리에 근거한 절대적 권위의 카리스마적 리더십이 있고, 정치적인 역량이나 수완으로 문제를 해결하는 정치적 리더십이 있다. 그리고 지혜와 혜안을 근거로 상대를 리드하는 지혜의 리더십이 있고, 인간적 매력으로 상대를 이끄는 인간적 리더십 등이 있다.

그중에서 필자는 인간적 리더십을 강조하고 싶다.

리더가 갖추어야 할 중요한 덕목 중 하나가 바로 인간미(人間味)이다. 왜냐하면, 사람을 내 편으로 끌어들이는 힘이 거기에서 나오기 때문이다. "물이 너무 맑으면 고기가 없다."(水淸無大魚)라는 말이 있듯이,

리더에게는 사람을 끌어들이는 독특한 인간적 매력이 필요한데, 인간미가 바로 그러한 역할을 한다. 그러기에 인간미는 리더가 갖추어야 할 필수적인 덕목이라고 할 수 있다. 왜냐하면, 바로 인간이 인간을 통솔하고 경영해야 하기 때문이다.

예로부터 창업 혹은 개국에는 3가지 요소가 필요하다고 한다. 3가지 요소란 바로 천·지·인(天· 地· 人)을 말한다. 천시(天時)란 시대의 운을 말하고, 지리(地利)는 주변 환경, 그리고 인화(人和)는 사람간의 화합과 단결을 의미한다.

리더에게 천시·지리 · 인화 가운데 가장 중요한 것은 무엇일까?

그것은 바로 '인화'다. 『맹자』는 "천시불여지리요, 지리불여인화(天時不如地利, 地利不如人和)"라고 언급하였다. 이는 "하늘이 주는 시운도 지리적 이로움만 못하고, 지리적 이로움도 인간의 인화만 못하다."는 의미다. 즉, 때가 좋은 것보다 환경이 더 중요하고, 환경이 좋은 것보단 인화가 중요하다는 뜻으로, 인간관계에서의 인화가 가장 중요하다는 점을 강조한다.

또 『맹자』가 창업(創業)과 수성(守成)을 논하면서 창업은 패도(覇道)로도 가능하지만, 수성은 반드시 왕도(王道)가 있어야만 가능하다고 하였다. 다시 말해 개국은 무력으로도 가능하지만, 수성은 반드시 인덕이 있어야 가능하다는 말이다.

그렇기에 대업을 이루려는 자는, 힘의 원리가 아닌 인간적 매력에 바탕을 둔 인간적 리더십이 가장 중요하다는 것을 알아야 한다. 이렇게 리더의 자질과 품격이 준비된 자가 비로소 천하를 경영할 수 있기 때문이다.

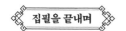

이렇게 『열국지 인문학』의 집필을 끝내게 되었다.

집필을 끝내면서 문득 편저자 여소어와 풍몽룡, 그리고 채원방이 남기고자 한 의도가 궁금해졌다.

과연 『열국지』의 주제는 무엇일까?

필자는 조심스럽게 『열국지』의 주제는 반역과 하극상이라고 말하고 싶다.

『열국지』는 동주시대 시작부터 초지일관 반역의 역사로 점철되어 있다. 즉, 군주에 대한 제후의 반역, 그리고 주군에 대한 신하의 하극상, 또 불륜과 패륜으로 이어지는 어지러운 사회상을 폭로하고 있기 때문이다.

그러면 『열국지』가 우리에게 남기고자 하는 메시지와 결론은 무엇일까?

필자는 이에 대한 해답을 『열국지』의 제108회 마지막 부분에서 찾을 수 있었다.

"자고이래로 나라의 흥망성쇠를 살펴보면, 간신과 충신을 어떻게 쓰느냐에 달려 있다."[총관천고흥망국(總觀千古興亡國), 진재조중용영현(盡在朝中用佞賢)]

한 나라의 흥망을 결정짓는 것은 바로 간신과 충신을 어떻게 쓰느냐에 달려 있다. 그렇기에 아직도 현대를 살아가는 우리에게 "인사가 만사다."라는 명언이 여전히 가슴속 깊은 여운으로 남는다.

왜냐하면 "인간과 인간의 만남", 이것이 바로 인문학의 시작이기 때문이다.

민관동

(閔寬東, kdmin@khu.ac.kr)

• 충남 천안 출생.

• 경희대 중국어학과 졸업.

• 대만 文化大學 文學博士.

• 前: 경희대학교 외국어대 학장. 한국 중국소설학회 회장. 경희대 비교문화연
  구소 소장.

• 現: 경희대 중국어학과 교수. 경희대 동아시아 서지문헌연구소 소장

著作

• 『中國古典小說在韓國之傳播』, 中國 上海學林出版社, 1998年.

• 『중국 고전소설 사료 총고』, 아세아문화사, 2001년.

• 『중국 고전소설 비평자료 총고』(공저), 학고방, 2003년.

• 『中國古典小說在韓國的研究』, 中國 上海學林出版社, 2010年.

• 『韓國所見中國古代小說史料』(共著), 中國 武漢大學校出版社, 2011年.

• 『한국 소장 중국고전희곡(彈詞·鼓詞) 판본과 해제』(공저), 학고방, 2013년.

• 『한국 소장 중국통속소설 판본과 해제』(공저), 학고방, 2013년.

• 『중국 통속소설의 유입과 수용』(공저), 학고방, 2014년.

• 『韓國 所藏 中國文言小說 版本目錄』(共著), 中國 武漢大學出版社, 2015年.

• 『韓國 所藏 中國通俗小說 版本目錄』(共著), 中國 武漢大學出版社, 2015年.

• 『中國古代小說在韓國研究之綜考』, 中國 武漢大學出版社, 2016年.

- 『삼국지 인문학』, 학고방, 2018년.
- 『초한지 인문학』, 학고방, 2024년. 외 50여 권.

論文

- 「在韓國的中國古典小說翻譯情況研究」, 『明淸小說硏究』(中國) 2009年 4期, 總第94期.
- 「조선출판본 중국고전소설의 서지학적 고찰」, 『中國小說論叢』第39輯, 2013.
- 「한·일 양국 중국고전소설 및 문화특징」, 『河北學刊』, 중국 하북성 사회과학원, 2016.
- 「삼국연의 병법 연구」, 『중국소설논총』제66집, 2022. 외 100여 편.

열국지 인문학

영웅의 길, 리더의 길

글 민관동
발행일 2024년 12월 31일 초판 1쇄

발행처 디페랑스
발행인 노승현
책임편집 민이언
출판등록 제2011-08호(2011년 1월 20일)
주소 서울특별시 마포구 양화로81 320호
전화 02-868-4979 팩스 : 02-868-4978

이메일 davanbook@naver.com
홈페이지 davanbook.modoo.at

ISBN 979-11-94267-14-0 93150

＊「디페랑스」는「다반」의 인문, 예술 출판 브랜드입니다.